Change Kommunikation als Managementaufgabe

Angela Bittner-Fesseler · Anja Krutzke · Kirsten Hermann

Change Kommunikation als Managementaufgabe

Ein Leitfaden für Führungskräfte unter Transformationsdruck mit Case Study

Angela Bittner-Fesseler
Riedlingen, Deutschland

Anja Krutzke
Berlin, Deutschland

Kirsten Hermann
Riedlingen, Deutschland

ISBN 978-3-658-39009-9   ISBN 978-3-658-39010-5 (eBook)
https://doi.org/10.1007/978-3-658-39010-5

Die Deutsche Nationalbibliothek verzeichnet diese Publikation in der Deutschen Nationalbibliografie; detaillierte bibliografische Daten sind im Internet über http://dnb.d-nb.de abrufbar.

© Der/die Herausgeber bzw. der/die Autor(en), exklusiv lizenziert an Springer Fachmedien Wiesbaden GmbH, ein Teil von Springer Nature 2023, korrigierte Publikation 2023
Das Werk einschließlich aller seiner Teile ist urheberrechtlich geschützt. Jede Verwertung, die nicht ausdrücklich vom Urheberrechtsgesetz zugelassen ist, bedarf der vorherigen Zustimmung des Verlags. Das gilt insbesondere für Vervielfältigungen, Bearbeitungen, Übersetzungen, Mikroverfilmungen und die Einspeicherung und Verarbeitung in elektronischen Systemen.
Die Wiedergabe von allgemein beschreibenden Bezeichnungen, Marken, Unternehmensnamen etc. in diesem Werk bedeutet nicht, dass diese frei durch jedermann benutzt werden dürfen. Die Berechtigung zur Benutzung unterliegt, auch ohne gesonderten Hinweis hierzu, den Regeln des Markenrechts. Die Rechte des jeweiligen Zeicheninhabers sind zu beachten.
Der Verlag, die Autoren und die Herausgeber gehen davon aus, dass die Angaben und Informationen in diesem Werk zum Zeitpunkt der Veröffentlichung vollständig und korrekt sind. Weder der Verlag, noch die Autoren oder die Herausgeber übernehmen, ausdrücklich oder implizit, Gewähr für den Inhalt des Werkes, etwaige Fehler oder Äußerungen. Der Verlag bleibt im Hinblick auf geografische Zuordnungen und Gebietsbezeichnungen in veröffentlichten Karten und Institutionsadressen neutral.

Planung/Lektorat: Stefanie Winter
Springer Gabler ist ein Imprint der eingetragenen Gesellschaft Springer Fachmedien Wiesbaden GmbH und ist ein Teil von Springer Nature.
Die Anschrift der Gesellschaft ist: Abraham-Lincoln-Str. 46, 65189 Wiesbaden, Germany

Ein Wort vorab

Unternehmerischer Erfolg ohne Veränderung ist in der Praxis nur schwer umzusetzen, denn Change Management ist zum permanenten Begleiter für Unternehmen, Institutionen und Behörden geworden. Anlässe für Veränderungen gibt es viele: Die digitale Transformation ist einer der stärksten Treiber. Aber auch ein CEO-Wechsel, die Etablierung eines Nachhaltigkeitsmanagements, Restrukturierungen, die Einführung neuer Tools oder New-Work-Konzepte und generell die Weiterentwicklung der Unternehmenskultur können dazugehören.

Es gehört mittlerweile zum Allgemeinwissen, dass Unternehmen und Organisationen ohne eine gewisse Veränderungsbereitschaft und -fähigkeit nicht weit kommen. Die Bedeutung des Themas ist allen bewusst und inzwischen werden große Budgets in Transformations- und Change Projekte investiert.

Die Geschwindigkeit der Veränderungen im Umfeld eines Unternehmens nimmt rasant an Tempo zu. Unternehmen und Organisationen werden direkt mit diesem Wandel konfrontiert und unterliegen dessen Dynamik. Change Management ist von einem Begriff aus der Managementtheorie zu einem Beratungsbusiness mutiert: Ein signifikanter Markt mit attraktiven Wachstumsraten ist entstanden.

Dennoch: Laut Statistiken und Studien erreichen mehr als die Hälfte aller Veränderungsprozesse ihre Ziele nicht. An fehlenden Modellen und Methoden kann es nicht liegen – davon gibt es reichlich. Ein wichtiger Faktor wird aber immer wieder vergessen: der Mensch. Es geht in erster Linie um weiche Faktoren. Kommunikationsfähigkeit ist eine der wichtigsten Fähigkeiten, die in einem Veränderungsprozess benötigt wird, denn Kommunikation konstruiert Wirklichkeit und gestaltet Beziehungen.

Hinzu kommt, dass Change Prozesse häufig unterschätzt werden, sowohl hinsichtlich der zeitlichen Dauer als auch des Aufwandes insgesamt, den insbesondere die Führungskräfte investieren müssen.

Change Management ist eine Querschnittsaufgabe und betrifft die Bereiche Management, Human Resources, Kommunikation und Strategie. Darüber hinaus sind in der Regel weitere Fachbereiche beteiligt.

Change Prozesse führen in der Regel dazu, dass die Leistungsfähigkeit der Organisation erst einmal sinkt. Übergeordnetes Ziel der Change Kommunikation ist darum zunächst der Erhalt der Arbeitsfähigkeit. Durch ein erfolgreiches Veränderungsvorhaben soll eine dauerhafte Einstellungs- und Verhaltensänderung im Unternehmen erzielt werden. Dazu müssen alle auf diese Veränderungsreise mitgenommen werden.

> Im vorliegenden Buch haben wir uns aus den Perspektiven Management, Kommunikationstheorie und Kommunikationspraxis mit dem Thema auseinandergesetzt.

Wir richten uns mit diesem praxisorientierten Leitfaden an Führungskräfte, damit sie sich ihrer Rolle bewusst werden und es ihnen leichter fällt, einen Veränderungsprozess erfolgreich umzusetzen und zu begleiten. Dafür stellen wir verschiedene Modelle und Konzepte vor, machen einen Ausflug in das agile Change Management, schauen uns die Kommunikationstheorie und die psychologischen Faktoren an und geben konkrete praktische Tipps für die Umsetzung. Ergänzt wird dies durch eine Case Study, die exemplarisch zeigt, worauf in welchem Stadium eines Veränderungsprozesses geachtet werden muss.

Wir freuen uns, wenn Sie nach der Lektüre dieses Buches ein anderes Bewusstsein für Veränderungen haben und ihr praktisches Wissen für Change Prozesse erweitern konnten.

> Dieses Buch soll befähigen, Mut machen und für Veränderungsfreude sorgen. Denn gut geplante und professionell umgesetzte Transformationen sind zwar anstrengend, machen aber langfristig auch Freude und sorgen für Wachstum – sowohl bei allen Beteiligten als auch in der gesamten Organisation.

Wenn alles gleichmäßig und wie gewohnt läuft, kann es schnell langweilig werden und Wachstum – damit ist nicht nur wirtschaftliches, sondern auch inneres Wachsen gemeint – ist dann nur schwer möglich. Sie wissen schon: raus aus der Komfortzone und rein in die Wachstums- und Entwicklungszone. Veränderung bedeutet in vielen Fällen quantitatives, in jedem Falle qualitatives Wachstum und kann auch Spaß machen. Seien Sie bereit, durch Herausforderungen zu lernen und an ihnen zu wachsen. Auch wenn Veränderungen manchmal schmerzhaft und anstrengend sind: Haben Sie Freude daran und bewahren Sie sich dabei eine gewisse Leichtigkeit.

In diesem Sinne wünschen wir Ihnen eine erkenntnisreiche Lektüre.

Angela Bittner-Fesseler
Anja Krutzke
Kirsten Hermann

Inhaltsverzeichnis

1 **Hat das traditionelle Change Management ausgedient?** 1
   1.1 Agiles versus klassisches Change Management 1
   1.2 Für neue Herausforderungen braucht es neue Handlungskonzepte 2
   1.3 Was bedeutet das für ein zeitgemäßes Change Management? 4
   1.4 Die Folge für das Change Management: Nicht Entweder-oder sondern Sowohl-als-auch 7
   1.5 Begriffsklärung: Change oder Transformation? 8
   Literatur 10

2 **Change aus Managementperspektive** 11
   2.1 Historische Entwicklung 11
      2.1.1 Ganzheitlicher Ansatz des Veränderungsmanagements 12
      2.1.2 Die vier Handlungsfelder des Change Managements 13

		2.1.3	Wandel 1. und 2. Ordnung	14

- 2.2 Bewährte Modelle des Change Managements — 16
  - 2.2.1 Organisationales Änderungsgesetz respektive 3-Phasen-Modell nach Kurt Lewin — 16
  - 2.2.2 Schichtenmodell zur Tiefe des Wandels nach Wilfried Krüger — 19
  - 2.2.3 8-Stufen-Modell nach John P. Kotter — 21
  - 2.2.4 Integrativer Ansatz nach Dietmar Vahs — 25
  - 2.2.5 Phasenmodelle zu den emotionalen Reaktionen der Veränderung nach Georg Kraus, Christel Becker-Kolle, Thomas Fischer und Stefan Roth — 28
  - 2.2.6 Emotion und Leistung: Das Veränderungsmodell von Stephan Roth — 32
  - 2.2.7 Gemeinsamkeiten ausgewählter Change Management Modelle — 35
- 2.3 Interaktion von Projekt- und Change Management — 36
- 2.4 Führung im Change Management — 42
  - 2.4.1 Ein allgemeines Führungsverständnis als Grundlage — 42
  - 2.4.2 Führungsstile — 49
  - 2.4.3 Anforderungen an eine Führungskraft im Veränderungsprozess — 50
  - 2.4.4 Führung in Zeiten der digitalen Transformation — 54
  - 2.4.5 Das bewährte Modell der Teamentwicklungsuhr nach Bruce W. Tuckman — 56

Literatur — 57

3 Exkurs: Psychologie im Change — 61
- 3.1 Der Mensch als komplexes und kompliziertes Wesen — 63
- 3.2 Die Persönlichkeit des Menschen — 64
- 3.3 Grundbedürfnisse des Menschen und deren Rolle für Change Prozesse — 66
- 3.4 Was bedeutet das für Führungskräfte? — 72

3.5	Die Grundbedürfnisse berücksichtigen	74
3.6	Ausblick	77
Literatur		80

4 Kommunikationstheorie für Change Prozesse — 81

- 4.1 Ausgewählte Studien zur Kommunikation im Change Prozess — 82
- 4.2 Organisationen und ihre Kommunikation als Grund und Grundlage für Veränderung — 90
- 4.3 Interne Kommunikation als Rückgrat des Unternehmens — 97
  - 4.3.1 Die Interne Kommunikation definiert sich neu — 97
  - 4.3.2 Bereiche der Internen Kommunikation — 99
  - 4.3.3 Interne Kommunikation = Change Kommunikation?! — 100
- 4.4 Ziele der Change Kommunikation — 104
- 4.5 Corporate Culture: Das „Wie" des Umgangs miteinander — 106
  - 4.5.1 Blockieren oder fördern: Die Rolle der existierenden Unternehmenskultur — 113
  - 4.5.2 Was bedeutet Veränderung für die Kultur eines Unternehmens? — 115
- 4.6 Kommunikation und Unternehmenskultur — 116
  - 4.6.1 Kulturwandel ist ein Haltungsthema — 117
  - 4.6.2 Die 4 Schritte eines Kulturwandelprozesses — 118
- 4.7 Ein strategischer Vorteil im Change: Die lernende Organisation — 125
- 4.8 Stakeholder in der Change Kommunikation — 128
  - 4.8.1 Schritt 1: Beschreibung wichtiger Stakeholder im Change Prozess — 131
  - 4.8.2 Schritt 2: Stakeholder analysieren — 134
  - 4.8.3 Spezifische Rollenmodelle für die Stakeholder-Bewertung in Change Prozessen — 139
- 4.9 Rolle und Aufgabe der Kommunikation im Change — 144

4.10	Framing und Issues Management als Perspektive in der Change Kommunikation		147
4.11	Warum braucht es ein Konzept für die Kommunikation?		154
	4.11.1	Ein Konzept für die Kommunikation	156
	4.11.2	Analyse	158
	4.11.3	Kurzbeschreibung weiterer Konzeptionsschritte	160
4.12	Ist die Wirkung von Change Kommunikation messbar?		163
4.13	Grenzen der Change Kommunikation		170
Literatur			173

5 Wirksame und zielgerichtete Change Kommunikation in der Praxis   179

5.1	Organisatorische Aufgaben der Change Kommunikation		180
5.2	Inhaltliche Aufgaben der Change Kommunikation		181
5.3	Change Kommunikation als strategische Führungsaufgabe		187
	5.3.1	Führungskräfte-Alignment: Ein starkes Führungsteam spricht mit einer Stimme	188
	5.3.2	Führungskräfte sensibilisieren, unterstützen und befähigen: wirksame Führungskräftekommunikation gestalten	191
5.4	Change Kommunikation in der Umsetzung		194
	5.4.1	Eine starke und attraktive Vision sorgt für Klarheit	197
	5.4.2	Die Change Story: ein sinnstiftendes Narrativ als Basis für die Kommunikation	199
	5.4.3	Dramaturgie und Kaskade planen	203
	5.4.4	Dachkommunikation und Basismaßnahmen ausarbeiten	206
	5.4.5	Rollen festlegen und definieren, wer wann welche Botschaften sendet	206
	5.4.6	Sprache bewusst einsetzen	207

5.4.7	Content entwickeln	208
5.4.8	Dialog und Reflexion ermöglichen	209
5.4.9	Partizipation zulassen	210
5.4.10	Neues erlebbar machen	216
5.5	Kommunikationsinstrumente in der Übersicht	217
Literatur		221

6 Case Study: Die Fusion von DI-Factory und CapConsalt — 223
- 6.1 Einführung — 223
- 6.2 Status quo der Unternehmen vor dem Change Prozess — 224
  - 6.2.1 Das Unternehmen DI-Factory — 224
  - 6.2.2 Das Unternehmen CapConsalt — 226
- 6.3 Jahr 1: Der Change Prozess startet — 228
  - 6.3.1 DI-Factory — 228
  - 6.3.2 CapConsalt — 229
- 6.4 Jahr 2: Die Geschäftsbeziehungen werden intensiviert — 232
- 6.5 Jahr 3: Die Pläne werden zum Leben erweckt — 237
- 6.6 Jahr 3: Abschluss und Verstetigung des Change — 243

7 Quintessenz — 247

Erratum zu: Exkurs: Psychologie im Change — E1

1
Hat das traditionelle Change Management ausgedient?

1.1 Agiles versus klassisches Change Management

In stabilen, verlässlichen und vorhersagbaren Zeiten scheitert ein Großteil aller Change Prozesse. Was bedeutet das dann für unsichere und krisenbehaftete Zeiten, für das vielzitierte VUCA[1]-Umfeld? Die VUCA-Welt ist dynamisch, vernetzt und instabil. Die Folgen: Innovationszyklen verkürzen sich, Disruptionen stellen einst erfolgreiche Geschäftsmodelle auf den Kopf, die Unberechenbarkeit der Umfelder steigt. Die Dinge sind nicht mehr so leicht plan- und steuerbar wie früher. Einmal entwickelte Konzepte werden von der Realität überholt und wer an langfristigen Plänen festhält, kann schnell handlungsunfähig werden. Hinzu kommen veränderte Erwartungen von Mitarbeitenden und Bewerbenden an die Führungs- und Organisationskultur. „Weiche" Faktoren werden wichtiger und die

---

[1] VUCA bedeutet: volatility, uncertainty, complexity, ambiguity.

Veränderung der Unternehmenskultur spielt in vielen Change Prozessen inzwischen eine große Rolle.

Auch die Auslöser, Themen und Aufgaben der Change Projekte haben sich geändert. Waren es früher beispielsweise Fusionen, die Einführung einer neuen Software oder eine Umstrukturierung, um Synergieeffekte zu erzielen, ist heute die digitale Transformation einer der wichtigsten Auslöser von Veränderungsprozessen. Daraus ergibt sich eine Vielzahl von Handlungsfeldern für Unternehmen und Organisationen: Strukturen und Prozesse wollen überdacht, neue Tools eingeführt und die Art und Weise, wie geführt, kommuniziert und zusammengearbeitet wird, muss auf den Prüfstand gestellt werden.

Immer wieder ist zu hören, dass das traditionelle Change Management mit seinen herkömmlichen Modellen und Methoden nicht mehr zeitgemäß ist und darum ausgedient hat. Stattdessen wird agiles Change Management als neues Konzept empfohlen. Bedeutet dies also eine Abkehr vom bisher Bekannten? Ist ein grundsätzliches Umdenken nötig?

In früheren Zeiten hatten Change Prozesse meist einen klar definierten Anfang und ein ebensolches Ende. Als Kurt Lewin in den 40er Jahren sein 3-Phasen-Modell entwickelte, waren Veränderungen gut planbar und konnten in klare, voneinander abgrenzbare Phasen unterteilt werden (Kap. 2). Ein solches Vorgehen ist inzwischen nicht mehr zielführend. Die Praxiserfahrung zeigt, dass viele Pläne schon im Moment der Verabschiedung zum Teil überholt sein können. Häufig muss bereits mit der Change Kommunikation gestartet werden, wenn noch gar nicht alle Änderungen im Detail feststehen. Und oft ist das Ende eines Change Prozesses nicht klar definier- und vorhersagbar.

1.2 Für neue Herausforderungen braucht es neue Handlungskonzepte

Change Prozesse verlaufen heute nicht mehr in sequenziellen Phasen, sondern sie sind überwiegend komplex und können aus mehreren Teilprojekten bestehen, die in unterschiedlichen Geschwindigkeiten bearbeitet werden. Allerdings ist es keineswegs so, dass Veränderungen nicht mehr geplant und gesteuert werden können. Was heutzutage tatsächlich keine Gültigkeit mehr hat:

- langfristige Detailplanungen, an denen dann konsequent festgehalten wird
- ein Top-Down-Vorgehen ohne Einbeziehung von Führungskräften und Mitarbeitenden
- die Erwartung, dass ein Unternehmen nach einem Veränderungsprozess wieder zum Normalzustand zurückkehren kann

Unternehmen und Organisationen brauchen also neue Handlungskonzepte, um weiterhin zukunftsfähig zu sein. Agilität als Prinzip der Unternehmensführung ist mehr als ein Buzzword und hat inzwischen in die Managementlehre Einzug gehalten. Agile Unternehmensführung bedeutet:

- neue Entwicklungen rechtzeitig erkennen und antizipieren
- flexibel und kreativ auf neue Rahmenbedingungen reagieren
- permanent lernen
- sich vernetzen und kooperieren (intern und extern)

Es geht also um mehr als nur die Anwendung agiler Methoden wie Scrum und Design Thinking oder die Einführung neuer Meetingformate wie Dailys und Stand-ups. Es geht vielmehr um eine generelle Herangehensweise und eine veränderte Haltung:

> „Agilität ermöglicht die Bewältigung von Veränderungen ohne Verzögerungen und erhält dadurch auch in schwierigen Zeiten die Wettbewerbsfähigkeit eines Unternehmens. Sie kommt dabei nicht so sehr in typischen Aktionen und Aktivitäten eines Unternehmens zum Ausdruck, sondern in seinem Wesen, seiner Gestaltungsfähigkeit, in der Art zu denken und zu handeln. Die in der Unternehmenskultur verankerten grundsätzlichen Prinzipien haben dabei eine größere Bedeutung als Standards und eindeutig definierte Prozesse" (Buchholz & Knorre, 2017).

Agile Unternehmen sind in der Lage, zukünftige Entwicklungen zu antizipieren, um frühzeitig Chancen zu erkennen und ihre Strukturen und Prozesse auf eine hohe Lern- und Innovationsfähigkeit auszurichten. Sie sind in der Lage, ihren Kurs zu korrigieren, wenn sich die Umstände verändern. Außerdem sind sie hochgradig miteinander und mit der Umwelt vernetzt. Situationen müssen laufend neu bewertet und das unternehmerische Handeln muss entsprechend angeglichen werden. Ziel ist es, zu agieren, statt zu reagieren. Die Unternehmenskultur agiler Unternehmen zeichnet sich durch Vertrauen und psychologische Sicherheit aus. Kurz gesagt ist Agilität „… die Fähigkeit eines Unternehmens, sich kontinuierlich an eine unsichere und volatile Umwelt anzupassen" (Goldman et al., 1996). Entscheidet sich ein Unternehmen dafür, Agilität als Handlungskonzept einzuführen, hat dies Einfluss auf

- die Unternehmensebene,
- das Führungsverhalten,
- Strukturen und Prozesse,
- die Art und Weise der Zusammenarbeit,
- die Unternehmenskultur und
- die Haltung.

1.3 Was bedeutet das für ein zeitgemäßes Change Management?

Schaut man sich die Anforderungen an ein zeitgemäßes Change Management an, so ist die Liste lang. Moderne Change Manager sollten:

- ein anderes Verständnis von Hierarchien entwickeln (eine Führungskraft kann in einem bestimmten Projekt auch ein einfaches Teammitglied sein)
- kulturelle Werte wie Eigenverantwortung, Selbstführung und unternehmerisches Denken sowie den Willen der einzelnen Organisationsmitglieder zu lebenslangem Lernen stärken
- eine positive Fehlerkultur entwickeln, Fehlentwicklungen und falsche Entscheidungen mit einplanen und akzeptieren, um daraus zu lernen

1 Hat das traditionelle Change Management ausgedient?

- interdisziplinäre Teams bilden und Prozesse ganzheitlich betrachten (Teams werden in Zukunft wichtiger sein als Abteilungen)
- möglichst viele Stakeholder einbinden
- Vernetzungen und Kooperationen (intern und extern) eingehen
- Dinge schnell durch eine iterative und inkrementelle Vorgehensweise erproben und nachjustieren (it's about the journey, not the destination)
- Neugierde, Offenheit und Mut zum Experimentieren mitbringen

Die Praxis zeigt, dass einige der reklamierten Punkte bereits Einzug in die Planung und Umsetzung von Veränderungsprozessen gehalten haben und auch in den „klassischen" Modellen wird teilweise bereits auf deren Bedeutung hingewiesen.

Im Mittelpunkt des agilen Change Managements stehen aber eine neue Haltung und eine andere Denkweise. Es geht darum, zuzugeben, dass der genaue Weg noch nicht bekannt ist, sondern nur die grobe Richtung. Auch das Top-Management ist nicht allwissend und unfehlbar. Ein Plan muss nicht zu 100 % fertig sein, um mit der Umsetzung zu beginnen. Es geht um das Aushalten von Widersprüchen und den Umgang mit Unbekanntem.

Ambidextrie als Anforderung und Chance

Das Tagesgeschäft muss effizient weiterlaufen. Dennoch benötigen Unternehmen und Organisationen Raum und Zeit für Experimente, um Neues auszuprobieren. Ambidextrie, im wörtlichen Sinne „Beidhändigkeit", bedeutet nach Julian Birkinshaw und Kamini Gupta „the capacity to address two organizationally incompatible objectives equally well" (Birkinshaw & Gupta, 2013). In Zeiten der digitalen Transformation müssen Unternehmen also gleichzeitig für Stabilität sorgen und ihre Innovations- und Zukunftsfähigkeit sicherstellen. Der Begriff der Ambidextrie im Sinne von organisationaler Beidhändigkeit wird bereits seit 1976 verwendet, nach Michael Tushman und Charles O'Reilly III ist Ambidextrie die Fähigkeit eines Unternehmens, gleichzeitig effiziente (Exploration) als auch radikale Innovation (Exploitation) zu verbinden und dies auszubalancieren, um kurz- und langfristig anpassungsfähig und erfolgreich zu sein.

Im Change Management kann auf den Begriff der organisationalen Ambidextrie, den Robert B. Duncan geprägt hat, referenziert werden. Damit wird die Fähigkeit bezeichnet, sowohl effizient als auch flexibel, innovativ und kreativ zu sein. Schnell entstehen dabei Zielkonflikte, die zu Unsicherheit und Verwirrung führen können.

Daraus ergibt sich die Herausforderung, dass gleichzeitig ein altes und ein neues Managementmodell im Unternehmen vorherrscht: Zwei „Betriebssysteme" mit unterschiedlichen Arbeitsweisen existieren also parallel. Es gibt drei Optionen, dies umzusetzen:

- Eine **räumlich-organisatorische Trennung** ermöglicht, dass jedes Modell in einer eigenständigen Organisationseinheit betrieben wird. Dazu gehört z. B. das Gründen von Innovation-Labs oder der Zukauf von Start-up-Unternehmen.
- Bei einer **zeitlichen Trennung** wird das neue Modell auch in einer eigenständigen Einheit betrieben, das allerdings im weiteren Verlauf in das bestehende Modell integriert wird.
- Eine dritte Option beinhaltet die **Schaffung eines eigenen Kontexts**. Die Geschäftsführung muss dabei den Mitarbeitenden genügend Gestaltungsspielraum bieten, damit diese mit beiden Geschäftsmodellen vertraut werden. Dabei muss natürlich auch der kulturelle Wertekanon berücksichtigt werden, sodass die Werte der Geschäftsmodelle nicht in Konkurrenz zueinander stehen. Dies geschieht meist im Rahmen von Pilotprojekten oder der Zusammenstellung interdisziplinärer Teams, die z. B Prozesse Ende-zu-Ende betrachten und neu strukturieren.

Die Chancen einer agilen Vorgehensweise liegen auf der Hand: Entscheidungen können zeitnah überprüft, Prioritäten angepasst und neue Möglichkeiten genutzt werden. Eine schnelle Umsetzung generiert Wertschöpfung und Annahmen können zügig bestätigt oder widerlegt werden. Indem positive Auswirkungen von Neuem schnell erfahrbar gemacht werden, steigen die Motivation und das Gefühl der Selbstwirksamkeit aller Beteiligten.

Allerdings gibt es auch Risiken: Das ständige Revidieren von Entscheidungen kann erschöpfen, zu viele Richtungswechsel und Kursänderungen können zu Chaos und Veränderungsmüdigkeit führen.

Interdisziplinäre, für Pilotprojekte gebildete Teams können ein Eigenleben entwickeln und lassen sich später nur schwer in die Organisation integrieren. Zudem müssen Entscheidungsbefugnisse in flachen Hierarchien immer wieder neu ausgehandelt werden, was zu Reibungsverlusten führen kann.

Generell gilt, dass für ein agiles Vorgehen ein entsprechender kultureller Reifegrad in der Organisation vorhanden sein muss, denn vieles muss erst gelernt und erprobt werden.

Auch hat ein agiles Change Management Auswirkungen auf die begleitende Kommunikation: Früher starteten Change Projekte oft mit einen „Big Bang", heute ist das nicht mehr üblich. Die Kommunikation beginnt eher Stück für Stück – beobachtbar ist häufig ein „Soft Launch". Insgesamt steigt der Kommunikationsaufwand mit der Zunahme von agilen Faktoren: Hat vor einigen Jahren noch eine Veranstaltung pro Jahr für die Mitarbeitenden ausgereicht, um über die Pläne der nächsten 12 Monate zu informieren, gibt es inzwischen viele Kanäle und Formate, in denen kontinuierlich über Neuigkeiten informiert und diskutiert wird.

1.4 Die Folge für das Change Management: Nicht Entweder-oder sondern Sowohl-als-auch

Agiles und traditionelles Change Management widersprechen sich nicht grundsätzlich, sondern es handelt sich vielmehr um eine sinnvolle Weiterentwicklung, wie in Tab. 1.1 beschrieben. Agilität bedeutet nicht, struktur- und planlos vorzugehen. Pläne müssen auch im agilen Change Management gemacht werden, allerdings nicht detailliert, sondern etwas grober, iterativ und in Etappen. Projekte geben Struktur und sorgen für klare Prozesse und Verantwortlichkeiten. Bekannte Konzepte und Methoden helfen und setzen die Leitplanken für das darauffolgende Handeln. Sie müssen eventuell nur anders angewendet werden.

Tab. 1.1 Spannungsfeld „traditionelles" vs. „agiles" Change Management. (Eigene ergänzte Darstellung nach Zacherls et al., 2021)

Traditionelles Change Management	Agiles Change Management
• unfreeze, change, refreeze • definierte Phasen • top-down • Management • Big Bang • detaillierte und langfristige Planung, an der festgehalten wird	• Change als permanenter Zustand • grobe Phasen, die sich überlappen • partizipativ und kollaborativ • Leadership • Soft Launch • grobe Planung, kurzfristige Richtungswechsel, Raum für Experimente

> **Fazit** Es geht nicht darum, Change Management neu zu erfinden. Viele Vorgehensweisen und Modelle haben sich bewährt und können weiterhin eingesetzt werden, um Leitplanken zu definieren. Entscheidend ist, je nach Situation und Rahmenbedingungen die passenden Elemente auszuwählen. Eine gute Vorbereitung und Planung des Strategieprozesses und die frühzeitige Einbindung der Betroffenen sind zentrale Erfolgsfaktoren. Es gibt daher kein Allheilmittel, sondern nur eine situationsbezogene Lösung, denn jedes Unternehmen – und jeder Veränderungsprozess – ist anders. Wichtig ist der Wille von Unternehmen und Organisationen, sich in Zeiten der Unsicherheit weiterzuentwickeln und Neues auszuprobieren sowie die Freude an organisationalem und persönlichem Wachstum.

1.5 Begriffsklärung: Change oder Transformation?

Meist werden für Veränderungen in der deutschsprachigen Fachliteratur verschiedene Begriffe synonym verwendet. Auch im vorliegenden Buch gibt es Veränderung und Wandel, Change und Transformation – und das nicht, weil die Autorinnen ignorieren, dass es verschiedene Arten und Inhalte von Change gibt. Im Kern dieses Herangehens liegen zwei Aspekte:

Erstens die Erkenntnis, dass für alle Formen, Aspekte, Facetten und Ausprägungen von Veränderung kein allgemeingültiger, spezifischer Begriff existiert und auch keine Definitionen in der vorherrschenden Literatur zu finden ist, der zitationsfähig wäre.

Zweitens, dass eine wesentliche Essenz aller Begriffe ist, dass etwas endet sowie zugleich etwas anderes beginnt. Eindeutig sichtbar wird dies, wenn man sich die Herkunft der meistgenutzten Begriffe anschaut: Änderung/Veränderung bedeutet in der deutschen Sprache Wandel und Wandlung, Wechsel, Umschwung, Wende, Übergang und Übertritt und stammt vom mittelhochdeutschen „enden" ab. Als transitives Verb bedeutet es „anders machen", reflexiv „anders werden".

Change (englisches Substantiv und Verb) bedeutet, etwas wandelt sich in etwas anderes, wechselt oder wird für etwas für anderes eingetauscht. Als Substantiv bedeutet das Wort (Ver)änderung, Wechsel, Umschwung, Wandel in etwas Neues, aber auch eine Abwechslung.

Im Ursprung des oft im Deutschen und Englischen verwendeten Begriffs Transformation steht eine lateinische Wurzel – das Verb „transformo". Es bedeutet „verwandeln" - von trans „über Trennendes hinweg", aber auch „jenseits von" und „formo" übersetzt als formen, einrichten, ordnen, aber auch hervorbringen, schaffen, geistig bilden, anleiten. Daher wird Transformation als Umwandlung, Umformung, Umgestaltung, aber auch Übertragung übersetzt.

Als Transformation wird in der Wirtschaftswissenschaft ein grundlegender, wesentlicher Wandel verstanden – von einem aktuellen Zustand, dem Ist-Zustand, über eine gezielte und geplante Umgestaltung (dies ist wesentlich) in einen angestrebten Soll-Zustand (z. B. Mintzberg et al., 2005). In diesem Verständnis kann so ein Wandel einer Wirtschaft, Gesellschaft, Branche, einzelner Unternehmen und Organisationen bzw. ihrer Teile beschrieben werden. Und doch gibt es in der englischsprachigen Nutzung von Change und Transformation einen Unterschied: Top-Down-Veränderung als Transformation, Bottom-Up als Change (z. B. Mintzberg et al., 2005).

Um noch einmal die Frage zu stellen: Sollte man nicht dennoch bei der Bearbeitung der Themen Change Management und Change Kommunikation feinziseliert zwischen einem Change und einer Transformation unterscheiden? Nach Meinung der Autorinnen würde dies in die Irre führen. Jede Trennung zwischen den Begriffen wäre künstlich und würde das Herzstück, das Erkennen der in der Veränderung ablaufenden Prozesse, das Verständnis für sie und die Potenziale und Möglichkeiten der positiven Beeinflussung des Verlaufs durch Kommunikation verwässern.

> Häufig wird Change mit einem Projekt gleichgesetzt und Transformation mit einer grundsätzlichen komplexen Umformung zu etwas Neuem mit einem visionären Charakter. In der Praxis zeigt sich allerdings, dass letzteres heutzutage auch für viele Change Prozesse zutrifft. Im vorliegenden Buch werden daher beide Begriffe synonym verwendet.

Literatur

Birkinshaw, J., & Gupta, K. (2013). Clarifying the distinctive contribution of ambidexterity to the field of organization studies. *Academy of Management Perspectives, 27*(4). https://doi.org/10.5465/amp.2012.0167. Zugegriffen: 29. Apr. 2022.

Buchholz, U., & Knorre, S. (2017). *Interne Kommunikation in agilen Unternehmen. Eine Einführung.* Springer Gabler.

Goldman, S. L., Nagle, R. N., Preiss, K., & Warnecke, H.-J. (1996). *Agil im Wettbewerb. Die Strategie der virtuellen Organisation zum Nutzen des Kunden.* Springer.

Mintzberg, H., Lampel, J., & Ahlstrand, B. (2005). *Strategy safari: A guided tour through the wilds of strategic management: A guided tour through the wilds of strategic management* (Reprint Edition). Free Press.

Tushman, M. L., & O'Reilly III, C. A. (1996). The ambidextrous organizations: Managing evolutionary and revolutionary change. *California Management Review, 38*(4), 8–30.

Zacherls, M., Freibichler, W., Christiansen, N., & Wegener, J. (2021). Strategic change management white paper. Strategic change management. How executives transform large organizations with the five forces of change. Herausgeber porsche consulting. https://www.porsche-consulting.com/en/press/insights/detail/strategy-paper-strategic-change-management. Zugegriffen: 29. Apr. 2022.

2

Change aus Managementperspektive

Ausgewählte Theorien, Modelle und Führungsstrukturen im Change

2.1 Historische Entwicklung

Change Management, auch unter dem Begriff Veränderungsmanagement bekannt, ist keine Modeerscheinung, sondern seit vielen Jahrzehnten in der Literatur fest verankert. Der Praxisbezug im Change Management ist stark ausgeprägt, denn die Veränderungen in Unternehmen und Organisationen sind meistens im Voraus en détail geplant und von tiefgreifender Natur. Folgt man der Definition der Autoren Dietmar Vahs und Achim Weiand, beinhaltet der Begriff des Change Managements

„die Vorbereitung, Analyse, Planung, Realisierung, Evaluierung und laufende Weiterentwicklung von ganzheitlichen Veränderungsmaßnahmen mit dem Ziel, ein Unternehmen von einem bestimmten Ist-Zustand zu einem gewünschten Soll-Zustand weiterzuentwickeln und so die Effizienz und Effektivität aller Unternehmensaktivitäten nachhaltig zu steigern. Das Management des Wandels bewertet damit die aktuellen Potenziale und Fähigkeiten einer Organisation und plant systematisch die notwendigen Veränderungsschritte" (Vahs & Weiand, 2010).

Letztendlich wird das Veränderungsvorhaben immer durch den Prozess des Projektmanagements determiniert, denn dessen einzelne Phasen stellen die notwendige Voraussetzung für die erfolgreiche Realisierung des Veränderungsvorhabens dar.

2.1.1 Ganzheitlicher Ansatz des Veränderungsmanagements

Aus der Definition des Begriffes Change Management lassen sich einzelne Perspektiven ableiten, die den ganzheitlichen Ansatz des Veränderungsmanagements dabei primär in den Vordergrund stellen. Auf Basis des Prozesses, angelehnt an das Projektmanagement mit den Ausprägungen in die Phasen der Planung, Konzeption, Implementierung, Kontrolle und Evaluation, werden Prozesseffizienzen realisiert, weil letztendlich jedes Veränderungsvorhaben auch immer einer Nutzen-Kosten-Abwägung unterliegt. Die Effizienz aus den Prozessen hat wiederum einen wesentlichen Einfluss auf den nachhaltigen Unternehmenserfolg und stellt folglich einen relevanten Erfolgsfaktor dar.

Letztendlich erfolgt auch eine Ursachenforschung in dem Sinne, dass Widerstände im Unternehmen zwar identifiziert, allerdings nicht vollständig beseitigt werden können, da es immer Mitarbeitende gibt, die während der Veränderungsreise „das Boot" verlassen oder inhaltlich das Veränderungsvorhaben nicht durchdrungen haben. Dadurch können sie nicht mitgenommen werden und gehen demzufolge „unterwegs" verloren.

> Bei jedem Veränderungsvorhaben, unabhängig von dessen Intensität im Unternehmen, sind sowohl Mitarbeitende als auch Führungskräfte mittelbar oder unmittelbar betroffen. Nur wenn alle hierarchischen Ebenen mitgenommen werden, kommt das Vorhaben erfolgreich und nachhaltig ans Ziel und die Veränderung kann praktiziert, etabliert und langfristig in den Prozessen, Strukturen und Verhaltensweisen verankert werden.

Change Management wird grundsätzlich als ganzheitlicher Ansatz klassifiziert. Er impliziert vier Handlungsfelder, die bestmöglich aufeinander auszurichten und abzustimmen sind. Wichtig dabei ist, dass sowohl die Zusammenhänge des Zielbildes als auch deren Wirkungen sowie die daraus resultierenden Abhängigkeiten entlang der einzelnen Projektphasen des Veränderungsvorhabens berücksichtigt und klar kommuniziert werden.

2.1.2 Die vier Handlungsfelder des Change Managements

Ein Handlungsfeld wird durch die **Strategie** determiniert, denn Strategie stellt den Weg zu den Wettbewerbsvorteilen von morgen dar. Daher gilt es, diese zu identifizieren und nachhaltig im Unternehmen sowohl reaktiv im Sinne einer Anpassung als auch proaktiv im Sinne von Innovationen zu sichern.

Als zweites Handlungsfeld wird die **Unternehmenskultur** (Abschn. 4.5) gesehen, die als Herzstück jedes Unternehmens verortet wird, denn darunter lassen sich Werte, Normen, Einstellungen und Verhaltensweisen, die sowohl nach innen als auch nach außen gerichtet sind, subsumieren.

Ein drittes Handlungsfeld umfasst die **Technologie** inklusive Methoden und Verfahren, denn jegliche technologische Veränderung steht im direkten Zusammenhang mit Unternehmen.

Das vierte Handlungsfeld ist die **Organisation.** Dabei umfasst der Begriff der Organisation die Ablauforganisation inklusive Prozesse sowie die Aufbauorganisation im Unternehmen (Vahs, 2005; Rank & Scheinpflug, 2008).

Veränderungsvorhaben in Unternehmen besitzen eine große Reichweite, sodass deren Konsequenzen oftmals im Voraus nicht umfassend bedacht werden (können). Somit ist es unerlässlich, dass sich die Führungskräfte nicht nur mit den Hard Facts wie Controlling- und Steuerungsinstrumentarien befassen, sondern die gesamte Aufmerksamkeit ebenso auf die Soft Facts richten. Die gesamte Belegschaft muss den Veränderungsimpuls kennen und in Kenntnis über das angestrebte Zielbild sein.

> Je transparenter und offener über das Veränderungsvorhaben und das angestrebte Ziel inklusive deren Aktivitäten und Auswirkungen kommuniziert wird, desto höher ist die Veränderungsbereitschaft in der Belegschaft und desto geringer sind die Widerstände, die der Geschäftsführung begegnen.

Voraussetzung für die Kommunikation des Change Projektes sind daher folgende Fragen, deren Antworten die Geschäftsführung kennen sollte und die letztendlich im Einklang mit dem Veränderungsvorhaben beantwortet werden müssen:

- Verfügt das Unternehmen über eine Strategie mit nachvollziehbaren Zielen? Wie stark wird der Führungsalltag von der Strategie determiniert?
- Ist im Rahmen der Strategieentwicklung auch ein strategisches Leitbild, eine Vision, Mission und Werte, formuliert worden? Ist überprüft worden, ob das strategische Leitbild mit der Strategie im Einklang ist?
- Wie werden sowohl die Strategie als auch das strategische Leitbild im Unternehmen kommuniziert und gelebt?
- Ist die Unternehmenskultur inklusive dem Wertekanon der gesamten Belegschaft bekannt und wird diese aktiv gelebt?
- Welche Rituale im Sinne von Routinen gibt es im Unternehmen, die praktiziert werden?

2.1.3 Wandel 1. und 2. Ordnung

In der Literatur wird Veränderung in einen Wandel 1. und 2. Ordnung unterteilt. Die Klassifizierung hängt von der Komplexität und Intensität der Veränderung ab. Der **Wandel 1. Ordnung,** der auch unter den Begriffen des evolutionären oder adaptiven Wandels bekannt ist, umfasst keine grundlegenden Veränderungen, die beispielsweise die strategische Ausrichtung der Prozesse und Strukturen oder etwa Verhaltensweisen beinhalten. Die Belegschaft nimmt diese Art der

2 Change aus Managementperspektive

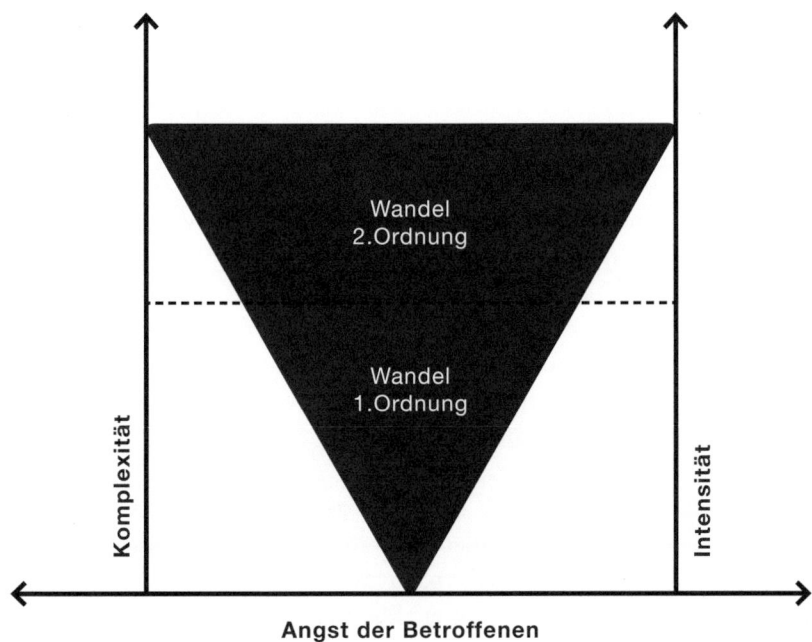

Abb. 2.1 Typologie des Wandels. (Eigene Darstellung nach Vahs & Weiand, 2010)

Veränderung als rational und logische Konsequenz daraus war, da sowohl die Intensität als auch die Komplexität des Wandels beherrschbar und überschaubar erscheinen.

Ganz das Gegenteil ist der **Wandel 2. Ordnung,** der in der Literatur als revolutionärer oder auch transformativer Wandel bekannt ist. Dabei geht es um eine grundlegende Veränderung, die das gesamte Unternehmen inklusive der Geschäftsbereiche umfasst. Da es sich oftmals um ein Ad-hoc-Ereignis handelt, erscheint es für die Belegschaft als irrational und weder beherrsch- noch begreifbar. Folglich ruft ein derartiger Wandel Unsicherheit oder auch Angst in der Belegschaft hervor, da sowohl die Intensität als auch die Komplexität stark ausgeprägt sind, was in Abb. 2.1 dargestellt wird (Vahs & Weiand, 2010).

2.2 Bewährte Modelle des Change Managements

Gerade in der Unternehmenspraxis ist es von entscheidender Bedeutung, die relevanten theoretischen Ansätze und Modelle zu kennen, um letztendlich die Situation jedes Veränderungsvorhabens besser planen und auf die gesamte Belegschaft abstimmen zu können. Natürlich ist dabei eine situations- und zielgruppenadäquate Kommunikation, die den Change Prozess kontinuierlich und nachhaltig begleitet, unerlässlich und muss in der Planungsphase nicht nur berücksichtigt, sondern auch entlang des gesamten Veränderungsprozesses mitgedacht und integriert werden.

Die Darstellung der nachfolgenden ausgewählten Modelle des Change Managements folgen einer Chronologie. Kurt Lewin legt die Basis mit dem 3-Phasen-Modell. Daran schließt sich das Schichtenmodell zur Tiefe des Wandels nach Wilfrid Krüger an, gefolgt von den 8 Stufen nach John P. Kotter. Dietmar Vahs verbindet in seinem integrativen Ansatz die Sachebene aus dem 3-Phasen-Modell von Lewin mit der psychologisch-emotionalen Ebene. Schließlich reihen sich in die Modelle noch zwei Phasenmodelle zu den emotionalen Reaktionen der Veränderung an, die die psychologische Komponente und die Leistungsfähigkeit beinhalten.

In Summe zeigen die Modelle, wie wichtig es ist, sich ausreichend Zeit für die Planung und Strukturierung des Veränderungsvorhabens im Unternehmen zu nehmen. Denn gerade im Change Management sollte nach dem Motto „Betroffene werden zu Beteiligten" agiert werden und alle, die mittelbar und unmittelbar im und am Change Prozess beteiligt oder davon betroffen sind, integriert und auf die Veränderungsreise mitgenommen werden.

2.2.1 Organisationales Änderungsgesetz respektive 3-Phasen-Modell nach Kurt Lewin

Im Change Management wird Kurt Lewin als der Ponier gesehen, der früh Veränderungsprozesse wissenschaftlich untersuchte und daraus

2 Change aus Managementperspektive

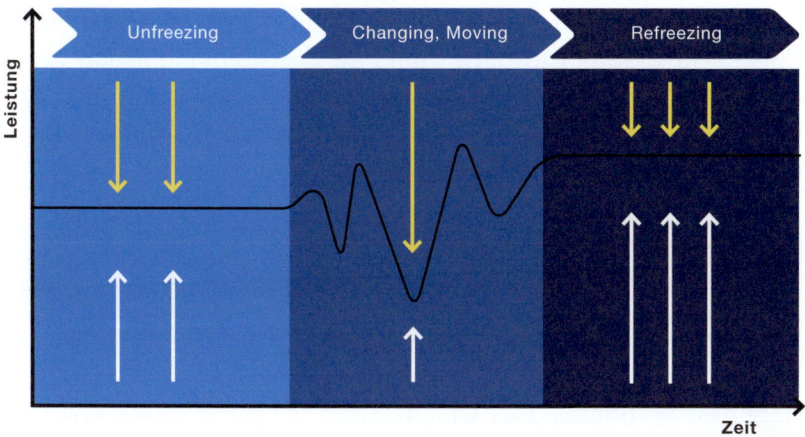

Abb. 2.2 Das 3-Phasen-Modell nach Lewin. (Eigene Darstellung nach Lewin, 1947)

Ansätze und Modelle ableitete. Einer dieser Ansätze ist das 3-Phasen-Modell, das die Phasen des Auftauens (unfreezing), Veränderns (changing) sowie des Stabilisierens (refreezing) innerhalb eines Unternehmens oder einer Organisation beinhaltet. Das Modell basiert auf der Feldtheorie, die von zwei gegensätzlichen Kraftfeldern ausgeht. Das eine Kraftfeld fördert den Status quo und das andere Kraftfeld fordert die Veränderung heraus. Damit ein Wandel vollzogen werden kann, muss folglich der Zustand des Gleichgewichts zugunsten der jeweils drängenden Kraft verschoben werden, wobei nach Lewin die Verdrängungskräfte zu stärken sind, wie in Abb. 2.2 dargestellt.

Aber wie sind diese Phasen eigentlich im Detail ausgeprägt und wie lassen sie sich in die Unternehmenspraxis übertragen? In der ersten **Phase des Auftauens,** die auch als Ausgangssituation gesehen werden kann, wird der Gleichgewichtszustand verlassen. Es können sowohl interne als auch externe Anlässe sein, die die existierenden Strukturen, Einstellungen, Verhaltensweisen oder auch bestehenden Regelwerke im Unternehmen vollständig infrage stellen. Durch diese Veränderung wird jedem bewusst, dass die Fortsetzung des „alten Zustands" zu einer Verschlechterung der aktuellen Situation führen wird und negative Konsequenzen induziert. Letztendlich wird ein Veränderungsbewusstsein im gesamten Unternehmen und auf allen hierarchischen Ebenen initiiert. An diesem wichtigen Punkt ist die Kommunikation gefragt und spielt eine entscheidende Rolle: Die Geschäftsführung muss der Belegschaft den Impuls des Veränderungsvorhabens sowie das angestrebte Zielbild transparent erklären.

> Je dezidierter die Informationen an die Belegschaft adressiert werden, desto höher ist die Akzeptanz für das Vorhaben und desto geringer wird der Widerstand gegenüber dem Neuen ausfallen.

Phase des Veränderns: Das Unternehmen hat somit seinen originären Zustand verlassen und bewegt sich langsam zu einem neuen Gleichgewichtszustand. Dabei wird in der Literatur von einem fluiden Zustand, in dem sich das Unternehmen befindet, gesprochen (Vahs, 2009). Nachdem die Phase des Auftauens und somit der Gleichgewichtszustand verlassen wurde, wird von der Belegschaft des Unternehmens eine gewisse Motivation erwartet, die in der Veränderung liegt, nach einem neuen Gleichgewichtszustand zu streben.

> Gerade in der Praxis müssen die Mitarbeitenden für diese Veränderungsreise begeistert und mit einer aktiven oder auch passiven Rolle im Change Projekt versehen werden, sodass letztendlich aus Betroffenen Beteiligte werden. Durch diese Integration soll eine gewisse Identifizierung mit der Veränderung erreicht und dabei eine schnellere Adaption an den neuen Zustand hervorgerufen werden.

In der dritten und letzten Phase nach Lewin, der **Phase der Stabilisierung,** muss die erfolgte Veränderung etabliert und in den Unternehmensstrukturen fest verankert werden. Ziel dabei ist, den Erfolg aus der Veränderung nachhaltig im Unternehmen zu sichern, der wesentlich durch die ersten beiden Phasen determiniert wird.

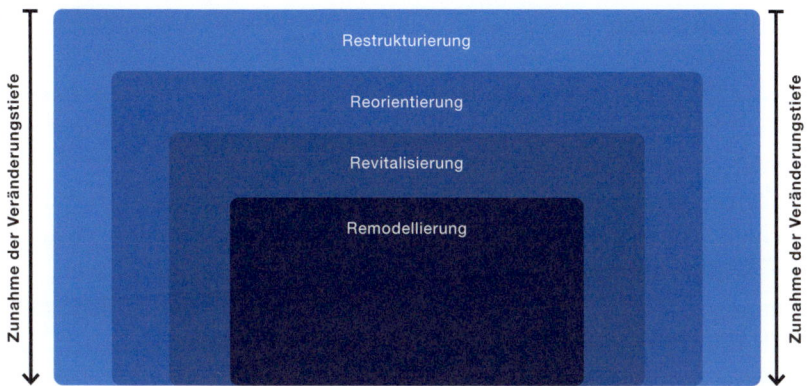

Abb. 2.3 Schichtenmodell zur Tiefe des Wandels. (Eigene Darstellung nach Krüger, 1994)

> Je höher die Beteiligung der Belegschaft an der Veränderung ist, desto höher ist auch das Interesse, dass die entwickelten Strukturen oder Verfahrensweisen etabliert und gelebt werden und somit der neue Gleichgewichtszustand erhalten bleibt. Wesentlich dabei ist die Unterstützung und Begleitung des Veränderungsprozesses durch die Geschäftsführung bzw. das Top Management im Unternehmen.

2.2.2 Schichtenmodell zur Tiefe des Wandels nach Wilfried Krüger

Das Modell zeigt die einzelnen Formen des Wandels und bringt dabei die Veränderungstiefe zum Ausdruck, die eine Zunahme top down verzeichnet, sodass die Remodellierung die tiefgreifendste Form des Wandels darstellt (Abb. 2.3).

> In der Unternehmenspraxis ist oftmals eine strikte Trennung zwischen den einzelnen Formen nicht möglich, denn diese sind nicht trennscharf voneinander abzugrenzen und greifen häufig sogar ineinander.

Restrukturierung

Bei der Restrukturierung, die auch unter dem Begriff der Reorganisation bekannt ist, steht die Optimierung im Fokus. Optimierungen können einzelne Strukturen aus der Aufbauorganisation eines Unternehmens betreffen wie z. B. das Zusammenfassen von thematisch gleichen Abteilungen, aber auch Veränderungen von Prozessen oder Strukturen wie z. B. die Eliminierung und anschließende Verschmelzung der 4. mit der 3. Führungsebene. Letztendlich sollen durch die Optimierungen in den einzelnen Bereichen Verbesserungen im Sinne der Effizienz erzielt werden, die oftmals von der Belegschaft nicht als solche erkannt werden und große Widerstände, Unruhe und Orientierungslosigkeit auslösen. Jene Projekte werden in der Unternehmenspraxis unter dem Begriff Effizienzprogramme subsumiert, da Maßnahmen zur Kostensenkung im Mittelpunkt stehen, allerdings sind die erzielten monetären Wirkungen meistens nur von kurzer Dauer.

Reorientierung

Die Reorientierung ist an die Strategie eines Unternehmens oder einer Organisation geknüpft und stellt die strategische Neuausrichtung wie z. B. die Etablierung eines neuen Geschäftsfelds oder die Portfoliooptimierung bzw. Portfoliobereinigung ins Zentrum der Betrachtung. Der Widerstand bei der Reorientierung variiert je nach Betroffenheitsgrad. Grundsätzlich gilt: Je höher der Betroffenheitsgrad ausgeprägt ist, desto größer wird der Widerstand in aktiver oder passiver Form auftreten. Die Reichweite der Veränderung induziert eine notwendige Bedingung für einen Wandel 2. Ordnung.

Revitalisierung

Im Zuge der Revitalisierung werden grundlegende Strukturen im Unternehmen, wie einzelne Fähigkeiten und Verhaltensweisen, tangiert, was natürlich tiefgreifende Veränderungen mit sich bringt und die gesamte Belegschaft betrifft. Oftmals werden Zielvereinbarungen, die an den variablen Gehaltsbestandteil geknüpft sind, im Unternehmen eingeführt. Dies bringt immense Auswirkungen für die Mitarbeitenden und Führungskräfte mit sich, denn mit der Einführung eines Performance Management Systems im Unternehmen wird auch die Unternehmenskultur stark verändert, da die Arbeitsergebnisse damit einem Messinstrumentarium unterliegen, was wiederum an den Gehaltsbestandteil geknüpft ist. Dabei werden oftmals Widerstände geäußert, die die Umsetzung des Veränderungsprozesses behindern und verzögern.

Remodellierung

Die Remodellierung greift in das Herzstück des Unternehmens, nämlich der Unternehmenskultur, ein. In jeder Unternehmenskultur sind Werte, Normen, Verhaltensweisen, Einstellungen und Überzeugungen allokiert, die in der Belegschaft fest verankert sind und tagtäglich sowohl von Mitarbeitenden als auch von Führungskräften gelebt werden. Es sind somit nicht nur tiefgreifende Veränderungen, sondern diese Veränderungen sind sehr komplex und auch zeitaufwendig. In der Unternehmenspraxis tritt dies oftmals bei dem Verkauf eines Unternehmens und der anschließenden Integration in das zu übernehmende Unternehmen auf. Am ausgeprägtesten ist dies, wenn z. B. bei einer Fusion zwei unterschiedliche Unternehmenskulturen aufeinanderprallen: Das eine Unternehmen ist z. B. durch flache Hierarchien und eine Duz-Kultur geprägt, während im anderen Unternehmen nach tradierten Führungsprinzipien gehandelt wird. Durch die Integration in das neue Unternehmen geraten die zwei verschiedenen Unternehmenskulturen miteinander in Konflikt. Die Entwicklung einer neuen gemeinsamen Unternehmenskultur bedarf einer hohen Bereitschaft auf Seiten der Belegschaft, bindet Ressourcen und kostet sehr viel Zeit und Nerven, bis letztendlich die Werte, Normen und Verhaltensweisen auch von allen gelebt werden und als Routinen in den Alltag eingehen.

2.2.3 8-Stufen-Modell nach John P. Kotter

Auch John P. Kotter setzt an dem 3-Phasen-Modell von Lewin an und entwickelt dieses in dem Sinne weiter, dass die originären drei Phasen

8	Verankern der neuen Ansätze in der Unternehmenskultur
7	Erfolge festigen und mehr Wandel erzeugen
6	kurzfristige Ziele und Erfolge sicherstellen
5	breit angelegte Aktionen zulassen
4	Vermitteln der Version des Wandelprozesses
3	Entwicklung einer Vision und einer Strategie
2	Bestimmung eines Führungsteams/Führungskoalition
1	Verbreiten des Gefühls der Dringlichkeit

Abb. 2.4 8-Stufen-Modell nach John P. Kotter. (Eigene Darstellung in Anlehnung an Kotter, 1996)

innerhalb des Veränderungsprozesses einer weiteren Unterteilung und Detaillierung unterliegen und somit einem ganzheitlichen Ansatz der Umsetzung eines nachhaltigen und tiefgreifenden Wandels folgen. Lewin setzt mit seinem 3-Phasen-Modell auf der Mikroebene an, in der das Unternehmen im Fokus der Betrachtung steht, während Kotter sich auf die Makroebene bezieht und es auf die Beziehungsebene zwischen dem Unternehmen und seinem dynamischen Umfeld hebt.

Erfolg in dem jeweiligen Veränderungsvorhaben wird sich nur dann einstellen, wenn den 8 Stufen nach Kotter sequenziell gefolgt wird und diese konsequent durchlaufen werden: „Das Überspringen einzelner Abschnitte schafft lediglich die Illusion von raschem Fortschritt und führt nie zu einem befriedigenden Resultat" (Kotter, 1997). Gemäß Kotter kann sich ein sinnvoller Wandel nur in einem mehrstufigen Prozess vollziehen, dessen Steuerung und Implementierung von erfahrenen Führungskräften begleitet werden muss. Folglich ist die intensive Begleitung und Steuerung des Change Prozesses durch ausgezeichnete Führungskräfte unerlässlich (Kotter, 1997).

Das in Abb. 2.4 dargestellte 8-Stufen-Modell kann in drei Ebenen untergliedert werden. In den Stufen 1 bis 4 wird erstmal im Sinne des Lewin'schen Zustands des Auftauens die Atmosphäre für das Veränderungsvorhaben geschaffen. Die weiteren Stufen 5 bis 7 werden durch die Integration und das Empowerment der Führungskräfte im jeweiligen Unternehmen determiniert. Den Abschluss bildet die Stufe 8, die die nachhaltige Implementierung des Veränderungsvorhabens im Unternehmen und in deren Unternehmenskultur im Fokus hat. Gerade an dieser Unterteilung wird deutlich, wie eng das 8-Stufen-Modell von Kotter sich an die Einteilung der 3 Phasen von Lewin anlehnt und dem Unternehmen eine grundsätzliche Orientierung und Struktur in seinem jeweiligen Veränderungsvorhaben vorgibt. Abb. 2.4 visualisiert die 8 Stufen nach Kotter.

Die **erste Stufe** ist durch das Verbreiten des Gefühls der Dringlichkeit des Veränderungsvorhabens gekennzeichnet. Aber was heißt das konkret für das Unternehmen bzw. welche Aktivitäten werden dadurch ausgelöst? Die Führungskräfte müssen zum einen den Bedarf und nicht zuletzt die Notwendigkeit der Veränderung erkennen, was letztendlich einen entscheidenden Einfluss auf den späteren Erfolg des Change Projektes hat. Die Grundlage für die Initiierung der Notwendigkeit können z. B. Impulse von externen Beratungen und deren objektive Sicht sein, aber auch Ergebnisse aus Stakeholderbefragungen. Entscheidend ist, dass vor allem bei den Führungskräften die Dringlichkeit der Veränderungsmaßnahme erkannt wird, sodass diese hinter der Entscheidung der Geschäftsführung stehen und der Belegschaft nicht nur Unterstützung anbieten, sondern auch als Multiplikatorinnen und Multiplikatoren agieren.

In der **zweiten Stufe** muss sich ein starkes Führungsteam, gemäß Kotter eine Art Führungskoalition (Abschn. 5.4), formieren, das sowohl vertrauensvoll als auch sehr offen miteinander kommuniziert und agiert. Dieses Team ist maßgeblich für die Gestaltung des Wandels und den daraus abgeleiteten Erfolg verantwortlich. Die Frage stellt sich, welche Attribute jenes Führungsteam innehaben sollte. Allen voran sollte dieses Team mit Fach- und Sachkompetenz ausgestattet sein und natürlich ausgezeichnete Führungsqualitäten besitzen, um die Ziele zu erreichen. Ferner müssen sie ausreichend glaubwürdig und authentisch auftreten, um das Vertrauen der Belegschaft zu gewinnen. Oftmals werden in der Unternehmenspraxis Maßnahmen zum Teambuilding eingesetzt sowie gemeinsame Aktivitäten innerhalb des Teams etabliert und gefördert, um den starken Zusammenhalt zu fördern.

In der **dritten Stufe** liegt der Schwerpunkt auf der Entwicklung einer Vision und einer Strategie. Die Vision kann dabei in ein strategisches Leitbild (bestehend aus Vision, Mission und den Unternehmenswerten) eingebettet sein und gibt der Organisation sowohl das Ziel als auch die Richtung vor. Mit der Vision wird das attraktive Bild der Zukunft eines Unternehmens skizziert, das zwar ambitioniert sein sollte, aber auch umsetzbar, erreichbar und letztendlich auch überprüfbar.

Die **vierte Stufe** ist durch die unternehmensweite Kommunikation der Vision gekennzeichnet. Ziel der Führungskräfte muss es sein, die Vision so bildhaft und anschaulich darzustellen, dass sich diese in den Köpfen der Belegschaft verankert und als gemeinsames Ziel verfolgt wird, sodass alle davon überzeugt sind, dass es der bestmögliche Weg für das Unternehmen ist. Dies dient in erster Linie zur Aktivierung der Kooperationsbereitschaft, aber auch als eine Art Rückkopplungsschleife aus der Belegschaft zur Fehleridentifikation und gegebenenfalls der Durchführung von Adjustierungen.

In der nächstfolgenden **fünften Stufe** bedarf es der Zulassung von breit angelegten Aktionen, sodass die Belegschaft befähigt wird, um handlungsfähig für die neuen Aufgaben zu sein. Ferner wird durch die Anpassung der organisationalen Strukturen an die neuen Aufgaben die Befähigung zum Wandel auf der Unternehmensebene gefördert. Zu empfehlen ist, dass komplexe und umfangreiche Veränderungen nicht auf einmal vollzogen werden, sondern dass diese in überschaubare Teile „portioniert" werden. Idee dahinter ist es, Teilerfolge – sogenannte Quick Wins – zu verzeichnen und diese innerhalb der Belegschaft und des Führungsteams im Unternehmen zu zelebrieren. Dies motiviert für den weiteren Weg auf der gemeinsamen Veränderungsreise.

Diese kurzfristigen Erfolge stellen sich bereits auf der **sechsten Stufe** ein. Ziel muss es allerdings sein, in der nachfolgenden **siebten Stufe** die Erfolge zu „konservieren" und dadurch einen Wandel zu erzeugen. Letztendlich bedarf es allerdings der Verankerung dieser neuen Ansätze in der Unternehmenskultur, was eine Etablierung im Normen- und Wertesystem des Unternehmens bedeutet und die **achte Stufe** repräsentiert.

Kotter gibt allerdings zu bedenken, dass sich die neuen Verhaltensweisen und Handlungen erst in einer Kultur niederschlagen, wenn die Belegschaft den fundamentalen Beweis hat, dass diese besser funktionieren als die tradierten und bekannten Ansätze (Kotter, 1996). Erst wenn die erreichten Veränderungen in der Unternehmenskultur final verankert sind, kann von einem erfolgreichen Change Prozess gesprochen und dies im Unternehmen als langfristiger Erfolg verbucht werden.

> **Wichtig**
>
> In Summe werden die dargestellten Modelle heutzutage in der Unternehmenspraxis nicht mehr in dieser Stringenz angewandt. Da der Wandel ein konstantes Phänomen geworden ist, werden die Phasen des Auftauens bzw. Refreezing vergeblich gesucht, sondern es wird in diesem Zusammenhang von Agilität gesprochen (Kap. 1). Im Modell von Kotter wird zudem die Unternehmenskultur viel zu spät in den Prozess integriert. Ferner fehlt der Aspekt der Partizipation in beiden Modellen vollständig.
>
> Grundsätzlich gilt, dass die heutigen Change Prozesse in dynamischen Umfeldern nicht mehr langfristig planbar sind und darum auch nicht mehr sequenziell in Phasen erfolgen, sondern von agilen Elementen determiniert werden.

2.2.4 Integrativer Ansatz nach Dietmar Vahs

Das 3-Phasen-Modell nach Lewin wird in dem integrativen Ansatz des Change Managements von Vahs aufgenommen und mit den Phasen eines Change Projektes auf der Sachebene verbunden. Dabei wird die Sachebene durch die psychologisch-emotionale Ebene in den Ausprägungen des Auftauens (unfreezing), Mobilisierens (changing) sowie Stabilisierens (refreezing) erweitert. Besonders zu erwähnen ist, dass beide Dimensionen gleichberechtigt sind und aktiv in den Prozess des Veränderungsvorhabens integriert werden müssen. Liegt dabei der Schwerpunkt nur auf einer Dimension oder wird eine Dimension minder gewichtet, dann droht das gesamte Veränderungsvorhaben zu scheitern, wie in Abb. 2.5 dargestellt.

In der Unternehmenspraxis wird der Analysephase noch eine vorbereitende Phase vorgeschaltet. Diese Vorbereitungsphase dient dazu,

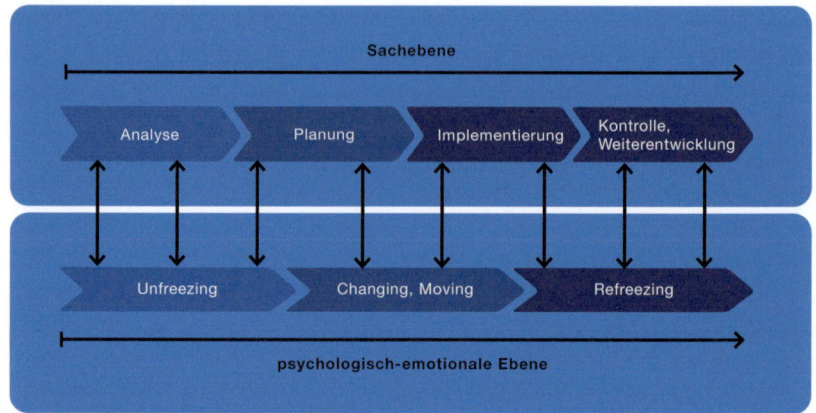

Abb. 2.5 Das integrative Modell nach Dietmar Vahs. (Eigene Darstellung nach Vahs, 2009, 2015)

dass im Rahmen der Auftragsklärung alle am Veränderungsprozess Beteiligten Einigkeit über die Ziele des Projkts (u. a. Diskussion über das Betrachtungsspektrum, was im Beraterjargon als „in scope" und „out of scope" bezeichnet wird), vorherrschende Rahmenbedingungen sowie die Ressourcenausstattung haben.

> Für die Phase der Auftragsklärung sollte jedes Unternehmen ausreichend Zeit einplanen, denn je besser das Projekt vorbereitet ist und je einheitlicher das Verständnis über Inhalte und Ziele, desto erfolgreicher wird die spätere Umsetzung erfolgen und folglich wird es diesbezüglich zu keinen Verzögerungen kommen.

Die Frage, wann von einem vollständigen Projektauftrag gesprochen werden kann, stellt sich in der Unternehmenspraxis immer wieder. Dieser Auftrag umfasst die Beschreibung des Problems respektive des Veränderungsvorhabens, die Ressourcenausstattung inklusive der im Projekt definierten Rollen, ein Projektorganigramm, dem Projektplan mit definierten Meilensteinen sowie einer Budget- und Ressourcenplanung. Ferner muss auch geklärt werden, ob es Katalysatoren des Wandels gibt, d. h. welche Personen eine bestimmte Rolle im Rahmen des Change Projektes einnehmen und welche Rahmenbedingungen aufgezeigt werden können, die den Wandel besonders relevant gestalten.

Die **Analysephase** ist von Instrumenten und Modellen geprägt, deren wesentliche Aufgabe es ist, den im Unternehmen vorherrschenden Status quo zu hinterfragen, um den Veränderungsprozess zu mobilisieren. Dabei können Methoden wie Benchmarking oder Kundenbefragungen zum Einsatz kommen. Ferner bedarf es allerdings auch einer Analyse der Kultur (Abschn. 4.6). Jedes Unternehmen ist durch seine eigenen Werte, Verhaltensweisen und Einstellungen gekennzeichnet und insbesondere bei einer Fusion müssen oftmals unüberwindbare kulturelle Barrieren durchdrungen werden. Für diesen Fall wird dann eine Cultural Due Diligence angewandt, in deren Rahmen geprüft wird, ob die beiden Unternehmenskulturen im Sinne eines „cultural fits" zusammenpassen und ob sie nach erfolgter Fusion eine Chance auf ein erfolgreiches Miteinander haben. Mit Abschluss der Analysephase ist der Status quo erarbeitet und das Zielbild der Veränderung kann in der nächsten Phase entwickelt werden.

Vahs bezeichnet die nachfolgende Phase als **Planung,** wobei diese in der Praxis auch oftmals als Konzeption bezeichnet wird. In dieser Phase werden unter Beachtung der Anforderungen und Rahmenbedingungen, die an das Veränderungsvorhaben geknüpft sind, Lösungsansätze entwickelt und diese weiter verfeinert. Somit werden die Ziele des Wandels fixiert und korrespondierende Maßnahmen entwickelt. Solche Maßnahmen sind durch konkrete Aktivitäten, einem Zeitrahmen sowie durch klare Verantwortlichkeiten und Rollen gekennzeichnet.

Die Phase der **Implementierung** ist durch die Umsetzung der einzelnen Maßnahmen bzw. des Maßnahmenportfolios geprägt. In der Phase der Kontrolle und Weiterentwicklung liegt der Schwerpunkt auf der Überprüfung der Zielerreichung (Soll-Ist-Abgleich) sowie auf der kontinuierlichen Weiterentwicklung, die letztendlich auf der **Evaluation** des Veränderungsprozesses beruht.

2.2.5 Phasenmodelle zu den emotionalen Reaktionen der Veränderung nach Georg Kraus, Christel Becker-Kolle, Thomas Fischer und Stefan Roth

Die Phasenmodelle zu den emotionalen Reaktionen der Veränderung (auch unter dem Begriff der Veränderungs- oder Trauerkurve bekannt) dienen den Führungskräften im Veränderungsprozess als Orientierungshilfe und Unterstützung zur situationsadäquaten Führung der Mitarbeitenden entlang der einzelnen Phasen im Veränderungsvorhaben. Somit sollen die Modelle als eine Art Wegweiser gesehen werden, wie Veränderungen von den Mitarbeitenden erlebt werden und welche Verhaltensweisen bzw. Reaktionen zu erwarten sind.

Die Basis dieser Phasenmodelle stammt aus der soziologischen Trauerforschung von Elisabeth Kübler-Ross, einer bekannten Psychiaterin (Kübler-Ross, 1969) und dient als Grundlage zur Betrachtung des menschlichen Verhaltens in einem Change Projekt. Kerngedanke ist die Überlegung, dass alle Phasen als emotionale Reaktion auf eine Veränderung durchlaufen werden. Allerdings sind Intensität und Dauer individuell unterschiedlich.

Im Phasenmodell von Kraus, Becker-Kolle, Fischer kommt explizit zum Ausdruck, dass die Veränderungen in Unternehmen und Organisationen nicht nur auf verschiedenen Ebenen stattfinden, sondern auch in unterschiedlicher Intensität, Richtung und Geschwindigkeit, sodass die Abfolge nicht sequenziell in einem kontinuierlichen Prozess erfolgen muss, sondern durchaus durch ein Vor und Zurück geprägt sein kann. Das Modell zeigt allerdings in Summe eine Folge von Prozessphasen, die während des Veränderungsvorhabens durchlaufen werden (siehe Abb. 2.6).

Sobald das Veränderungsvorhaben im Unternehmen verkündet wird, tritt eine Art **Schockzustand** im Sinne einer Orientierungslosigkeit innerhalb der Belegschaft ein. Dieser Schock, der aus der neuen Situation resultiert, ist durch ein hohes Maß an Unsicherheit über den Zielzustand geprägt, wird allerdings auch von persönlichen Emotionen beherrscht. In Summe muss die vorherrschende Situation auch erst einmal kognitiv verarbeitet werden. Das Ausmaß der Reaktion wird

2 Change aus Managementperspektive

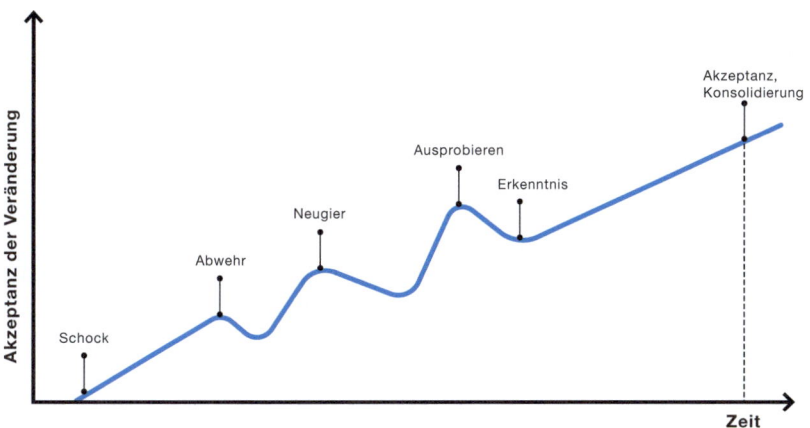

Abb. 2.6 Phasenmodell zu den emotionalen Reaktionen der Veränderung. (Eigene Darstellung in Anlehnung an Kraus et al., 2006)

wesentlich davon bestimmt, inwieweit schon erste Vorahnungen innerhalb der Belegschaft über die Veränderung bekannt waren oder ob es sich tatsächlich um ein vollkommen unvorhergesehenes und somit auch ungeplantes Ereignis handelt. Die Reaktionen unter den Mitarbeitenden können als aktiver oder passiver Widerstand gegen die neue Situation und das bis dato Unbekannte bezeichnet werden.

> An diesem Punkt sind die Führungskräfte mehr denn je gefragt, denn sie müssen mit Bedacht auf die Mitarbeitenden eingehen, diese aktiv unterstützen, ihnen immer wieder das Zielbild vor Augen führen und die daraus resultierenden Verbesserungen, die aus dem Veränderungsvorhaben stammen, darstellen. Dabei werden eine besondere Kommunikationsstärke und Empathie von den Führungskräften gefordert, sodass die Mitarbeitenden ihre eigene Geschwindigkeit der Veränderung finden und sich auf diesen Weg der Veränderungsreise begeben können.

Dabei stellt sich die Frage, welche Gründe es für den Widerstand auf Seiten der Belegschaft und des Führungsteams geben kann. Bei der Belegschaft sind in der Unternehmenspraxis folgende Gründe für potenziellen Widerstand denkbar:

- bereits einige gescheiterte oder im Sande verlaufene Veränderungsprojekte in der Unternehmenshistorie (negatives Veränderungsgedächtnis)
- kaum bis kein Verständnis bzgl. des Zielbilds und der Veränderungsnotwendigkeit sowie deren individueller Wirkung
- Angst vor der Veränderung, alte Verhaltensmuster und Routinen vollständig aufgeben zu müssen
- Widerstand aus Angst vor fehlenden Kompetenzen, neuen Technologien, Übernahme von Verantwortung und dadurch bedingter Jobverlust

Auch auf Seiten des Führungsteams können aus nachfolgenden Gründen Widerstände entstehen:

- Angst eines Macht- und Kontrollverlusts bzw. der Reduzierung von Führungsverantwortung
- wenig bis keine Erfahrung in der Durchführung von Change Projekten und Angst vor dem Scheitern
- Angst vor dem Jobverlust: in der mittleren Führungsebene droht oftmals der Jobverlust als „Opfer der Veränderung"
- keine vollständige Akzeptanz mit dem Veränderungsvorhaben der Geschäftsführung, da die Idee nicht die eigene darstellt und oftmals auch nicht vollständig durchdrungen wird

In der **Abwehrphase** versuchen die Mitarbeitenden, die vermeintlich neuen Aufgaben auf ihr eigenes Aufgabenportfolio zu übertragen und hinterfragen dabei, ob ihre Kompetenzen ausreichend sind und ob es eventuell zu einem Verlust von Verantwortlichkeiten führen könnte. In der Unternehmenspraxis wird oftmals zwar das Veränderungsvorhaben inklusive des angestrebten Zielbildes kommuniziert, allerdings sind Tragweite und Auswirkungen der Veränderungen nicht vollumfänglich bekannt, was ein zusätzlicher Treiber von Ängsten sein kann, die sich letztendlich in Widerstand und Gegenreaktionen äußern.

> Je intransparenter das Veränderungsvorhaben ist, desto intensiver und kritischer sind die Reaktionen aus der Belegschaft. Im Umkehrschluss bedeutet dies für Unternehmen, dass eine offene, ehrliche und transparente Kommunikation gefordert wird. Eine gewisse Abwehr am Anfang einer Veränderung ist immer zu erwarten. Dies sollte als Zwischenstadium der Veränderungen und nicht als Scheitern klassifiziert werden.

Sobald die Abwehrphase überwunden ist, wird eine Wandlung vollzogen, die sich in einer Art Neugier manifestiert. Diese Neugier wird insbesondere dann geweckt, wenn sich erste Erfolge aus dem Veränderungsvorhaben einstellen, diese als Meilensteine kommuniziert werden oder tatsächlich schon im Unternehmen sichtbar werden. Um in den Worten von Lewin zu sprechen: Die Phase des Auftauens wird verlassen, die Mitarbeitenden werden für das Neue „mobilisiert" und gehen auf Entdeckungsreise. Die Identifikation mit dem neuen Zustand wird stärker und die Vergangenheit rückt langsam in den Hintergrund. Gerade in dieser Phase ist die volle Aufmerksamkeit auf die Führungskräfte gerichtet, deren Aufgabe es ist, die Mitarbeitenden weiterhin zu motivieren, die Veränderungsreise gemeinsam zu gehen und sie auf diesem Weg zu begleiten und zu unterstützen.

Aus der **Phase der Neugierde** erwächst die **Phase des Ausprobierens**. Dieser Übergang ist immer dann im Unternehmen anzutreffen, wenn erste Maßnahmen im eigenen Geschäftsbereich oder der eigenen Abteilung etabliert werden, sodass die Mitarbeitenden sich mit jenen Maßnahmen auseinandersetzen müssen und langsam damit vertraut werden. Gerade in dieser Phase befassen sie sich dann mit der Ausgestaltung von neuen Arbeitsabläufen und sehen, welche Veränderungen an den Prozessen oder Strukturen daraus erwachsen sowie welche Veränderungen daraus für jeden einzelnen resultieren. Ziel der Führungskräfte muss es sein, den Mitarbeitenden die Vorteile der Veränderungen immer wieder vor Augen zu führen und für eventuelle Schwierigkeiten eine Lösung anzubieten, um diese zu reduzieren oder im Optimalfall sogar vollständig zu eliminieren. Gelingt dies nicht, droht der gesamte Prozess zu scheitern, da in den Mitarbeitenden die Unsicherheit vor dem Neuen, der Veränderung maximiert wird.

Die **Erkenntnisphase** ist dadurch geprägt, dass die Akzeptanz für das Veränderungsvorhaben bei den Mitarbeitenden umso schneller ansteigt, je mehr positive Erfahrungen mit der Veränderung gemacht werden können. Die neuen Arbeitsabläufe gehen so langsam in die Routine über und es erfolgt ein stetiges Lernen, was das Vertrauen in das Neue stärkt und den Abstand zu den bisherigen Routinen und Aktivitäten steigen lässt. Oftmals werden sogar im Nachgang die bisherigen Prozesse und Aktivitäten als nicht mehr zeitgemäß eingestuft.

Die letzte Phase wird als **Akzeptanz- und Konsolidierungsphase** bezeichnet, da die Veränderungen im Unternehmen bis dato etabliert und von den Mitarbeitenden angenommen werden. Es ist eine neue Normalität in das Unternehmen eingezogen, die durchgängig praktiziert wird, sodass das Veränderungsvorhaben als erfolgreich klassifiziert werden kann.

2.2.6 Emotion und Leistung: Das Veränderungsmodell von Stephan Roth

Ein Modell, das sich bei den Phasenmodellen zu den emotionalen Reaktionen verorten lässt und diese mit der Produktivität verknüpft, ist das Modell nach Roth, bei dem die Frage im Zentrum steht, wie höhere Leistungsmuster in Unternehmen und Organisationen erzielt werden können. Im Besonderen geht es darum, wie die Leistung des Mitarbeitenden in Anhängigkeit zu der jeweils vorherrschenden Phase ausgeprägt ist, sodass aus dem Modell abgeleitet werden kann, wie die Mitarbeitenden die einzelnen Phasen des Veränderungsprojektes erleben und wie dies in Abhängigkeit zu deren Leistung steht (siehe Abb. 2.7).

Im Unterschied zum Modell von Kraus, Becker-Fischer und Kolle erweitert Roth das Modell um die **Phase der Vorahnung,** denn meistens ist im Vorfeld schon eine gewisse Unruhe in den Fluren zu spüren. Erste Indikationen können aus Verhaltensweisen der Führungskräfte abgleitet werden und auch die Anwesenheit von externen Beratungsfirmen ist häufig ein Vorzeichen, sodass die Sorge vor der drohenden Veränderung oftmals begründet erscheint. Der Flurfunk und die Gerüchteküche sind dabei ein wesentlicher Informationstreiber im Unternehmen.

2 Change aus Managementperspektive

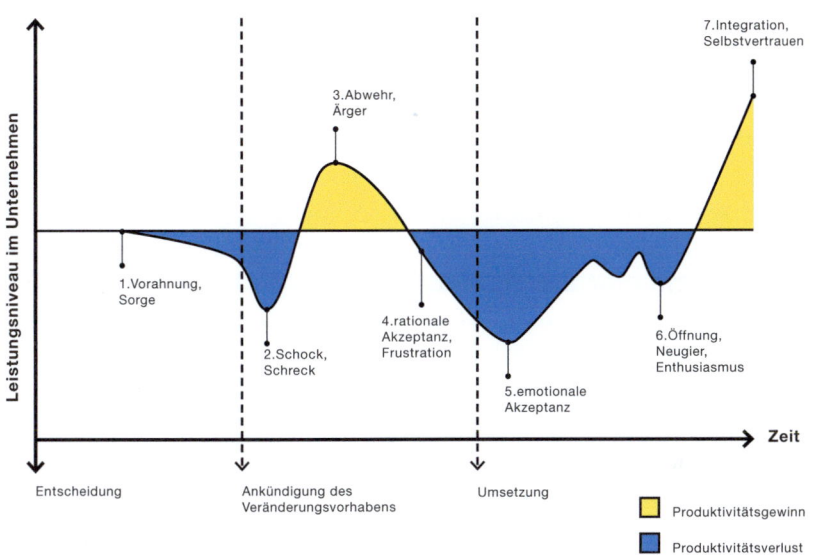

Abb. 2.7 Phasenmodell zu den emotionalen Reaktionen der Veränderung nach Stephan Roth. (Eigene Darstellung nach Roth, 2000)

Der **Schockzustand** tritt dann ein, wenn das Veränderungsvorhaben von der Geschäftsführung tatsächlich kommuniziert wird. Dies hat auch einen wesentlichen Einfluss auf deren Leistung, die ab dem Zeitpunkt der Kommunikation drastisch sinkt. Die Mitarbeitenden sind von der aktuellen Situation mehr als überfordert, denn sie wissen nicht, wie sie mit den neuen Anforderungen umzugehen haben. Ferner erfahren sie, dass bisherige Aktivitäten und Verhaltensweisen mit den neuen Anforderungen nicht in Einklang zu bringen sind und auch nicht weiter in dieser Form praktiziert werden können. Oftmals wird dieser Schockzustand verstärkt, wenn die Führungskräfte nur das Veränderungsvorhaben kommunizieren, aber nicht Gründe, Sinn, Zielbild sowie Schritte und korrespondierende Aktivitäten und Auswirkungen auf dem Weg der Zielerreichung.

In der folgenden **Phase der Abwehr bzw. des Ärgers** zeigt sich die Haltung der Mitarbeitenden darin, dass ein Leistungsschub zu verzeichnen ist, da den Führungskräften so – eben durch den überdurchschnittlichen Einsatz – vermittelt werden soll, dass der erfolgreiche (alte) Zustand beibehalten werden sollte und keine Notwendigkeit einer Veränderung besteht. Doch müssen die Mitarbeitenden bald erkennen, dass die Ablehnung und Behinderung gegenüber dem Neuen keine Wirkung bei den Führungskräften zeigt. Im Ergebnis haben die Mitarbeitenden mit Frustration zu kämpfen. Sie müssen sich eingestehen, dass es keinen Ausweg mehr aus dem Veränderungsvorhaben gibt und sich folglich Akzeptanz einstellen muss. Der Wendepunkt liegt in der **Phase der emotionalen Akzeptanz:** Am sogenannten tiefsten Punkt, dem Tal der Tränen, reift bei den Mitarbeitenden langsam die Einsicht, dass es keine Möglichkeiten und Wege mehr gibt, das geplante Veränderungsvorhaben aufzuhalten oder sogar zu stoppen. Dies hat zur Folge, dass die Mitarbeitenden langsam die neuen Verhaltensweisen und Anforderungen adaptieren und sich von den bisherigen Aktivitäten und Mustern verabschieden, sodass eine neue Zielrichtung und Orientierung eingeschlagen wird. Die Einschätzung der Mitarbeitenden in Bezug auf die eigene Kompetenz sinkt dabei auf das geringste Niveau, während parallel die Bereitschaft für den Lernprozess (im besten Falle) stetig steigt.

Durch den Lernprozess öffnen sich die Mitarbeitenden immer mehr für das Neue und sind experimentierfreudiger für die neuen Handlungs- und Verhaltensmuster. Dies geht meist einher mit einem entscheidenden Anstieg der eigenen Kompetenz. Letztendlich ist dieser Lernprozess wesentlich verantwortlich dafür, dass die Mitarbeitenden erlernen, wann und in welcher Intensität die jeweilige Handlungs- und Verhaltensweise Erfolg hat und wann diese damit an die Grenzen stoßen. Die Folge daraus ist die **Phase der Integration,** in der die Mitarbeitenden Selbstvertrauen gewinnen und aktiv an dem Veränderungsvorhaben mitwirken. Dies bringt dann auch wieder eine Leistungssteigerung mit sich, die oftmals sogar den anfänglichen Level übersteigt.

> Das Wissen darum, wie Menschen auf Veränderungen reagieren, hilft, Reaktionen einzuordnen und einen solchen Prozess adäquat zu begleiten. Und: Egal, welches Modell man zugrunde legt – die Praxis zeigt, dass zu Beginn eines Veränderungsvorhabens zunächst Handlungs- und Leistungsfähigkeit der Organisation einbrechen, da die betroffenen Menschen mit dem Change und seinen Auswirkungen beschäftigt sind.

2.2.7 Gemeinsamkeiten ausgewählter Change Management Modelle

Die dargestellten Change Management Modelle ähneln sich mehr oder weniger und vor allem die Anforderungen an die Führungskräfte in den jeweiligen Veränderungsvorhaben sind identisch (siehe nachfolgende Abbildung). Die drei aufgezeigten Change Management Modelle durchlaufen alle die drei Phasen des Auftauens, Veränderns und Stabilisierens nach Lewin.

Letztendlich gelten für alle Change Modelle Parameter wie zielgruppenadäquate Kommunikation, die Entwicklung einer Vision, Betroffene zu Beteiligten zu machen und diese frühzeitig in das Veränderungsvorhaben einzubinden sowie die Motivation und das Empowerment der Führungskräfte, auch die gesamte Belegschaft mit auf diese Veränderungsreise zu nehmen (siehe Abb. 2.8).

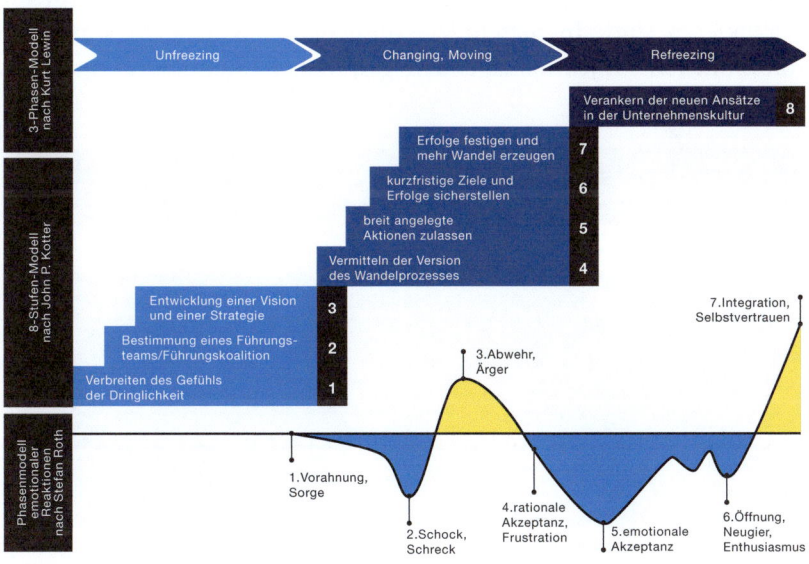

Abb. 2.8 Gemeinsamkeiten ausgewählter Change Management Modelle. (Eigene Darstellung)

2.3 Interaktion von Projekt- und Change Management

Im Zentrum des Change Managements steht der Entwicklungsweg eines Veränderungsvorhabens von einem Ist-Zustand zu einen definierten Soll-Zustand, sodass das Projektmanagement eine notwendige Voraussetzung für ein erfolgreiches Change Management darstellt. Dabei ist sowohl das Individuum in Form der Mitarbeitenden und Führungskräfte eines Unternehmens betroffen als auch die Strukturen und Prozesse im Unternehmen, wie in Abb. 2.9 dargestellt ist.

Oftmals werden externe Beratungsunternehmen als Unterstützung für ein Change Projekt angefragt, sodass eine neutrale Instanz das Veränderungsvorhaben begleitet, was die Realisierung des Change einfacher gestalten lässt. Ein entscheidender Faktor ist, dass das Veränderungsvorhaben vollständig im Unternehmen umgesetzt, akzeptiert und auch von den Mitarbeitenden und Führungskräften aktiv gelebt wird. Dazu bedarf es formeller Strukturen, die im Set-up des Change Projektes zu allokieren sind. In diesem Zusammenhang wird auch von einem professionellen Projektmanagement gesprochen, wenn Strukturen und

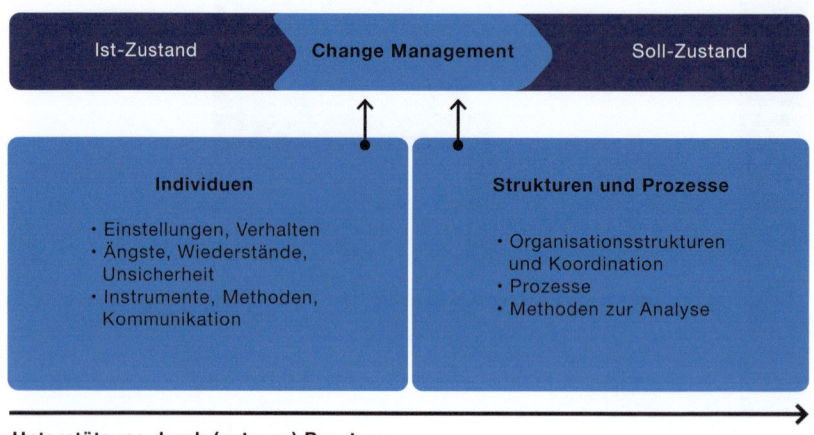

Abb. 2.9 Umfang des Change Managements. (Eigene Darstellung)

Rollen geschaffen sind, um die korrespondierenden Aufgaben zu verorten, sodass das Veränderungsvorhaben einem systematischen Prozess folgen kann.

Veränderungsvorhaben fordern ein professionelles Projektmanagement

Ein wesentliches Konstrukt dieser formellen Strukturen stellt die Projektorganisation dar, die für die Dauer des Change Projektes seine Gültigkeit hat. Jedes Projekt wird durch einzelne Parameter determiniert, unabhängig davon, ob es sich um ein Change Projekt oder um ein Projekt mit einem anderen Schwerpunkt handelt.

> **Von einem Projekt wird nur dann gesprochen, wenn**
> - es einen einmaligen, innovativen Charakter aufweist,
> - es ein definiertes Ziel inklusive quantifizierbarem Endprodukt mit einem zeitlichen, finanziellen und personellen Rahmen innehat sowie
> - klare Verantwortlichkeiten mit definierten Rollen zugewiesen werden.

Das Projekt muss als ein soziales System klassifiziert werden, sodass ein Projektteam sich zu anderen sozialen Systemen abgrenzt. Ferner wird dem Projektteam durch klare Strukturen und Regeln innerhalb der Organisation eine Orientierung gegeben. Im Projektteam entwickelt sich eine sogenannte Eigendynamik durch die Selbstorganisation, sodass ein Lernprozess einsetzt. Die Organisation des Projektes ist von der Zeitdauer begrenzt, da sowohl der Anfang als auch das Enddatum zu Beginn des Projektes bereits feststeht.

Innerhalb der Projektorganisation gelten spezifische Regeln der Kommunikation sowie klar definierte Berichtswege. Ferner werden Spielregeln der Zusammenarbeit definiert, die im Beraterjargon u. a. unter Governance zu subsumieren sind. Im Rahmen eines Projektes werden zur Unterstützung der Projektleitung ein Projekt Management Office (PMO) etabliert, das alle administrativen Aufgaben rund um das Projekt betreut. Dazu zählt die Abfrage und Konsolidierung von wöchentlichen Statusreports genauso wie die Buchung von Meetingräumen und Sicherstellung einer funktionsfähigen Infrastruktur.

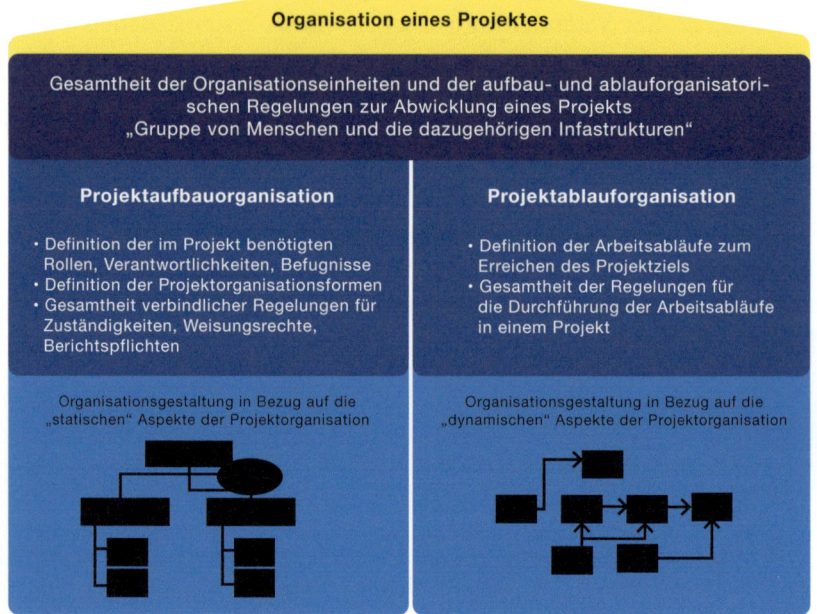

Abb. 2.10 Allgemeine Projektorganisation. (Eigene Darstellung)

Die Durchführung eines Change Projektes erfordert daher eine eigene Projektorganisation sowie den Einsatz von Methoden aus dem Projektmanagement. Die Projektorganisation setzt sich aus einer Projektaufbau- und Projektablauforganisation zusammen, wie in Abb. 2.10 dargestellt.

Letztendlich ist die Projektorganisation ein Hilfskonstrukt, um Aufgaben leichter, schneller und effizienter zu lösen. Es ist von entscheidender Bedeutung, das Verhältnis und die Zusammenarbeit zwischen der bestehenden Aufbauorganisation im Unternehmen und der Projektorganisation festzulegen. Eine Projektorganisation ist immer nur von temporärer Dauer und wird nach Abschluss des Projektes vollkommen aufgelöst. Diese Struktur in Form der Projektorganisation gewährleistet, dass die Komplexität des Change Projektes sich in einem beherrschbaren Rahmen bewegt und damit überschaubarer und handhabbarer wird.

Die Aufbauorganisation regelt die Verantwortlichkeiten sowie Kommunikations- und Berichtswege im Projekt, die wesentlich für den späteren Erfolg sind. Ferner müssen auch die einzelnen Arbeitsabläufe im Sinne der Ablauforganisation definiert werden, damit einem reibungslosen Ablauf nichts im Wege steht. Natürlich sind auch Protagonisten in Form von Mitarbeitenden und Führungskräften entscheidend, sodass die Zusammensetzung der Projektteams einen wesentlichen Erfolgsfaktor darstellt.

Die Rolle der Projektleitung

Die Projektleitung muss die Methodenkompetenz des Projektmanagements besitzen, Erfahrungen aus Veränderungsprozessen mitbringen und vor allem Empathie gegenüber dem Veränderungsvorhaben und deren Wirkung in die Belegschaft haben.

Grundsätzlich sollte das Projektteam über Fach-, Methoden-, Führungs- und gerade in einem Veränderungsvorhaben über Sozialkompetenz verfügen. Insbesondere bei der Sozialkompetenz ist es wichtig, dass sich das Projektteam in die Betroffenen hineinversetzen kann sowie sich mit jenen zu solidarisieren und auch ausreichend Engagement für deren Verbesserung durch das Veränderungsvorhaben zu zeigen.

Folgt man den Anforderungen an die Eigenschaften eines erfolgreichen Projektteams, so nennt Groth (2011) folgende wesentliche Punkte, die eine erfolgreiche Projektleitung ausmachen. Dabei werden die einzelnen Punkte nach der ansteigenden Relevanz dargestellt:

- Fach- und Methodenkompetenz im Projektmanagement
- Expertise im Change Management
- Moderations- und Vermittlungsfähigkeit
- ausgeprägte Kommunikationsfähigkeiten
- hierarchische Macht für den Zeitraum des Change Projektes, das der Projektleitung die Befähigung erteilt, das Team autark zu führen
- hohes Potenzial für Beziehungsmanagement und Vernetzungsgedanken

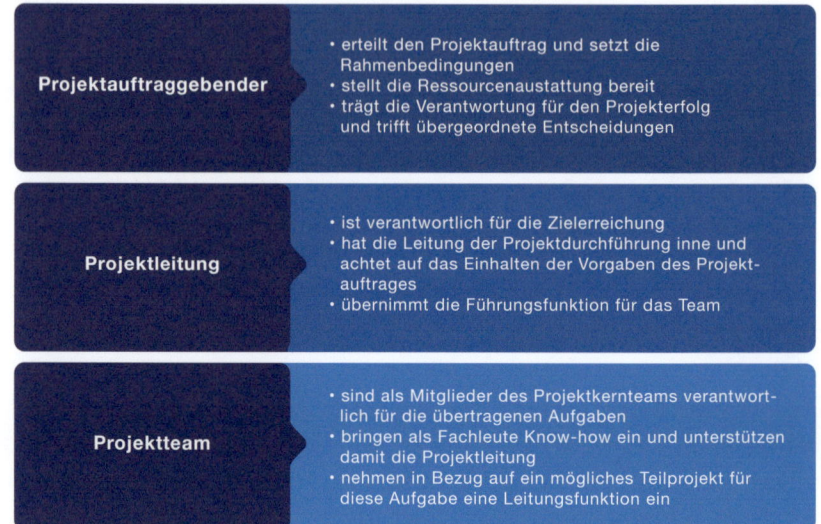

Abb. 2.11 Darstellung der wesentlichen Rollen im Projekt. (Eigene Darstellung)

- emotionale Intelligenz, um die verschiedenen Sichtweisen der Mitarbeitenden und Führungskräfte auf allen hierarchischen Ebenen zu verstehen und vollständig zu durchdringen

Neben der Projektleitung determinieren auch die Rollen des Auftraggebenden sowie das Projektteam den Erfolg des Projektes, was in Abb. 2.11 inklusive deren Kernaktivitäten dargestellt wird.

Dem Auftraggebenden wird dabei eine zentrale Rolle zugeschrieben. Dies kann eine Vertretung der Geschäftsführung oder auch die komplette Geschäftsführung sein. Das Bindeglied zwischen dem Auftraggebenden und dem Projektteam ist die Projektleitung. In der Unternehmenspraxis wird in Change Projekten auch gerne vom Change Manager anstatt von Projektleitung gesprochen. Die Teammitglieder konzentrieren sich auf die Erfüllung ihrer Aufgaben im Change Projekt.

Das Führungsteam muss die Entwicklungsfelder und Veränderungsziele an die Belegschaft en détail kommunizieren, damit der positive Weg der Veränderung aufgezeigt und angenommen werden kann und sowohl Veränderungsbereitschaft als auch Veränderungsfähigkeit in der

Belegschaft aktiviert werden. Ferner muss die durch die Veränderung hervorgerufene Herausforderung für alle sichtbar sein, sodass alle positiv auf das Zielbild gestimmt sind und folglich die gleiche Richtung einschlagen.

Dabei stellt sich die Frage, ob das geplante Veränderungsvorhaben das gesamte Unternehmen weiterbringt und dies auch für alle Mitarbeitenden und Führungskräfte im Sinne eines innovativen Ansatzes sichtbar ist.

Allerdings werden im Projektmanagement auch Grenzen erreicht bzw. können Konsequenzen daraus erwachsen. Die langfristige Ausrichtung im Sinne eines strategischen Denkens muss von der Geschäftsführung offengelegt sowie die volle Verantwortung an die Projektleitung übertragen werden. Ferner muss die Projektleitung auch bereit sein, die Verantwortung zu übernehmen und, falls noch nicht vorhanden, die Kompetenzen im Projektmanagement zu erlernen bzw. sich einem Training zu unterziehen. Die Geschäftsführung muss die notwendigen Ressourcen zur Verfügung stellen und auftretende Diskussion um Ressourcenkonflikte „bereinigen". Ferner muss auch die Akzeptanz gegeben sein, die einzelnen Projektschritte nachzuvollziehen und die Ergebnisse zu verorten und zu würdigen. Dies erfordert eine ganzheitliche Unterstützung von Seiten der Geschäftsführung.

Letztendlich wird durch das Projektmanagement auch die Führungskraft gefordert, denn sowohl das Projektteam als auch das Unternehmen sollten die Ziele des Veränderungsvorhabens kennen und diese für einen erfolgreichen Change akzeptieren und unterstützen.

Das Aufgabenportfolio der Führungskraft beinhaltet daher folgende Punkte, die nach der Relevanz ansteigend sortiert sind:

- Eine Projektgovernance, d. h. die Spielregeln der Zusammenarbeit im Change Team müssen entwickelt und verabschiedet werden.
- Klare Rollen und Verantwortlichkeiten müssen zugewiesen werden.
- Das Wir-Gefühl im Projekt muss maßgeblich gefördert werden.
- Die gesamte Belegschaft muss die Projektziele kennen und akzeptieren.
- Ein Konsens muss bei wichtigen Entscheidungen angestrebt werden.

- Konflikte sollten frühzeitig identifiziert und konstruktiv gemeinschaftlich gelöst werden.
- Eine offene Kommunikationskultur sollte gepflegt und Rückkopplungsschleifen integriert werden.

Welche Führungsqualitäten dabei eine entscheidende Rolle spielen und welche Fähigkeiten auch im digitalen Kontext notwendig sind, wird im folgenden Kapitel behandelt.

2.4 Führung im Change Management

„Menschen kommen zu Unternehmen, aber verlassen Vorgesetzte" (Reinhard Sprenger).

2.4.1 Ein allgemeines Führungsverständnis als Grundlage

Die Voraussetzung für die Ableitung eines allgemeinen Führungsverständnisses wird durch die Definition des Begriffes der Unternehmensführung determiniert.

Unternehmensführung „stellt ein gestaltendes Eingreifen in den gesamten Wertschöpfungsprozess des Unternehmens dar, das Koordinierungs- und Harmonisierungshandeln im Hinblick auf sämtliche Elemente der Wertschöpfungskette beinhaltet und nachgelagerte Handlungsbereiche wie diejenigen des Finanzmanagements, des Marketingmanagements oder des Produktionsmanagements richtungsweisend beeinflusst" (Macharzina & Wolf, 2015).

Letztendlich ist es das Ziel der Unternehmensführung, der Wegweiser für die strategische Ausrichtung eines Unternehmens zu sein und dessen Umsetzung zu unterstützen. Aber welche Aufgaben lassen sich demzufolge dem Führungsteam eines Unternehmens zuschreiben?

Seit langem schon gilt: „Veränderungen in deutschen Großunternehmen scheitern vor allem am Führungsverhalten – so die Meinung der Führungskräfte selbst: Unzureichendes Engagement der oberen Führungsebenen (61 %), unklare Zielbilder (56 %) und Unerfahrenheit beim Umgang mit verunsicherten Mitarbeitern (56 %) sind die meistgenannten Gründe, die in einer Befragung bei Vorständen, Geschäftsführern und Bereichsleitern von Unternehmen mit mehr als 1000 Mitarbeitenden ermittelt wurden (Houben et al., 2007; Voß & Röttger, 2014).

Führungskräfte spielen daher eine entscheidende Rolle im Change Management. Sie stehen in schwierigen Situationen unter besonderer Beobachtung durch die Mitarbeitenden, denn diese prüfen dann noch kritischer, ob Worte und Taten zusammenpassen.

Führen bedeutet, Veränderungen zu gestalten und damit bei sich selbst anzufangen

Führungskräfte aller Ebenen sind in Change Prozessen ein erfolgskritischer Faktor: Die Wirksamkeit der Steuerungs- und Entscheidungsprozesse steht und fällt mit ihrer Kommunikation (Buchholz & Knorre, 2012). Zugleich fühlen sie sich – genauso wie ihre Mitarbeitenden – in Change Prozessen oft zu wenig informiert.

Sie haben in der Change Kommunikation mehrere Zwitterrollen inne:

- *Informationsstand:* Sie sind diejenigen, die den Change Prozess mitkonzeptionieren und vorantreiben und bestens über alle Vorgänge im Unternehmen informiert sein sollten. Wenn sie nicht selbst die Quelle der aktuellen Information zum Change Prozess sind, sind Führungskräfte nicht selten schlecht informiert.
- *Orientierung:* Sie sollen gerade in intensiven oder gar als bedrohlich empfundenen Situationen mobilisieren und Vorbild sein.
- *Informationsquelle:* Sie sind Meinungsführende bei der Vermittlung der Unternehmensstrategie und sollen zugleich die Meinung anderer hören. Sie sind zugleich für die Mitarbeitenden die Absender der Informationen zum Change (via Vermittlung über die Interne

Kommunikation[1]), oft aber auch die direktere und schnellere Informationsquelle im persönlichen Gespräch.

- *Zuversicht:* Führungskräfte auf allen Ebenen kennen zwar das Vorhaben und den geplanten Weg, wissen jedoch genauso wenig wie die anderen Beschäftigten, ob es gemeinsam erreichbar ist bzw. wirklich erreicht wird und sollen doch gerade hier Zuversicht ausstrahlen.
- *Sinn und Zweck:* Sie geben den Sinn und Zweck des Change Prozesses mit vor. Zugleich müssen sie die Aneignung der Botschaften durch die Mitarbeitenden anstreben und sogar fördern.

Jeder Mensch nimmt nach Erving Goffman je nach Situation und Kontext unterschiedliche Rollen wahr (Goffman, 2003). Dies gilt auch für Führungskräfte: Sie schlüpfen je nach Interaktionssituation in verschiedene Rollen und sind Visionärin, Motivator, Coach, Kontrolleurin oder Konfliktlöser. Diese Rollen sind selten klar definiert und werden häufig intuitiv ausgefüllt. Führungskräfte müssen unterschiedliche Erwartungen erfüllen und wissen, welches Verhalten, welche Methode und welcher Führungsstil situationsgerecht richtig und angemessen ist. Sie müssen wissen, was die einzelnen Mitarbeitenden brauchen. Es ist daher wichtig, die Erwartungen an die Führungskräfte bezüglich ihrer Rollen im Change klar zu formulieren, sie dafür zu sensibilisieren und ihnen Zeit für Selbstreflexion zur Verfügung zu stellen.

> In Veränderungsprozessen gilt für Führungskräfte mehr als für alle anderen: „Sei du selbst die Veränderung, die du von anderen erwartest" (frei nach Gandhi).

Die Anforderungen an die Führungsebene sind also komplex geworden. Ein zeitgemäßer Führungsstil zeichnet sich durch Kooperation, Vertrauen und das richtige Selbstverständnis aus. Das Leadership-Konzept und der Begriff der transformationalen Führung bringen es mit sich,

---

[1] Als eigenes Handlungsfeld und Managementfunktion wird in diesem Buch Interne Kommunikation oder Interne Unternehmenskommunikation großgeschrieben, da hier die Managementfunktion gemeint ist.

dass Führungskräfte sich entsprechend weiterentwickeln müssen. Sie benötigen ein neues Verständnis von Führung und Kommunikation.

Im Change kommt noch eine weitere Herausforderung hinzu: Führungskräfte können Betroffene und Akteure in einer Person sein. Sie sind selbst Teil des Systems, das sie verändern sollen. Dies betrifft insbesondere die Führungskräfte des unteren bis mittleren Managements, die sich in einer Sandwich-Position befinden. Auch unter den Führungskräften entstehen daher eventuell Widerstände. Mehr als 50 % der Führungskräfte zeigen laut einer Studie des Beratungsunternehmens Prosci Widerstand zur Veränderung (Lang & Wagner, 2020). Selbstführung und Selbststeuerung sowie eine kontinuierliche Reflexion des eigenen Führungsverhaltens sind daher zentrale Kompetenzen von Führungskräften. Und zu Beginn eines Veränderungsprozesses sollten sie sich selbst ernsthaft fragen, ob sie dahinterstehen und bereit sind, den Weg mitzugehen und die Organisation zu unterstützen.

Der Erfolg eines Veränderungsvorhabens wird maßgeblich von einer wirksamen Führung determiniert, denn die Führungskraft muss die Belegschaft von dem angestrebten Veränderungsvorhaben begeistern und sie motivieren, gemeinsam zum Zielbild zu streben und dieses sowohl erfolgreich zu gestalten als auch umzusetzen.

Entscheidungen treffen

Das Führungsteam muss entscheiden, welche Informationen als relevant erachtet werden, denn letztendlich werden alle Entscheidungen unter Unsicherheit getroffen. Dabei müssen auch Ursache-Wirkungs-Zusammenhänge betrachtet werden, was gerade im Change Projekt von entscheidender Bedeutung ist.

Wertesystem leben

Führung wird als ein gelebtes Wertesystem klassifiziert, das mit Fachkompetenz der jeweiligen Führungskraft anzureichern ist. Folglich wird der Erfolg eines Change Projektes von der gelebten Führungskultur geprägt. Aber was sind die Parameter für eine erfolgreiche Führungskraft?

- Die Führungskraft muss Glaubwürdigkeit durch ein stabiles Wertesystem vermitteln und über ein hohes Maß an Selbstreflexion verfügen.
- Sie muss die Belegschaft für das Veränderungsvorhaben begeistern können und gerade in diesen oftmals kritischen Situationen Empathie und ein offenes Ohr für die Ängste und Sorgen der Belegschaft zeigen. In diesem Zusammenhang wird ein wertschätzender und respektvoller Umgang gefordert.
- Ferner muss die Führungskraft eine Vorbildrolle einnehmen und den Mitarbeitenden Orientierung und Vertrauen für das Veränderungsvorhaben geben.

Aber was genau wäre das Patentrezept für die Führungskraft? Eine idealtypische Checkliste könnte wie folgt aussehen:

- Der Impuls des Veränderungsvorhabens muss den Mitarbeitenden strukturiert und transparent kommuniziert werden, damit sich ein Bewusstsein für die Notwendigkeit der Veränderung und später natürlich die Bereitschaft zur Veränderung entwickeln können.
- Das Zielbild sowie der Weg von der Ist-Situation zum Zielbild müssen en détail erklärt werden. Ferner muss der Raum für Fragen und Rückmeldungen geöffnet werden.
- Die Einschätzungen der Mitarbeitenden zur neuen Situation müssen abgefragt und in den Kontext der Veränderungsherausforderung eingeordnet werden.
- Der Beitrag zur Veränderung und der Zeitrahmen inklusive der einzelnen Schritte hin zum Zielbild müssen definiert und kommuniziert und ihre Auswirkungen für das Unternehmen und die einzelnen Ebenen beschrieben werden.

Daneben bedarf es weiterer Anforderungen, was zum einen die Führungspersönlichkeit als auch deren Führungskultur betrifft. Bei einer Führungspersönlichkeit müssen folgende Punkte im Fokus stehen bzw. mit der Führungskraft geklärt sein:

2 Change aus Managementperspektive

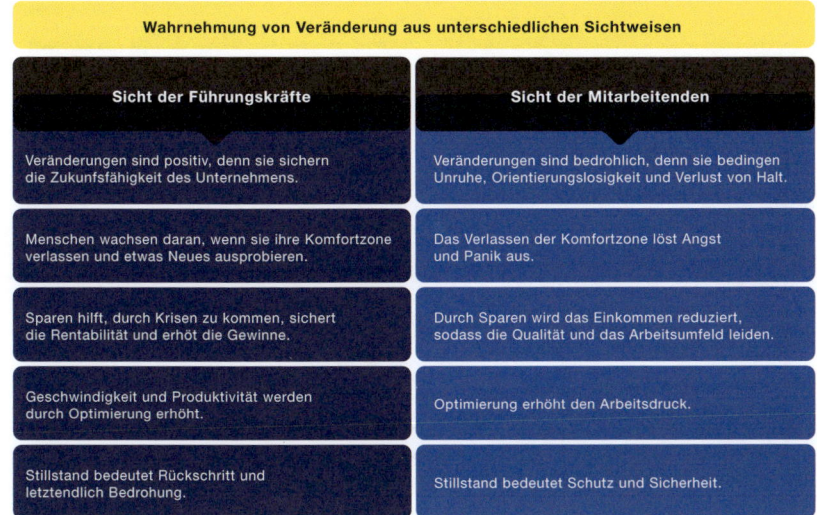

Abb. 2.12 Unterschiedliche Wahrnehmung von Veränderungen. (Eigene Darstellung nach Herbst, 2011)

- Beschreibung der Führungsqualitäten der Führungskraft
- Wie und in welcher Intensität erfolgt die Verantwortungsübernahme?
- Wie werden die Führungsgrundsätze von den Führungskräften gelebt und wie gehen die Führungskräfte mit Widerstand aus der Belegschaft um?
- Existiert eine Feedback-Kultur im Unternehmen und erfolgt dabei auch eine Rückkopplung im Sinne von Feedback geben und empfangen?
- Ist die Führungskraft in der Lage, ihr Handeln zu reflektieren und kritisch zu hinterfragen?
- Welche Führungskompetenzen schreiben die Mitarbeitenden der jeweiligen Führungskraft zu?

Veränderungen werden von Führungskräften und Mitarbeitenden unterschiedlich wahrgenommen, wie in Abb. 2.12 dargestellt.

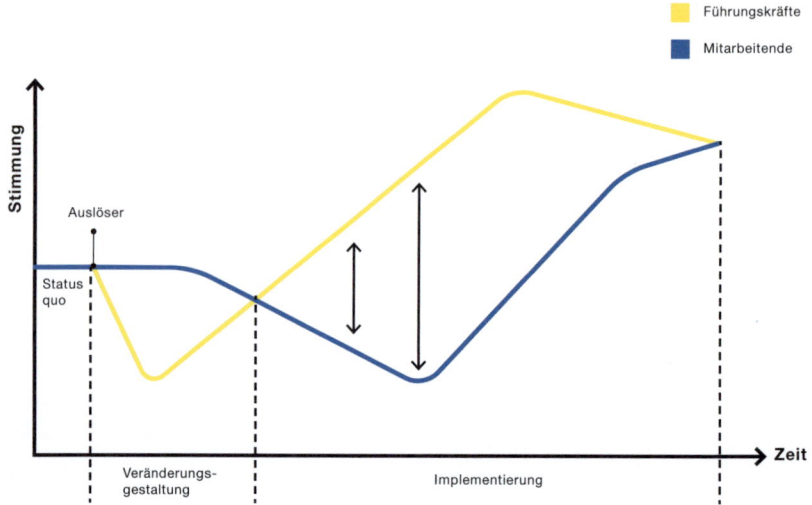

Abb. 2.13 Unterschiedliche Wahrnehmung des Change Projektes von Mitarbeitern und Führungskräften. (Eigene Darstellung in Anlehnung an Lang & Wagner, 2020)

Konflikt unterschiedlicher Zeitwahrnehmung zwischen Management und Mitarbeitenden

Problematisch ist das Phänomen, dass die oberste Führungsebene in Veränderungsprozessen häufig ein anderes Tempo hat, denn sie beschäftigen sich schon länger mit den anstehenden Veränderungen (s. Abb. 2.13). Daher erwarten sie von ihren Führungskräften und Mitarbeitenden eine ähnliche Geschwindigkeit, was das Verstehen und Umsetzen angeht. Oft geht ihnen der Prozess nicht schnell genug.

Führungskräfte und Projektteam sind der Organisation immer ein paar Schritte voraus. Sie haben viel mehr Zeit, sich mit den Veränderungen zu beschäftigen und reagieren manchmal mit Unverständnis und Ungeduld auf die Schwierigkeiten der Mitarbeitenden.

Führungskräfte müssen für die Sicht der Mitarbeitenden sensibilisiert werden und Mitarbeitende brauchen Verständnis und Zeit, um das

Thema zu verarbeiten. Dabei hat die Interne Kommunikation eine bewusstmachende und moderierende Funktion.

> **Zur Überprüfung des Status quo helfen die folgenden Fragen**
> - Wie wird die Führungskultur beschrieben und werden einheitliche Führungsinstrumente eingesetzt und auch gelebt?
> - Existieren Führungsrundsätze und kann von einem gemeinsamen Führungsverständnis ausgegangen werden?
> - Wie und in welcher Form werden die Unternehmenswerte in das tägliche Handeln integriert?
> - Wird ein Teamspirit gelebt und wie erfolgt die korrespondierende Kommunikation?

2.4.2 Führungsstile

Autoritärer Führungsstil: Im Change Management hat sich Lewin durch seine Modelle etabliert und auch die Führungsstile entscheidend mitgeprägt. Lewin präferierte seinerzeit den autoritären Führungsstil, bei dem die Führungskraft die Entscheidungen selbständig ohne Einbeziehung der Belegschaft trifft und diese dann kommuniziert. Letztendlich erhalten die Mitarbeitenden von der Führungskraft entlang den hierarchischen Ebenen Anweisungen, haben diese zu erfüllen und werden anhand der Zielerreichung gemessen. Sie unterliegen somit einer Kontrolle. Vorrangiges Ziel beim autoritären Führungsstil ist die Aufgabenerfüllung.

> In den vergangenen Jahren und insbesondere in der Unternehmenspraxis hat sich gezeigt, dass dieser Führungsstil nicht nur in einem Change Projekt keinen Einzug halten sollte, denn wie sollen Mitarbeitende auf die Veränderungsreise mitgenommen werden, wenn sie keinen Freiraum für Diskussionen haben, daran nicht wachsen können und jegliche kreativen Gestaltungsideen untersagt werden? Letztendlich führt der autoritäre Führungsstil auch dazu, dass kein Vertrauen aufgebaut werden kann, was gerade in einem Veränderungsvorhaben wichtiger denn je ist. In einem Change Projekt, das auf Erfolgskurs segeln möchte, sollte dieser Führungsstil folglich nicht zum Einsatz kommen.

Kooperativer bzw. partizipativer Führungsstil: Der kooperative oder partizipative Führungsstil hingegen öffnet eine Gesprächskultur und nimmt die Mitarbeitenden mit auf die Veränderungsreise. Die Belegschaft wird in das Change Projekt miteinbezogen und erhält eine hohe Mitverantwortung. Dabei lautet die Prämisse, dass die Aufgaben bestmöglich bei einer maximalen Zufriedenheit der Mitarbeitenden erfüllt werden können. Dieser Führungsstil ist durch ein hohes Maß an Vertrauen geprägt, was den Erfolg eines Change Projektes positiv und nachhaltig beeinflusst.

Laissez-faire-Führungsstil: Die Führungskraft überträgt dabei den Mitarbeitenden Aufgaben, allerdings erfolgen keine Abstimmungen oder Rückkopplungsmöglichkeiten, sodass die Mitarbeitenden zwar maximale Freiheit über ihr Aufgabenportfolio besitzen, allerdings damit allein gelassen werden. Damit kann auch keine Bindung an das Change Projekt und letztendlich an die erfolgreiche Realisierung und das Zielbild aufgebaut werden.

> Für ein Change Projekt ist dieser Führungsstil nicht geeignet, da gerade in einer Situation der Veränderung Leitlinien und Rahmenbedingungen vorgegeben werden müssen und somit das Veränderungsprojekt eng und mit viel Empathie von den Führungskräften begleitet werden muss.

2.4.3 Anforderungen an eine Führungskraft im Veränderungsprozess

Die Führungsanforderungen und Führungsqualitäten sind in einem Veränderungsprozess von entscheidender Bedeutung, denn Change Projekte benötigen eine hohe Wandelbereitschaft und bewirken eine weitreichende Veränderung in Unternehmen, die oftmals mehrere Ebenen oder auch das gesamte Unternehmen betreffen. Die Fähigkeiten der Führungskraft werden in einem Veränderungsprojekt auf den Prüfstand gestellt, denn die Herausforderung besteht darin, sowohl situationsadäquat zu führen als auch unterschiedliche Rollen einzunehmen. Dabei wechselt das Rollenverständnis einer Führungskraft

2 Change aus Managementperspektive

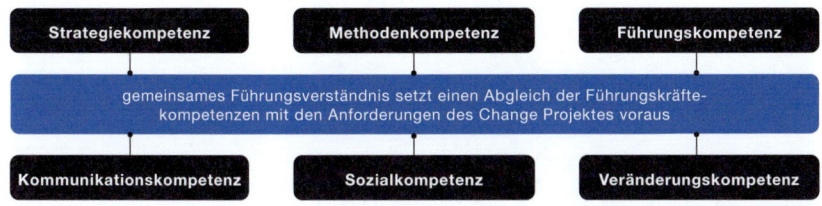

Abb. 2.14 Anforderungen an ein Führungsverständnis. (Eigene Darstellung)

im Change Projekt von der Vorbildfunktion über das Organisieren, Coachen, Motivieren bis hin zum Entscheiden.

Führungskräfte müssen mit ausreichend Flexibilität ausgestattet sein, um das Veränderungsvorhaben von der Planung bis zur erfolgreichen Implementierung und letztendlich Kontrolle und Evaluation im Unternehmen zu begleiten.

Je flexibler die Führungskraft bezüglich ihrer Rollen im Veränderungsprozess ist und die richtigen Ressourcen zur rechten Zeit am rechten Ort verfügbar sind, desto erfolgreicher wird das Change Projekt ganzheitlich im Unternehmen umgesetzt werden und nachhaltig seine Wirkung entfalten.

Die unterschiedlichen Rollen der Führungskraft erfordern auch ein vielfältiges Set von Kompetenzen. Im Change Projekt muss die Führungskraft über Methoden-, Strategie-, Kommunikations-, Veränderungs-, Führungs- und Sozialkompetenz verfügen, um das Change Projekt bestmöglich und nachhaltig erfolgreich im Unternehmen umzusetzen und dabei die Abläufe möglichst effizient zu gestalten und notwendige Strukturen zu schaffen. Dabei bedarf es immer eines Abgleichs jener Kompetenzen (inklusive der einzelnen Ausprägungen) der Führungskraft im Change Projekt mit den strategischen Anforderungen des Unternehmens, wie in Abb. 2.14 dargestellt.

Während des Change Projektes begegnen der Führungskraft folgende Aufgaben:

- Ableitung von Herausforderungen und Potenzialen aus dem Veränderungsvorhaben für die Belegschaft
- proaktive Gestaltung des Wandels, indem die einzelnen Phasen des Wandels identifiziert und für die Veränderung genutzt werden sowie

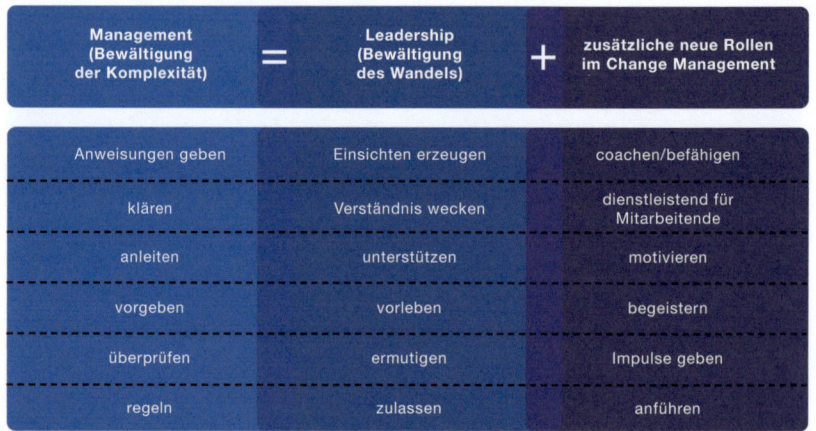

Abb. 2.15 Interpretation des Managements als mathematische Formel. (Eigene Darstellung)

die Schlüsselfaktoren erfolgreichen Führungsverhaltens bekannt sind und eingesetzt werden
- Nutzung von direkten Informationswegen, verbunden mit einer Förderung und Etablierung einer offenen Kommunikation
- Nutzung und aktives Vorleben der vorherrschenden Unternehmenskultur

Die neuen Anforderungen an Führungskräfte in einem Veränderungsvorhaben können wie in Abb. 2.15 als eine mathematische Formel dargestellt werden.

Das Reduzieren von Komplexität im Sinne des Organisierens der einzelnen Aufgaben und Abläufe im Change Prozess ist der Sachebene zuzuordnen. Managen kann als die Technik der Delegation und Kontrolle gesehen werden. Leadership spielt sich auf der Beziehungsebene ab und dient zur Bewältigung des Wandels im Sinne der Motivation. Folglich ist Leadership die Kunst, die Belegschaft zu motivieren und erfolgreich zum Zielbild zu bewegen.

Der Change Leader als Projektleitung im Change Prozess

Der Führung im Veränderungsprozess wird eine besondere Rolle zugeschrieben, die als Change Leadership beschrieben wird.

„Change Leadership ist die Fähigkeit, den Umgang mit vorhersehbaren kollektiven Emotionen zu planen und konstruktiv mit nicht vorhersehbaren individuellen Emotionen der Mitarbeiter und dem Verhalten umzugehen, dass durch diese Emotionen ausgelöst wird" (Groth, 2011).

Grundsätzlich erfordern Change Projekte unterschiedliche Anforderungen an die Führungskräfte, was die Durchführung und Steuerung des Projektes, die Führung und die situationsadäquate Kommunikation bedarf. Dabei ist es von entscheidender Bedeutung, um welche Form des Veränderungsvorhabens es sich handelt. Jedes Veränderungsvorhaben induziert ein unterschiedliches Ausmaß an Verhaltens- und Einstellungsänderungen im gesamten Unternehmen.

Der Change Leader ist eine Funktion im Unternehmen, die eigens für das Veränderungsvorhaben etabliert wird und dabei wichtige Impulse im Change Projekt setzt. Bei jedem Veränderungsvorhaben braucht es Führungskräfte, die zum einen Veränderungsprozesse initiieren und vorantreiben. Zum anderen sollten sie eine Vorbildunktion im Unternehmen innehaben und dafür sorgen, dass im Unternehmen ausreichend Veränderungsenergie vorhanden ist und diese in den Veränderungsprozess mit eingebracht wird.

> Grundsätzlich muss ein Change Leader offen gegenüber jeglicher Veränderung sein und die Potenziale und Chancen aus der Veränderung erkennen und diese kommunizieren. Ferner muss der Change Leader im Sozialsystem des Unternehmens sowohl gut verankert als auch vernetzt sein, um die gewünschte Wirkung entfalten zu können.

Die Frage stellt sich, welche Anforderungen an einen Change Leader gestellt werden. Diese sollen im nachfolgenden skizziert werden:

- Offenheit und Weitblick: offen für neue Ideen; wissen, dass es für Probleme mehrere Lösungen gibt; Chancen und Risiken früh erkennen
- den Menschen ins Zentrum stellen: Integration der Betroffenen; Fördern und Fordern der Menschen im Unternehmen
- emotionale Führung: Motivation durch Lob und über Emotionen, statt nur durch Anreize und Bestrafung
- Durchhaltevermögen: nicht aufgeben, wenn sich der gewünschte Erfolg nicht sofort einstellt
- stetige und ausdauernde Kommunikation

2.4.4 Führung in Zeiten der digitalen Transformation

Gerade im digitalen Zeitalter sind sowohl Mitarbeitende als auch Führungskräfte einer enormen Dynamik im Umfeld des Unternehmens unterworfen. In diesem Zusammenhang wird von der VUCA-Welt gesprochen, aber was beinhaltet eigentlich der Begriff VUCA (Scheller, 2017; Freyth, 2019)?

Von den einzelnen Begriffen lässt sich folgendes ableiten:

- *Volatility:* Unter dem Begriff der Volatilität wird der Umfang der Veränderung in einer sehr kurzen Zeit verstanden, sodass eine große Unsicherheit sowie Unberechenbarkeit und Instabilität herrschen. Folglich bedarf es eines schnellen Handelns und einer korrespondierenden Reaktion.
- *Uncertainty:* Die hohe Unsicherheit bewirkt, dass Ursache-Wirkungs-Zusammenhänge nur noch bedingt vorhersehbar und prognostizierbar sind. Dies hat einen wesentlichen Einfluss auf die Entscheidungsfreudigkeit des Managements.
- *Complexity:* Die Komplexität bedingt, dass Zusammenhänge und deren Beeinflussungen nicht vollumfänglich analysiert werden können.
- *Ambiguity:* Situationen können im Sinne einer Mehrdeutigkeit unterschiedlich bewertet und dargestellt werden. Dies resultiert daraus, dass aus unterschiedlichen Beobachtungen eine Situation verschieden dargestellt wird.

Die digitale Transformation ist keine Modeerscheinung, denn sie beschreibt den fundamentalen Wandel von Unternehmen hin zu einer vollständig vernetzten, digitalen Organisation. Dabei stellt sich auch die Frage, wie das Management und insbesondere das Führungsverhalten in dieser digitalen Welt zu gestalten sind.

Führungskräfte von morgen müssen zwei Dinge verstehen: wie die digitale Welt funktioniert und wie man ein Unternehmen vom Heute in die Zukunft führt. Aber was hat das für Implikationen für Unternehmen?

> Unternehmen müssen ihre Mitarbeitenden mit den neuen digitalen Fähigkeiten ausstatten und der Führung auch ausreichend Gestaltungsfreiheit für agile Geschäftsmodelle und digitale Kommunikation gewähren.

Der Anspruch an eine digitale Führung ist dabei mehr auf ein kooperatives Miteinander und eine transparente Kommunikation gerichtet. Dies impliziert eine höhere Flexibilität, Innovationskraft sowie integrative Zusammenarbeit, sodass den Mitarbeitenden mehr Raum für Selbstverantwortung zugesprochen wird.

Die Kontrolle der Führungskräfte rückt in Zeiten der Digitalisierung in den Hintergrund, denn es ist mehr ein flexibles und kreatives „orchestrieren". Dies überträgt sich auch auf den Führungsstil, der sowohl integrativ, innovativ allerdings auch vernetzt ausgestaltet werden muss. Somit wird neuer Freiraum für Kreativität geöffnet und der Teamgeist kann sich entfalten und gelebt werden.

Auch für die Führung von virtuellen Teams bleibt das Aufgabenportfolio der Führungskraft gleich, allerdings muss mehr Empowerment in die Entwicklung der virtuellen Teams gesteckt werden.

> In der Unternehmenspraxis muss darauf geachtet werden, dass ein virtuelles Team zusammenarbeitet, gut vernetzt ist und sich über ihre Aufgabenportfolios untereinander abstimmt. Entscheidend im virtuellen Kontext ist das gegenseitige Vertrauen in die Arbeitsergebnisse im Team, allerdings auch das Vertrauen der Führungskraft, was sich in einer verminderten Kontrolle niederschlägt.

2.4.5 Das bewährte Modell der Teamentwicklungsuhr nach Bruce W. Tuckman

Für die Teamentwicklung soll dabei auf ein altbewährtes Modell von Bruce W. Tuckman, die Teamentwicklungsuhr, zurückgegriffen werden, die auch im virtuellen Kontext ihre Gültigkeit hat (siehe Abb. 2.16). Der Erfolg eines Teams wird durch einen längeren Prozess determiniert, der sich mehr oder weniger intensiv wiederholt, wenn dem Team neue Projekte oder Aufgaben übertragen werden.

Die **erste Phase des Formings** ist von der Orientierung geprägt, da das Team initial zusammenkommt, sich näher kennenlernt und seine Rollen definiert. In dieser Phase herrscht noch eine große Abhängigkeit zur Führungskraft, die die Strukturen noch vorgibt, da die

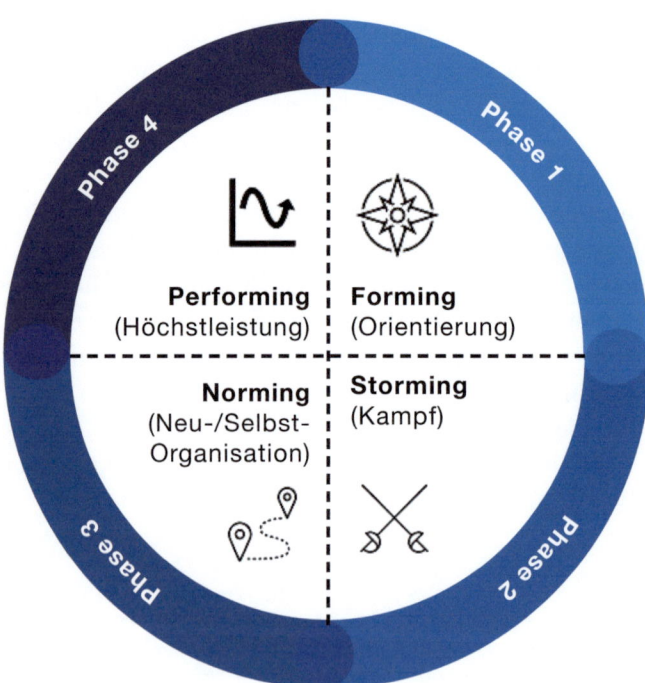

Abb. 2.16 Die Teamentwicklungsuhr. (Eigene Darstellung nach Tuckman, 1965)

Mitarbeitenden mehr als „Einzelkämpfende" agieren, anstatt den Teamgedanken zu prägen.

Die Annäherung des Teams im Sinne eines kollegialen Miteinanders erfolgt in der **zweiten Phase des Stormings**. Allerdings beinhaltet das kollegiale Miteinander auch Reibungspunkte und löst Diskussionen aus, die nur gemeinsam im Team gelöst werden können. Obwohl diese Phase als „Kampf" bezeichnet wird, geht es neben den inhaltlichen Konflikten auch um die persönlichen Konflikte, insbesondere um Rollen und Verantwortlichkeiten. Dabei ist die Führungskraft mehr als gefordert, die Konflikte aufzulösen und klare Strukturen zu etablieren.

Die **dritte Phase des Normings** ist von der Selbst- und Neuorganisation geprägt. Das Team ist bereit, auch als solches gesehen zu werden und nähert sich über seine Aufgaben und Verantwortungen immer weiter an. Langsam besteht das Gefühl einer Teamzusammengehörigkeit und auftretende Konflikte werden konstruktiv und gemeinsam gelöst.

In der **vierten Phase des Performings** erreicht das Team seine Höchstleistungen. Es arbeitet effizient und effektiv zusammen, kennt die Rollen sowie Stärken und Schwächen der anderen und agiert als eine Einheit. Es herrscht ein großes Vertrauen.

> **Wichtig**
>
> Die Teamentwicklungsuhr kann auf alle Projekte und auf jedes Veränderungsvorhaben, ganz gleich ob digitale Elemente enthalten sind, übertragen und angewandt werden. Wichtig dabei ist, sukzessive Vertrauen aufzubauen, damit sich ein Hochleistungsteam entwickeln kann.
>
> Folglich entsteht ein erfolgreiches Team als Ergebnis eines längeren Prozesses, der sich auch bei bestehenden Teams mehr oder weniger intensiv wiederholt – nämlich immer dann, wenn neue Aufgaben oder Change Projekte im Unternehmen etabliert werden.

Literatur

Buchholz, U., & Knorre, S. (2012). *Interne Unternehmenskommunikation in resilienten Organisationen.* Springer Gabler.

Freyth, A. (2019). *Persönliche Veränderungskompetenz und Agilität stärken, Praxisleitfaden für Mitarbeiter und Führungskräfte*. Springer Gabler.
Groth, A. (2011). *Führungsstark im Wandel. Change Leadership für das mittlere Management*. Campus.
Herbst, D. (2011). *Rede mit mir*. SCM School for Communication and Management.
Houben, A., Frigge, C., Trinczek, R., & Pongratz, H. J. (2007). Veränderungen erfolgreich gestalten. Repräsentative Untersuchung über Erfolg und Misserfolg im Veränderungsmanagement. Die wichtigsten Ergebnisse. http://docplayer.org/31113478-Veraenderungen-erfolgreich-gestalten.html. Zugegriffen: 19. Aug. 2012.
Kotter, J. P. (1996). *Leading change*. Harvard Business School Press.
Kotter, J. P. (1997). *Chaos, Wandel, Führung. Leading Change*. ECON.
Kraus, G., Becker-Kolle, C., & Fischer, T. (2006). *Handbuch Change-Management. Steuerung von Veränderungsprozessen in Organisationen. Einflussfaktoren und Beteiligte. Konzepte, Instrumente und Methoden* (2. Aufl.). Cornelsen.
Krüger, W. (1994). *Organisation der Unternehmung* (3. Aufl.). Kohlhammer (Kohlhammer-Lehrbuchreihe Betriebswirtschaft).
Kübler-Ross, E. (1969). *On death and dying*. Macmillan.
Lang, M., & Wagner, R. (2020). *Das change management workbook*. Hanser.
Lewin, K. (1947). Group decision and social change. In E. E. Maccoby, T. N. Newcomb, & E. K. Hartley (Hrsg.), *Readings in social psychology* (S. 197–211). Holt, Rinehart & Winston.
Macharzina, K., & Wolf, J. (2015). *Unternehmensführung: Das internationale Managementwissen. Konzepte – Methoden – Praxis*. Springer Gabler.
Rank, S., & Scheinpflug, R. (Hrsg.). (2008). *Change Management in der Praxis. Beispiele, Methoden, Instrumente*. Schmidt.
Roth, S. (2000). Emotionen im Visier. Neue Wege des Change Managements. *Organisationsentwicklung, 2*(2), 14–21.
Scheller, T. (2017). *Auf dem Weg zur agilen Organisation, wie Sie Ihr Unternehmen dynamischer, flexibler und leistungsfähiger gestalten*. Vahlen.
Tuckman, B. W. (1965). Developmental sequences in small groups. *Psychological Bulletin, 63*, 348–399.
Vahs, D. (2005). *Organisation. Einführung in die Organisationstheorie und -praxis* (5. Aufl.). Schäffer-Poeschel (Praxisnahes Wirtschaftsstudium).
Vahs, D. (2009). *Organisation. Ein Lehr- und Managementbuch* (7. Aufl.). Schäffer-Poeschel.

Vahs, D. (2015). *Organisation. Ein Lehr- und Managementbuch* (9. Aufl.). Schäffer-Poeschel.
Vahs, D., & Weiand, A. (2010). *Workbook Change-Management. Methoden und Techniken.* Schäffer-Poeschel.
Voß, A., & Röttger, U. (2014). Führungskommunikation: Herausforderungen und Umsetzung. In A. Zerfaß & M. Piwinger (Hrsg.), *Handbuch Unternehmenskommunikation* (2. Aufl., S. 1141–1159). Springer Gabler.

3

Exkurs: Psychologie im Change
Change Prozesse psychologisch verstehen

Sarah Seidl

Dieser Exkurs legt den Fokus auf die psychologischen Aspekte von Wandel und Veränderung in Organisationen. Da der Mensch im Mittelpunkt steht und Veränderungen immer auch individuell bewältigt werden müssen, ist es insbesondere für Führungskräfte wichtig, die psychologischen Hintergründe zu kennen und zu verstehen, damit sie ihre Mitarbeitenden bestmöglich durch die Veränderungen begleiten können.

In Change Prozessen wird Veränderung auf ganz unterschiedlichen Ebenen gestaltet:

- beim jeweiligen Individuum (Ich-Perspektive)
- in den Gruppen und Teams oder Organisationseinheiten (Wir-Perspektive)
- beim Organisationsaufbau (Strukturen, Prozesse) und der Organisationskultur (Innenseite)

Die Originalversion dieses Kapitels wurde revidiert. Ein Erratum ist verfügbar unter https://doi.org/10.1007/978-3-658-39010-5_8

© Der/die Autor(en), exklusiv lizenziert an Springer Fachmedien Wiesbaden GmbH, ein Teil von Springer Nature 2023, korrigierte Publikation 2023
A. Bittner-Fesseler et al., *Change Kommunikation als Managementaufgabe*, https://doi.org/10.1007/978-3-658-39010-5_3

Psychologische Aspekte sind auf allen drei Ebenen anzutreffen, zum Beispiel die Veränderung individueller Denk- und Handlungsweisen, zwischenmenschliche Kommunikation, Gruppenprozesse oder Führungsverhalten.

Tab. 3.1 zeigt, dass an vielen Stellen Change Prozesse geleitet, geführt und beachtet werden müssen. Wie Rahmenprozesse und interne Strukturen am besten eingebunden werden, zeigen Kap. 2 und 5.

Grundlegender Bestandteil jedes Change Prozesses ist der einzelne Mensch. Die Psychologie als Wissenschaft vom Erleben und Verhalten von Menschen kann helfen, hinter das von außen scheinbar nicht erklärbare Verhalten der Beteiligten in Change Prozessen zu schauen und Verständnis für Gegenwind im Change zu schaffen. Dieses Verständnis ist notwendig, um Schutz- oder Abwehrmechanismen gegenüber der Veränderung zu antizipieren, um Sabotage, Widerstände oder Stillstand vorzubeugen oder diese „gekonnt zu nehmen", indem mit der Veränderung kreativ und konstruktiv umgegangen wird.

Tab. 3.1 Psychologische Aspekte in Change Prozessen auf unterschiedlichen Ebenen eines Unternehmens

Ebenen, auf denen Change Prozesse einwirken	Psychologische Aspekte
Individuum	• Bedürfnisse, Einstellungen, Verhaltensänderungen • Persönlichkeitsmerkmale • motivationale Aspekte
Interaktion zwischen Teams, Organisationseinheiten	• Gruppenprozesse • psychologische Aspekte der Kommunikation innerhalb und zwischen Teams
Jeweilige Organisation mit der ihr eigenen Kultur	• psychologische Aspekte der Kommunikation und Interaktion im Unternehmen • Unternehmenskultur • Führungskultur

3.1 Der Mensch als komplexes und kompliziertes Wesen

Wenn man sich den Menschen in seinem Denken und Handeln vorstellt, kann man sich das Bild von einem Elefanten und der dazugehörigen reitenden Person vor das innere Auge rufen (Haidt, 2006; Dallwitz-Wegner, 2016). Hierbei stellt die reitende Person die Vernunft da, die logische Argumentation oder den Verstand, angesiedelt im präfrontalen Cortex. Der Elefant steht dagegen für die Emotionen, für Einstellungen zu bestimmten Themen, die dem Reiter überhaupt nicht bewusst sind und dient als Filter seiner Umwelt. Der Elefant bewertet die ankommenden Reize vereinfacht nach dem Lust- und Vermeidungsprinzip: Angenehmes wird aufgesucht, Unangenehmes vermieden. Der Elefant steht in diesem Bild für das limbische System. In diesem Teil des Gehirns werden vorrangig Emotionen verarbeitet und es stand lange Zeit für die Funktionseinheit, die Triebe steuert. Nach heutigem Kenntnisstand ist das Gehirn komplexer aufgebaut und die eingeführte Sichtweise dient lediglich als vereinfachendes Modell.

Während die reitende Person gründlich nachdenkt, abwägt und Argumenten durchaus zugänglich ist, entscheidet der Elefant schnell, ist Assoziationen und Bildern eher zugewandt als komplizierten Flowcharts und hat einen unmittelbaren Zugang zu den eigenen Bedürfnissen.

Ein großer Irrglaube – nicht nur in Change Prozessen – ist, dass die reitende Person den Elefanten unter Kontrolle hat, ihn leitet und nur wenn es ihm beliebt, sich diesem zuwendet. Daher wenden sich auch die meisten Interventionen an die reitende Person, den Verstand. Wenn reitende Person und Elefant jedoch gemeinsam betrachtet werden, fällt auf, dass dieses Vorgehen zu kurz greift.

Die Notwendigkeit, dass sich etwas verändern muss, ist den meisten klar und bewusst. Dennoch verhalten sie sich nicht danach. Ob das nun beim gesunden Lebensstil, bei der Klimakrise oder in einer als rational notwendig erkannten Veränderung in Arbeitsprozessen so ist, die reitende Person ist wichtig, aber eben nicht alleinig handlungsverändernd. Für eine Verhaltensänderung bedarf es mehr als Verstehen,

u. a. eine motivationale Änderung, Einstellungsänderungen und das Sicherstellen, dass auch in neuen und ungewohnten Situationen die eigenen Grundbedürfnisse erfüllt werden. Daher muss in Change Prozessen nicht nur die reitende Person, sondern auch der Elefant verstanden und einbezogen werden.

3.2   Die Persönlichkeit des Menschen

Der Blick auf die individuelle Persönlichkeit hilft, den „Elefanten" besser zu verstehen. Nicht alle Menschen reagieren gleich und scheuen Veränderungen; es gibt ebenso Personen, die mit Veränderungsvorhaben und Unsicherheiten scheinbar leichter umgehen, ja die stetige Veränderung vielleicht sogar suchen und eher als Herausforderung, denn als Bedrohung ansehen. Das empirisch gut belegte Big-Five-Modell von Robert McCrae und Paul Costa (1996) hilft, diese Beobachtung besser zu verstehen.

Das Big-Five-Modell, das eines der am besten untersuchten und akzeptierten Modelle in der Persönlichkeitspsychologie ist, beschreibt die Persönlichkeit als Zusammenspiel von fünf Dimensionen, die unterschiedlich ausgeprägt sein können. Diese Unterschiede zeigen sich in Persönlichkeitsunterschieden von Menschen und damit indirekt auch in Unterschieden im Erleben und Verhalten. Tab. 3.2 beschreibt die fünf Dimensionen sowie Verhaltensweisen, die bei extremer Ausprägung einer Dimension auftreten.

Mit diesen fünf Dimensionen lässt sich für jeden Menschen ein individuelles Profil erstellen. Sicherlich ist eine Person, die sehr hohe Ausprägungen in der Dimension „Offenheit für neue Erfahrungen" hat, Änderungen gegenüber positiver eingestellt als jemand, der hier eine eher geringe Ausprägung hat. Eine hohe Ausprägung auf der Skala „Neurotizismus" lässt vermuten, dass diese Person eher ängstlich oder unsicher auf neue Situationen reagieren wird. Während jemand stark extravertiertes wahrscheinlich weniger Sorge vor dem Zusammenarbeiten mit neuen Kolleginnen und Kollegen hat, könnte jemand stark introvertiertes sich bei gewohnten Aufgaben und mit bekannten Gesichtern merklich wohler fühlen.

Tab. 3.2 Dimensionen der Big Five und deren Ausprägungen

Dimension	Bei hoher Ausprägung Neigung zu:	Bei geringer Ausprägung Neigung zu:
Extraversion	Geselligkeit, offen für andere, expressiv	Introversion, in sich gekehrt, Zurückhaltung
Offenheit für neue Erfahrungen	Aufgeschlossenheit, Neugierde an Neuem	konservativ, wenig neugierig
Gewissenhaftigkeit	Zuverlässigkeit, hohe Leistungsbereitschaft, Verantwortungsbewusstsein	Unzuverlässigkeit, Spontanität
Verträglichkeit	Kooperation, Empathie, Hilfsbereitschaft	wenig angepasst, Egozentrik
Neurotizismus	emotionaler Labilität, Ängstlichkeit, Traurigkeit	emotionaler Stabilität, Zufriedenheit

Der Aufbau der Big Five zeigt, dass die menschliche Persönlichkeit komplex ist. Die fünf Dimensionen stellen Kontinuen dar, die eine fast unendliche Zahl an Kombinationen zulassen. Diese Komplexität wird der Komplexität des Menschen gerecht, ist jedoch nicht immer leicht kommunizierbar und wird in manchen Situationen vielleicht als „akademisch wirklichkeitsfremd" wahrgenommen. Im Umfeld der Persönlichkeitspsychologie wurden deshalb verschiedene Ansätze entwickelt, die Mitarbeitenden klar zu typisieren. Bei diesem Vorgehen wird jeder Mensch einem bestimmten Typen zugeordnet und etikettiert. So finden sich dann Bezeichnungen wie „Missionar" oder „Bedenkenträgerin". Dieses Vorgehen mag auf den ersten Blick eingängig sein, es vereinfacht die menschliche Persönlichkeit auf klar gegeneinander abgrenzbare Erscheinungsformen. Letztendlich ist diese Vereinfachung von Menschen jedoch nicht zielführend (Kiel, 2019), ja sie erschwert sogar ein offenes Miteinander und eine Kommunikation, die alle miteinschließen will. Ein Mitarbeiter, der als „Blockierer" betitelt wird, wird spätestens nach dieser Rollenzuschreibung in den meisten Fällen nur eine geringe Veränderungsbereitschaft zeigen.

Neben den Modellen, die Persönlichkeit als Ganzes erfassen wollen, konzentriert sich die Persönlichkeitspsychologie auch auf einzelne Persönlichkeitsmerkmale. Das sind Eigenschaften oder Fähigkeiten, in denen sich Individuen voneinander unterscheiden und die bei jedem Individuum gemessen werden können. Persönlichkeitsmerkmale, die in Change Prozessen eine Rolle spielen, da sie auf die Veränderungsbereitschaft und -umsetzung Einfluss nehmen, sind zum Beispiel: Selbstwirksamkeit, also eine innere Überzeugung, dass man Herausforderungen mittels der eigenen Fähigkeiten gut meistern kann. Sie erleichtert den Übergang von Bekanntem in Unbekanntes, da die Gewissheit besteht, diesen Übergang erfolgreich bewältigen zu können. Auch Optimismus oder Risikofreude sind hilfreiche Merkmale für Veränderungsprozesse (Vakola et al., 2013). Copingstrategien, also der adäquate Umgang mit Stress und Belastungen, sind weitere schützende, bzw. erleichternde Faktoren für die einzelne Person, sich auf das Neue einzustellen. Damit wird deutlich, warum Menschen unterschiedlich auf Veränderungsprozesse reagieren und sich leichter oder schwerer mit der Umsetzung dieser tun.

Da die Persönlichkeit eine relativ stabile Struktur des Menschen darstellt, die nur schwer zu verändern oder zu beeinflussen ist, wird sich im Folgenden auf allgemeingültige Grundlagen und auf die Erfüllung von Grundbedürfnissen des Individuums für eine erfolgreiche Umsetzung in der Praxis konzentriert.

3.3 Grundbedürfnisse des Menschen und deren Rolle für Change Prozesse

Menschen, so ein gängiges, Gustav Freytag zugeschriebenes Bonmot, sind (ähnlich wie auch der Elefant) „Gewohnheitstiere". Einmal auf Spur gesetzt, in gewohnten Gefilden, fühlen sie sich wohl und sicher. Dies hat mit der Arbeitsweise des menschlichen Gehirns und seiner extrem effektiven Art, komplexe Situationen herunterzubrechen oder in bereits Bekanntes zu überführen, zu tun. Menschen lernen schnell, Muster zu erkennen und entwickeln Automatismen, um sich damit vor einer ständigen Überforderung zu schützen. Diese Gewohnheiten helfen für den routinierten Alltag: Bekanntes scheint ungefährlich, Vertrautes spart Zeit und Energie.

Im Change ist es jedoch notwendig, Gewohnheiten zu verändern. Es bedarf das Ablösen aus dem Vertrauten und einen Energieeinsatz hin zu etwas noch Unbekanntem und damit potenziell Gefährlichem. Diese Aussicht erzeugt bei den Betroffenen als erste Reaktion Reaktanz und geht einher mit Gefühlen wie Angst oder Trotz. Widerstand ist also keine „Null-Bock-Haltung", sondern ein Schutzmechanismus.

Gewohnheiten helfen dem Individuum aber nicht nur, effektiv und energiesparend durch den Alltag zu kommen, sondern sie helfen auch, seine Grundbedürfnisse zu erfüllen. Nach der Konsistenztheorie von Klaus Grawe (2000, 2004) strebt der Mensch danach, seine inneren Grundbedürfnisse mit dem Erleben seiner äußeren Realität in Einklang zu bringen. Wenn dies gegeben ist, erlebt der Mensch sein Leben als stimmig und konsistent. Gleichzeitig streben Menschen auch nach Veränderung, dies allerdings nur, wenn ein Bedürfnis nicht mehr erfüllt ist. Das heißt, Veränderungen werden angestoßen, wenn die Person mit ihrer individuellen Situation nicht zufrieden ist. Diese Situation findet sich im Privatleben häufiger: Sie zeigt sich durch selbst initiierte Jobwechsel, in Trennungen, bei Umzügen oder bei der Wahl eines neuen Hobbys.

In Unternehmen werden Change Prozesse meistens vorgegeben. Die Mitarbeitenden sind aber durchaus mit ihren bisherigen Tätigkeiten und Abläufen zufrieden oder aber zumindest so vertraut, dass viele dieser Tätigkeiten Gewohnheiten sind, die gekannt werden und in denen sie sich sicher und kompetent fühlen. Daher ist es in Ordnung, wenn Change Prozesse auf Widerstände treffen. Nur weil eine Analyse, eine Führungskraft oder eine Unternehmensberatung meint, dass eine Veränderung ansteht, wird daraus noch kein individuelles Bedürfnis für die einzelnen Mitarbeitenden. Diese psychologische Erkenntnis sollte die Haltung verändern, mit der Führungskräfte in Change Prozessen handeln.

Nach Grawe müssen vier Grundbedürfnisse erfüllt sein, um „Stimmigkeit und Konsistenz" im eigenen Handeln zu erleben. Je besser diese Grundbedürfnisse erfüllt sind, desto eher lebt der Mensch sein Leben in Übereinstimmung mit seinen Werten und sieht in dem Ganzen einen Sinn. Bei Nichterfüllung dieser Bedürfnisse werden starke Gefühle wie Ungerechtigkeit, Wut und Enttäuschung empfunden. Die

Person fühlt sich nicht angekommen, sondern eben „wie am falschen Platz."

1. **Das Bindungsbedürfnis.** Jedes Individuum braucht emotionale Beziehungen zu anderen, Bezugspersonen, mit denen es verbunden ist und tiefgehende Beziehungen eingehen kann. Wenn dieses Bedürfnis nicht erfüllt ist, fühlt man sich ausgegrenzt und erlebt ein Gefühl von Einsamkeit.
2. **Das Bedürfnis nach Orientierung und Kontrolle.** Der Mensch möchte seine (Um-)Welt verstehen und erklären können. Es gibt Sicherheit, wenn Neues vorhersehbar und beeinflussbar wird. Unsicherheit und Hilflosigkeit sind Gefühle, die bei der Nichterfüllung dieses Bedürfnisses entstehen – man fühlt sich der Situation ausgeliefert und steht ohnmächtig den Geschehnissen gegenüber.
3. **Das Bedürfnis nach Selbstwerterhöhung und Selbstwertschutz.** Jeder Mensch hat das Bedürfnis, „in Ordnung" zu sein, akzeptiert, so wie er ist, und positive Rückmeldungen auf seine Person und sein Verhalten durch andere zu bekommen. Wenn dieses Bedürfnis nicht erfüllt ist, entsteht ein Gefühl der Minderwertigkeit, man fühlt sich beschämt.
4. **Das Bedürfnis nach Lustgewinn und Unlustvermeidung.** Der Mensch sucht im Alltag nach Lusterfahrungen. Angenehme Situationen und Stimuli werden verstärkt aufgesucht, während unangenehme Situationen vermieden werden wollen. Das Nichtbeachten dieses Bedürfnisses verursacht Langeweile, Überforderung oder auch Stress.

> Change destabilisiert und erzeugt Widerstand Im Change Prozess wird die Erfüllung dieser vier Grundbedürfnisse für das Individuum oft beeinträchtig. Fast jedes Bedürfnis wird erschüttert oder läuft Gefahr, ins Wanken zu kommen.

Das Bindungsbedürfnis

In einer Organisation arbeiten Menschen meistens in festen Teams, man kennt die Marotten der anderen, die Art, wie sie kommunizieren.

Vielleicht gibt es gemeinsame Teamtage, es haben sich Freundschaften oder zumindest Sympathien zwischen Personen entwickelt. Nicht selten entsteht ein Ingroup-outgroup-Effekt (Aronson et al., 2017), was bedeutet, dass unterschiedliche Teams sich stark voneinander abgrenzen, um damit ein stärkeres Zusammengehörigkeitsgefühl innerhalb der einzelnen Teams zu erleben. Change in Organisationen macht es oft notwendig, Teams zusammenzulegen oder neu aufzuteilen. Das heißt, das Bedürfnis nach Bindung, nach einem Ort, an dem sich die Menschen verstanden und integriert fühlen, kann bedroht sein. Stattdessen können sich Mitarbeitende ausgegrenzt fühlen und ein Gefühl von drohender Einsamkeit erleben.

Fragen, die Betroffene nun beschäftigen, sind z. B.: Mit Eva habe ich mich immer so gut beim Mittagessen verstanden. Mit wem soll ich zukünftig die Pausen verbringen? Karim hat mich bei Meetings oft bestätigt und zustimmend genickt, werde ich mich auch ohne ihn mit meinen Themen einbringen können?

Bedürfnis nach Orientierung und Kontrolle

Dieses Bedürfnis ist bei jeglicher Art von Veränderung im (Arbeits-)Alltag stark gefährdet. Die gewohnten Arbeitsabläufe sind routiniert und strukturieren den Tag. Prozesse wurden im Laufe der Einarbeitung verstanden und übernommen. Die tägliche Abfolge von Bekanntem gibt den Mitarbeitenden das Gefühl, ihren Berufsalltag kontrollieren oder sogar vorhersagen zu können und im begrenzten Rahmen auch zu den eigenen Vorteilen beeinflussen zu können. Change Prozesse bringen es mit sich, dass Routinen aufgebrochen werden, Strukturen sich verändern und Menschen sich mit neuen Aufgaben oder Arbeitsweisen konfrontiert sehen, womit Gefühle der Unsicherheit und Hilflosigkeit verbunden sind.

Fragen, die Mitarbeitende nun z. B. beschäftigen: Inwiefern kann ich die Situation noch kontrollieren? Habe ich noch eigenen Gestaltungsspielraum? Wie kann ich den Prozess in meinem Sinne beeinflussen?

Bedürfnis nach Selbstwerterhöhung und Selbstwertschutz

Menschen entwickeln in ihren Aufgabenfeldern in der Regel ein gewisses Maß an Kompetenz. Sie fühlen sich Aufgaben gewachsen, bekommen hierzu auch positive Rückmeldungen und entwickeln ein Selbstvertrauen in die eigenen Fähigkeiten. In Change Prozessen werden nun neue Aufgaben an sie gestellt, bei denen noch keine Sicherheit in die eigene Kompetenz besteht. Dadurch wird das eigene Selbstbild ins Wanken gebracht.

Fragen, die Mitarbeitende nun beschäftigen, sind z. B.: Bekomme ich das hin? Bin ich dieser Aufgabe gewachsen? Was, wenn ich nun als unfähig wahrgenommen werde? Menschen haben Angst, sich minderwertig zu fühlen und öffentlich zu scheitern.

Bedürfnis nach Lustgewinn und Unlustvermeidung

Auch wenn das tägliche Arbeiten nicht direkt zum Lustgewinn zu zählen ist, schafft es häufig doch zumindest als angenehm empfundene Zustände. Das Lob der Vorgesetzen, der Teamtag, das positive Gefühl, etwas geschafft zu haben oder etwas abzuschließen. Schmerzhafte Misserfolge wollen vermieden werden, genau diese sind aber in Veränderungsprozessen nicht auszuschließen.

Fragen, die Mitarbeitende nun beschäftigen, sind z. B.: Wird das nicht viel zu stressig? Ich fühle mich schon jetzt oft überfordert, wie wird das dann erst? Aber auch: Das klingt nicht sehr spannend, was wenn ich dann gar keine interessanten Aufgaben mehr habe?

Übergreifendes Bedürfnis nach Stimmigkeit und Konsistenz

Im besten Fall identifizieren sich Mitarbeitende nicht nur mit den eigenen Aufgaben, sondern auch mit den Werten und Visionen des Unternehmens. Alle geben ihrn und Teil dazu und erleben dadurch Sinn und sich selbst als Teil eines großen Ganzen. Bei Change Prozessen können Werte sich verschieben, die Unternehmenskultur wird verändert, Positionen werden neu besetzt. Mitarbeitende erleben nun unter Umständen die eigene Wertehaltung als nicht mehr konsistent mit der des Unternehmens. Es braucht in diesen Situationen eine Veränderung der eigenen individuellen Haltung, damit das Bedürfnis nach Stimmigkeit wiederhergestellt wird.

Themen, die Mitarbeitende nun beschäftigen (Abschn. 2.2), sind z. B.: Ich fühle mich hier ungerecht behandelt. Ich bin enttäuscht, wie hier mit Mitarbeitenden umgegangen wird. Das geht mir alles viel zu schnell, ich sehe da gar keinen Sinn drin.

Unter Berücksichtigung dieser Bedürfnisse fällt es leichter, Verständnis für aufkommende, individuelle Schwierigkeiten bei Change Prozessen zu entwickeln. Denn es geht nicht darum, dass Menschen zu faul oder zu schwerfällig sind, um sich zu bewegen, sondern darum, dass Grundbedürfnisse bedroht werden. Der Widerstand, der daraus häufig als Reaktion wahrgenommen wird, ist eine natürliche Schutzfunktion des Menschen und resultiert aus Angst oder Unsicherheit. Diese Schutzfunktion kann sich auf unterschiedliche Art und Weise zeigen und wird nicht immer gleich erkannt. So ist eine Mitarbeiterin, die offen gegen die Veränderung wettert oder der Führungsebene Unfähigkeit vorwirft, stärker im Blick als ein Mitarbeiter, der sich unbemerkt zurückzieht und sich damit der Veränderung passiv gegenüberstellt.

„Von Widerstand kann immer dann gesprochen werden, wenn vorgesehene Entscheidungen oder getroffene Maßnahmen, die auch bei sorgfältiger Prüfung als sinnvoll, ‚logisch' oder sogar dringend notwendig erscheinen, aus zunächst nicht ersichtlichen Gründen bei einzelnen Individuen, bei einzelnen Gruppen oder bei der ganzen Belegschaft auf diffuse Ablehnung stoßen, nicht unmittelbar nachvollziehbare Bedenken erzeugen oder durch passives Verhalten unterlaufen werden" (Doppler & Lauterburg, 2022).

Widerstand kann aktiv oder passiv, verbal oder non-verbal ausgedrückt werden. Selbst Schweigen oder ein hoher Krankenstand können also Anzeichen für Widerstand sein. Doppler nennt vier Grundsätze von Widerstand (Doppler & Lauterburg, 2022):

1. „Es gibt keine Veränderungen ohne Widerstand."
2. „Widerstand enthält immer eine verschlüsselte Botschaft."
3. „Nichtbeachtung von Widerstand führt zu Blockaden."
4. „Mit dem Widerstand, nicht gegen ihn gehen."

3.4 Was bedeutet das für Führungskräfte?

Der von der Managementebene häufig gefürchtete Widerstand, so konnte hoffentlich gezeigt werden, ist also eine normale Reaktion auf eine vom Individuum erst einmal ungewohnte und damit schwierige Situation. Es kann und sollte daher nicht das Ziel sein, in Veränderungsprozessen keinen Widerstand zu erzeugen. Das wäre nicht nur unrealistisch und ein naiver Fehler auf der Managementebene. Vielmehr würde so auch ein notwendiges Werkzeug für einen gelingenden Change verschmäht und abgelehnt.

> Im Change sollte mit, statt gegen den Widerstand gearbeitet werden. Man stelle sich den Change Prozess wie einen Gummi vor, dessen eines Ende die Führungskraft und dessen anderes Ende ein Teammitglied in der Hand hält. Zieht nun das Teammitglied, geht also in den Widerstand, dehnt sich das Gummi. Nun kann die Führungskraft dagegenhalten und versuchen, das Teammitglied „auf ihre Seite" zu bringen. Letztendlich erreicht sie aber nur, dass das Gummi sich stärker spannt, der Widerstand also wächst und das Gegenüber sich weiter entfernt. Stattdessen sollte dem Widerstand nachgegeben werden, indem zunächst zugehört, nachgefragt und Verständnis signalisiert wird. Die beiden Enden des Gummis entspannen, ziehen sich zusammen und ein gemeinsames Arbeiten an der Sache ist wieder möglich.

In der Prävention gilt ein wichtiger Grundsatz: Verhältnisse vor Verhalten. Wenn Verhältnisse geändert werden, sprich Rahmenbedingungen und Vorgaben, dann erleichtert es den Beteiligten auch im eigenen Verhalten, präventiv vorzugehen. So sieht man in Fragen der Mobilität bei städtebaulichen Maßnahmen wie dem Ausbau von Fahrradwegen starke Auswirkungen auf die persönliche Verkehrsteilnahme, z. B. das häufigere Nutzen des Fahrrads.

Dieser Grundsatz kann auch für Change Prozesse übernommen werden. Das Unternehmen muss die Strukturen schaffen und einen klaren Rahmen abstecken. Die Veränderung selbst muss in jedem Individuum selbstorganisiert geschehen. Jeder Mensch wird seine Bedürfnisse unterschiedlich gefährdet sehen und diese unterschiedlich gewichten. Hier ist die Rolle des Unternehmens und der Führungskraft ein Begleiten, ein Erklären, ein offenes Fragen nach dem, was es braucht. Diesen Aspekt behandelt ein nachfolgendes Kapitel (Abschn. 5.3) aus der Kommunikationsperspektive.

Vor dem aktiven Gestalten und Begleiten von Veränderungsprozessen im Unternehmen steht das Wahrnehmen von Interaktionen, Situationen und (non)verbalen Begegnungen. Jede Führungskraft sollte ihre Wahrnehmungsfähigkeit schulen, um gerade auch in Situationen der Veränderung den Kontakt zu den Mitarbeitenden und den zu bearbeitenden Problemen nicht zu verlieren. Statt sich auf den inhaltlichen Prozess zu berufen und stringent nach Fahrplan vorzugehen, hilft eine geschulte Wahrnehmung, zu erkennen, was gerade wichtig ist. Meist sind das nicht Druck oder das Einfordern von mehr Leistung, sondern vielmehr ein Stehenbleiben und wieder alle ins Boot holen.

Die Führungskraft sollte ihren eigenen Veränderungsprozess reflektieren und sich diesen bewusst machen. Denn auch hier kommt es von einer Phase der Stabilität durch bestimmte Erkenntnisse zur Entscheidung, dass Veränderung notwendig ist. Und mit hoher Wahrscheinlichkeit sind auch in diesem Prozess Unsicherheit, Zweifel, Angst vor dem Scheitern mit einhergegangen. Diese bei sich selbst zu kennen, erleichtert das Antizipieren und auch das authentische Begleiten der Mitarbeitenden.

Im nächsten Schritt gilt es, Unsicherheiten und Zweifel mit einzuplanen. Dies nimmt Druck nach einem perfekten „Durchmarschieren" heraus und gibt auch den Mitarbeitenden die Möglichkeit, diese zu formulieren und offen anzusprechen. Erst mit der Einladung, dass Bedenken und Vorbehalte geäußert werden können, ja willkommen sind, entsteht eine Öffnung. Die so oft als Widerstände negativ besetzen Überlegungen bekommen dann ihre Berechtigung, werden wertgeschätzt, in den Prozess mit integriert und das Bedürfnis nach Kontrolle wird unterstützt.

Um Beziehungen neu aufzubauen, Kompetenzen zu entwickeln und Kontrolle sowie Orientierung zu bekommen, braucht es Zeit. Diese dem Prozess als solchem und allen Beteiligten zu geben, ist Teil der Rahmung und sollte auch transparent gemacht werden. Hinter scheinbar trotzigen oder blockierenden Äußerungen sollte das jeweilige Grundbedürfnis erkannt werden. Dies bedarf einiger Übung und widerspricht dem oft antrainierten inhaltsgeleiteten Denken. Daher werden im Folgenden Formulierungshilfen gegeben, um mit den Mitarbeitenden ins Gespräch über ihre Bedürfnisse zu kommen.

3.5 Die Grundbedürfnisse berücksichtigen

Das Bindungsbedürfnis

Das Bindungsbedürfnis muss nicht nur im Privaten gestillt sein, auch im Beruf ist es wichtig, dass es Menschen gibt, die einem zuhören, mit denen man auf einer Wellenlänge liegt und zu denen man Vertrauen aufbauen kann. Führungskräfte können in gewissem Maße diese Bezugspersonen sein. Wenn Mitarbeitende wissen, dass sie mit Problemen oder Sorgen wahrgenommen und ernstgenommen werden, lassen sie sich auf anstehende Veränderungen auch eher ein. Diese Kommunikation muss echt und authentisch sein, damit sie nicht zum bloßen Werkzeug degradiert wird. Die Führungskraft ist hier auch Vorbild, wie in Unternehmen Beziehungen geführt und ernstgenommen werden. So beachten Change Prozesse gute Beziehungen zwischen Mitarbeitenden und versuchen, diese auf neuen, kreativeren Wegen aufrechtzuerhalten und weiter zu ermöglichen. Change Prozesse berücksichtigen daher Wünsche nach gemeinsamer Zusammenarbeit.

Äußerungen, die vermuten lassen, dass das Bedürfnis nach Bindung nicht sichergestellt ist, sind beispielsweise: „Mit Steffen arbeite ich sicher nicht zusammen". Eine typische Reaktion auf der Ebene der Vernunft, also der reitenden Person, würde lauten: „Steffen bringt die nötige Expertise in dem Bereich mit, eine Zusammenarbeit ist daher notwendig." Auch eine Warum-Frage wäre nicht zielführend, da sie die fragende Person in eine Rechtfertigungshaltung bringen würde und über die Reiterebene eine logische Argumentation stattfinden würde. Darüber würde aber nicht das Bedürfnis nach Bindung zur Sprache kommen. Formulierungen, die helfen und zeigen, dass das Bindungsbedürfnis beachtet wird, lauten z. B.: „Mit wem arbeitest du gerne zusammen?", „Wie könntest du dir in den neu geplanten Abläufen eine weitere gemeinsame Zusammenarbeit vorstellen?" oder „Vielen Dank, dass du mir sagst, dass du das Zusammenarbeit mit

Steffen momentan noch kritisch siehst. Es ist völlig normal, dass man nicht mit allen Kollegen gleich gut auskommt." Es geht hier vor allem darum, die formulierten Gefühle des anderen zu respektieren und nicht zu negieren. „Ich bitte dich, wir arbeiten hier alle gut miteinander zusammen und machen keine Unterschiede zwischen Kollegen." wäre eine Aussage, die vielleicht der Unternehmenskultur entspricht, die aber im angesprochenen Fall wenig hilfreich für das Einlassen auf Steffen wäre.

Das Bedürfnis nach Orientierung und Kontrolle

Meist wird versucht, das Bedürfnis nach Orientierung und Kontrolle durch Ansprache der reitenden Person zu befriedigen. Es werden Informationsveranstaltungen durchgeführt, Kurse angeboten oder Trainings konzipiert. Dies ist sicherlich ein wesentlicher Baustein, um Orientierung zu geben und der Vernunft die notwendige Basis für logische Argumente zu geben. Letztendlich werden Entscheidungen aber zu einem hohen Prozentsatz vom Unbewussten getroffen. Daher muss auch diesem Gehör und Ernsthaftigkeit verschafft werden.

Auch hier hilft es wieder, die derzeitige „sichere" Situation anzuerkennen und zu würdigen. „Im Moment wissen alle, was ihre Aufgaben sind und welche Themen sie besetzen. Das zeigt auch, wie gut ihr in euren Bereichen angekommen seid und hat wesentlich zum bisherigen Erfolg der Firma beigetragen."

Nach der Würdigung des Vergangenen und des Momentanen können aufgekommene Zweifel und Ängste angesprochen werden. Beispielhafte Fragen oder Aussagen können lauten: „Und sicherlich fragt ihr euch nun auch, was von dem Gewohnten übrigbleibt oder wo zukünftig euer Gestaltungsspielraum ist.", „Welche Routinen oder Prozesse habt ihr liebgewonnen? Was daran schätzt ihr vor allem? Was sollte sich daran auf keinen Fall ändern?" oder „Durch Prozesse gibt es ja auch Verbesserungen, was wäre in deinem Ablauf sinnvoll oder hilfreich zu verändern?"

So kann die Person aktiv die Situation in den gegebenen Möglichkeiten gestalten und das Bedürfnis nach Orientierung und Kontrolle wird parallel zur Umstrukturierung wieder gestärkt. Es ist notwendig, das angestrebte Zielbild durch das Management genau zu kommunizieren. Das kommt auch dem Bedürfnis nach Kontrolle nach.

Das Bedürfnis nach Selbstwerterhöhung und Selbstwertschutz

Alle möchten sich im Beruf kompetent fühlen. Dabei ist es wichtig, authentisch zu loben und Feedback zu geben, das gut angenommen werden kann. Um sich neue Tätigkeitsfelder zu erschließen, braucht es wieder Zeit und eine Kultur, in der das Scheitern als Teil eines Veränderungsprozesses nicht nur akzeptiert, sondern auch eingeplant und kommuniziert wird. „Neue Prozesse erfordern von uns allen neue Fertigkeiten. Und es ist dabei ganz normal, dass du diese noch nicht perfekt beherrschst. Das weiß ich und möchte dich ermuntern, dich hier auszuprobieren und dir selbst Zeit zu geben, das Neue kennen zu lernen und anzueignen". Nur wenn Mitarbeitende sich ohne Druck im neuen Aufgabenfeld ausprobieren können, gelingt ein Lernen, das Lust macht und Zutrauen für den nächsten Veränderungsprozess gibt. Führungskräfte sollten früh im Prozess bereits Dinge zurückmelden, die ihnen positiv auffallen, auch wenn diese noch nicht so ausgeführt werden sollten, wie sie es sich am Ende der Veränderung vorstellen.

Dabei hilft es, Mitarbeitenden konkrete Fähigkeiten, die die Führungskraft bemerkt hat, bewusst zu machen. Feedbackrunden im Team können den Blick auf das Positive lenken und Stärken der Teammitglieder herausstellen. Auch hier gilt es wieder, das Unbewusste durch Bilder anzusprechen und ein Flow-Erleben zu ermöglichen. Im Flow-Erleben gehen Mitarbeitende in ihrer Arbeit auf und sind in dieser ganz versunken. Die Flow-Theorie der Motivation (Csikszentmihalyi, 1975) beschäftigt sich mit der Frage, wie Arbeit gestaltet werden muss, damit dies passiert.

Das Bedürfnis nach Lustgewinn und Unlustvermeidung

Das Unbewusste ist sehr stark darauf fokussiert, Unlust zu vermeiden und sich Lust zu verschaffen. Daher ist es wichtig, auch hier unbewusste Einstellungen oder Wünsche anzusprechen. Dies gelingt weniger im Aufzählen von Argumenten als vielmehr mit bildlicher Sprache und der positiven Aktivierung durch Visualisierungen und Metaphern. Mit dem Arbeiten an Verhaltensänderungen durch sogenannte Motto-Ziele haben sich Maja Storch und Frank Krause (2017) eingehend beschäftigt. Diese Visualisierung kann auf der Organisationsebene erfolgen. Viel wichtiger ist es aber, dass alle Mitarbeitenden für sich ein eigenes motivationales Zukunftsbild entwickelt. So wird ein tieferes Commitment geschaffen und die Selbstorganisation der Einstellungsänderung aller Betroffenen erleichtert.

Durch die Bearbeitung dieser Bedürfnisse wird es den Mitarbeitenden erleichtert, einen eigenen Weg mit der Veränderung zu finden. Letztendlich ist dies auch eine wesentliche Erkenntnis: Change Prozesse können zwar Prozesse und Strukturen verändern; die Umsetzung, das Ausgestalten und letztendlich die Veränderung in der Kultur werden nur gelingen, wenn die jeweiligen Teammitglieder diesen Prozess für sich, für ihr Tun und in ihrem Wertesystem annehmen und gestalten.

Tab. 3.3 fasst die vorgestellten Aspekte auf einen Blick zusammen und gibt Formulierungshilfen an die Hand. Zwei Aspekte sind bei Fragen und Kommentaren zu Bedürfnissen zu beachten: zum einen, Verständnis für die Befürchtungen der Mitarbeitenden zu signalisieren, zum anderen, den Blick auf Lösungen zu lenken, ohne zu drängen und zu bevormunden.

3.6 Ausblick

Der Exkurs hat deutlich gemacht, worum es im Gestalten von Change Prozessen aus psychologischer Sicht ankommt: dass Menschen sich gegen Veränderungen wehren oder diesen zunächst kritisch gegenüberstehen, liegt in ihrer Natur und der Art zu Denken und das eigene Leben zu gestalten. Es hat erst einmal nichts mit Unlust, mangelnder Motivation oder böswilliger Sabotage zu tun.

> Je besser Führungskräfte dies verstehen und akzeptieren, umso eher wird es ihnen gelingen, auf eine wohlwollende und damit verständnisvollere Art und Weise mit diesen Widerständen umzugehen.

Daher liegt der Erfolg von Change Prozessen weder im Manipulieren noch im Druck ausüben. Er liegt vielmehr in der Partizipation jedes Einzelnen, im ehrlichen Nachfragen und im Sicherstellen, dass die

Tab. 3.3 Übersicht Implikationen für die Praxis

Allgemeiner Umgang mit Befürchtungen: Gefühle dürfen artikuliert werden. Sorgen sind willkommen		
Bedürfnis/Thema	Fragen, die helfen, Bedürfnisse zu reflektieren und wieder neu zu befriedigen	Handlungen/Rahmen, die hilfreich sind
Bindung: *emotionale Beziehungen zu anderen aufbauen, feste Bezugspersonen haben*	• Was braucht es, damit du dich auch in einem neuen Team wohlfühlst? • Wo trittst du in Beziehung zu anderen? • Mit wem möchtest du auch weiterhin zusammenarbeiten? • Es ist völlig in Ordnung und normal, dass man sich mit manchen besser versteht.	Führungskraft als Bezugsperson, die Raum und Zeit für ihre Mitarbeitenden findet ehrliches Interesse an den Mitarbeitenden kreative Lösungen für Aufrechterhaltung von Kontakten finden
Orientierung und Kontrolle: *Der Mensch möchte seine Umwelt verstehen, erklären und kontrollieren können.*	• Was brauchst du, um deiner Tätigkeit Kontrolle zu geben? • Was wäre in deinem Ablauf sinnvoll oder hilfreich zu verändern? • Wie würdest du den ganzen Prozess angehen? Übersehen wir deiner Meinung nach etwas? • Reflexionsfrage an die Führungskraft: Was trage ich dazu bei, damit sich die Mitarbeitenden auch in der neuen Rolle/Position sicher fühlen können?	Unterstützung durch Trainings, Informationen anbieten Helfen, erforderliche Kompetenzen aufzubauen neue Gestaltmöglichkeiten aufzeigen

(Fortsetzung)

Tab. 3.3 (Fortsetzung)

Allgemeiner Umgang mit Befürchtungen: Gefühle dürfen artikuliert werden. Sorgen sind willkommen

Bedürfnis/Thema	Fragen, die helfen, Bedürfnisse zu reflektieren und wieder neu zu befriedigen	Handlungen/Rahmen, die hilfreich sind
Selbstwerterhöhung und Selbstwertschutz *Ich bin „in Ordnung", so wie ich bin (positive Rückmeldung durch andere bekommen).*	• Von wem bekommst du positive Bestätigung? • Wessen Rückmeldung schätzt du besonders? • Wer gibt dir Rückmeldungen zu deinem Tun? • Welche deiner Fähigkeiten könntest du auch im zukünftigen Arbeitsfeld einbringen? • Du kennst dich in den Abläufen gut aus, was würdest du beibehalten/verändern? Wie würdest du das tun? • Welche Stärken siehst du bei jedem Teammitglied?	wertschätzendes Feedback geben Zeit und Raum für Lernen ohne Druck geben Scheitern ist in Ordnung im Team positive Veränderungen und Fertigkeiten rückmelden
Lustgewinn/Unlustvermeidung *Angenehme Situationen werden verstärkt gesucht, unangenehme Situationen wollen vermieden werden.*	• Was an dem Prozess, der Veränderung könnte dir Spaß machen? • Worauf hättest du Lust? • Und was ist für dich gänzlich unangenehm?	sich mit Motto-Zielen und dem Erreichen von Flow-Zuständen beschäftigen individuelle, bildhafte Vorstellung vom Zielzustand entwickeln lassen

Grundbedürfnisse des Individuums ernst genommen und erfüllt werden. Dann kann Veränderung jeden einzelnen Menschen, genau wie die gesamte Organisation, bereichern und wachsen lassen.

Literatur

Aronson, E., Wilson, T., & Akert, R. (2017). *Sozialpsychologie*. Pearson.
Csikszentmihalyi, M. (1975). *Beyond boredom and anxiety: Experiencing flow in work and play*. Jossey-Bass.
Doppler, K., & Lauterburg, C. (2022). *Change Management. Den Unternehmenswandel gestalten*. Campus.
Grawe, K. (2000). *Psychologische Therapie*. Hogrefe.
Grawe, K. (2004). *Neuropsychotherapie*. Hogrefe.
Dallwitz-Wegner, D. (2016). *Unternehmen positiv gestalten. Einstellungs- und Verhaltensänderung als Schlüssel zum Unternehmenserfolg*. Springer.
Haidt, J. (2006). *The happiness hypothesis*. Basic Books.
McCrae, R. R., & Costa, P. T. Jr. (1996). Towards a new generation of personality theories: Theoretical contexts for the five-factor model. In J. S. Wiggins (Hrsg.), *The five-factor model of personality* (S. 51–87). Guilford Press.
Storch, M., & Krause, F. (2017). *Selbstmanagement – Ressourcenorientiert. Grundlagen und Trainingsmanual für die Arbeit mit dem Zürcher Ressourcen Modell*. Hogrefe.
Kiel, V. (2019). Führen in Zeiten des Wandels. In E. Lippmann, A. Pfister, & U. Jörg (Hrsg.). *Handbuch Angewandte Psychologie für Führungskräfte. Führungskompetenz und Führungswissen* (S. 809–884). Springer.
Vakola, M., Armenakis, A., & Oreg, S. (2013). Reactions to organizational change from an individual differences perspective: A review of empirical research. In S. Oreg & A. Armenakis (Hrsg.), *The psychology of organizational change: Viewing change from the employee's perspective* (S. 95–122). Cambridge University Press.

Sarah Seidl ist Professorin für Psychologie an der SRH-Fernhochschule.

4

Kommunikationstheorie für Change Prozesse

Ausgewählte Theorien, Modelle und Konzepte zur erfolgreichen Bewältigung des Change

Bis heute ist immer noch (zu) wenig über die Realität der Change Kommunikation bekannt, obwohl zahlreiche Studien, Bücher, Blog- und Journalbeiträge zum Thema veröffentlicht wurden. Die Entwicklung beginnt in den 1990er Jahren in der angelsächsischen Literatur mit Bill Quirkes Klassiker „Communicating Change". Im deutschsprachigen Raum taucht es erst Mitte der 2000er Jahre, ab dann aber intensiv in Fachbüchern, der Ratgeberliteratur und in Studien auf. Seitdem hat das Thema Change Kommunikation im ganzheitlich betrachteten Change Management Karriere gemacht und ist zu einem wesentlichen Erfolgsfaktor avanciert.

Es gibt nur wenige Daten zur tatsächlichen Umsetzung von Change Prozessen (Mast, 2019). Ein wesentlicher Grund dafür ist, dass Unternehmen und Agenturen fast nie Fakten aus realen Change Cases herausgeben, da diese Projekte häufig vertraulich behandelt werden. Daher werden nur wenige detaillierte Vollerhebungen publiziert. So schrieb das bekannte Beratungsunternehmen Capgemini in einer Studie (2017): Nach zehn Jahren Studien zum Change scheint alles gesagt zu sein, was es über Change Management zu sagen gibt. Dennoch zeigen Studien bis heute immer wieder: 75 bis 80 % aller Change Projekte von groß bis klein scheitern. Diese Zahl hat sich in den vergangenen 25 Jahren nicht wesentlich verändert. Als einer der häufigsten Gründe wird die in verschiedenster Hinsicht mangelhafte Kommunikation genannt.

So begründbar steht fest: Kommunikation ist ein Game Changer. Die logische Schlussfolgerung ist daher: Kommunikationsleute und Führungskräfte auf allen Ebenen sollten relevantes (Grund-)Wissen haben sowie Kompetenzen in der Change Kommunikation besitzen. Das so erreichbare, höchste Ziel in jedem Change Prozesse wäre es, alle vom Change betroffenen Menschen in- und außerhalb einer Organisation in Multiplikatoren und Unterstützerinnen zu verwandeln. So könnte der angestrebte Soll-Zustand am effizientesten erreichen werden – im Sinne der gesamten Organisation. Die Unternehmenskommunikation spielt dabei eine wichtige Rolle. Im vorliegenden Kapitel werden daher sowohl Grundlagen als auch Zusammenhänge, Prinzipien und Handlungsoptionen für ein besseres Verständnis dieser Kommunikation theoriebasiert aufbereitet in den Mittelpunkt gestellt.

4.1 Ausgewählte Studien zur Kommunikation im Change Prozess

„Jeder zweite Change-Management-Prozess scheitert, jeder fünfte wird mies umgesetzt und in jedem zehnten ist es nachher schlimmer als vorher. Ursache davon sind neben Visionslosigkeit, fehlendem Commitment der Führung, mangelndem Prozessmanagement vor allem Fehler in der Kommunikation und die geringe Einbindung der MitarbeiterInnen" (Deutinger, 2017, S. XIII).

Ausgewählte Studien zu Erfolg und Scheitern im Change aus den vergangenen rund 25 Jahren:
Studie 2007 „Veränderungen erfolgreich gestalten. Repräsentative Untersuchung über Erfolg und Misserfolg im Veränderungsmanagement"

Scheitern und seine Gründe bei Kommunikation und Führungskräften: Ungefähr ein Drittel aller Veränderungen scheitert, ein weiteres

Drittel der Change Prozesse erreicht die angestrebten Ziele nicht. Analysiert man das Scheitern, wird aus Sicht von Beratenden deutlich: Die Kommunikation der Führungskräfte ist entscheidend. Es überwiegen grundlegende Kommunikationsfehler durch das Management. Bereits 2007 erhob die Beratung C4 Consulting in der Studie „Veränderungen" erfolgreich gestalten. Repräsentative Untersuchung über Erfolg und Misserfolg im Veränderungsmanagement", dass relevant bzw. entscheidend für das Scheitern sind:

- 61 % „unzureichendes Engagement in den oberen Führungsetagen",
- 56 % „unklare Zielbilder und Visionen der Veränderungsprozesse",
- 56 % „fehlende Erfahrung der Führungskräfte im Umgang mit Verunsicherung der betroffenen Mitarbeiter",
- 56 % „Uneinigkeit auf den obersten Führungsetage" („sprechen nicht mit einer Stimme"),
- 52 % „mangelnde Unterstützung aus dem Linienmanagement",
- 50 % „lückenhafte oder verspätete Information der Mitarbeiter"
- 46 % „unzureichende Möglichkeiten zur Bewältigung von Ängsten und Widerständen der Mitarbeiter",
- 43 % „Vernachlässigung psychologischer Faktoren in der Projektplanung",
- 37 % „ungenügende personelle Ressourcen",
- 36 % „wenig Vertrauen in der Kommunikation" zwischen Mitarbeitenden und Führungskräften (Houben et al., 2007). Diese Zahlen stammen aus der Vollerhebung aller Unternehmen in Deutschland mit mehr als 1000 sozialversicherungspflichtig Beschäftigten durch C4 Consulting zusammen mit der TU München, wobei größtenteils das Top-Management von Großunternehmen und führenden Konzernen geantwortet hatte. Seitdem ist in Theorie und Handlungsempfehlungen viel passiert. Dennoch scheitern weiterhin viele der Change Prozesse bzw. erreichen nicht das anvisierte Ziel (Houben et al., 2007).

IBM Studie 2008 „Making Change Work"

Denkweise, Kultur, mangelndes Führungskräfte-Commitment lassen scheitern: 2009 wurde eine Studie veröffentlicht, die in harte und weiche Faktoren für das Scheitern von Change Prozessen unterschied: Weiche Faktoren waren die Veränderung von Denkweise (58 %) die Unternehmenskultur (49 %); die Unterschätzung der Komplexität (35 %) aber auch das mangelnde Commitment des höheren Managements (32 %). Bei den harten Faktoren des Scheiterns wurden als Gründe für Scheitern benannt: Ressourcenknappheit (33 %) und mangelndes Change Management Know-how (20 %). Die Studie hieß „Making Change Work" und befragte über 1.500 erfahrene Projektmanagerinnen und -manager unterschiedlicher Ebenen aus 15 Ländern und 21 Branchen (IBM, 2009).

Studie 2009 „Change Communication zwischen Gefühl und Kalkül: Theoretische Überlegungen und Ergebnisse aus Umfragen"

Mangelhafte Kommunikation bedingt Scheitern: Eine Befragung unter den Kommunikationsleitungen von deutschen Top 250 Unternehmen hatte gezeigt, dass zwar die Bedeutung der Kommunikation in Change Prozessen bereits 2009 angesichts der Normalität des kontinuierlichen Wandels stark zugenommen hatte, jedoch Mängel bei der geplanten Kommunikation alltäglich sind. In jedem siebten Unternehmen wird zudem mit der „mangelhaften Kommunikation der Manager" das Scheitern von Vorhaben begründet (Mast, 2009). Dies wurde auch als Grund für das Scheitern zahlreicher Change Projekte von den Kommunikatoren angegeben. Als Gründe dafür wurden benannt:

- 48,8 % „diffuse/keine Strategie"
- 42,5 % „keine zielgruppengerechte Kommunikation"
- 32,5 % „mangelhafte Organisation und Struktur"
- 13,8 % „mangelhafte Kommunikation der Führungskräfte"
- 11,3 % "kulturelle Besonderheiten nicht berücksichtigt"
- 8,8 % „zu wenig Dialog mit den Stakeholdern"
- 8,8 % „fehlende Inhalte: Ziele, Gründe, Erfolge" (Mast, 2009)

Erfolgreiche Change Kommunikation kümmert sich um das "Was" und das "Wie" der Kommunikation, sagten die Befragten und legen vor allem Wert auf eine langfristige, strategische Planung (rund 63 %), zielgruppengerechte Gestaltung (rund 52 %), Einbettung in die Struktur (35 %) und Ausrichtung an den emotionalen Bedürfnissen der Mitarbeitenden mit angemessener Botschaft und plastischer Change Story. Als besonders wichtig wurde zudem das richtige Timing genannt – zu früh oder zu spät heißt das oft unterschätzte Problem (Mast, 2009).

IFOK-Studie 2010 „Erfolgsfaktoren Change Communication – zwischen Wunsch und Wirklichkeit"

Jeder weiß, wie optimale Change Communication sein sollte, praktisch setzt dies kaum einer um: Die wichtigsten drei Erkenntnisse der Studie – es besteht ein Führungsvakuum. Führungskräfte stoßen den Change an, bei der entscheidenden „internen Umsetzung der Kommunikationsmaßnahmen zieht sich das Top-Management aber zurück und lebt den Wandel nicht glaubwürdig vor. Zweitens steht vor allem die abgestimmte Information im Mittelpunkt, jedoch nicht der Austausch bzw. Dialog. Auch 2010 steht die Top-Down-Strategie vorne an. Die Einbindung der Mitarbeitenden findet kaum statt. Die Betroffenen wünschen sich zwar den Dialog mit partizipativen Ansätzen, doch sind „Zusammenarbeit, Dialog zwischen Projektleitung, Führungskräften und Mitarbeitenden, Offenheit und Klarheit" oft nur ein theoretischer Wert in der Veränderung und werden nicht gelebt. In der sogenannten IFOK-Studie wurden 1300 Führungskräfte der „Bereiche Unternehmensleitung, Personal, Kommunikation und Change Management zu ihren Erfahrungen mit Change Communication" befragt (IFOK Studie, 2010).

Studie 2018 „Gegen alle Widerstände? Eine quantitative Befragung zu Einflussfaktoren auf Widerstände in Change Prozessen"

Change Kommunikation muss spezifisch sein: Die Studie untersuchte, welche Faktoren die Einstellung zum Change sowie die Äußerung von Widerstand gegen den Change beeinflussen – hier vor allem den Einflussfaktor „organisationale Kommunikation". Dass Change Kommunikation ein relevanter Einflussfaktor für die Bewertung des Changes sowie insbesondere für die entwickelte Einstellung zum Change ist, konnte diese Studie nachweisen. Insbesondere eine partizipatorische Kommunikation auf Basis von Einbindung und Wertschätzung führt zu einer positiveren Einstellung zum Change. dennoch kann Widerstand durch Mitarbeitende geäußert werden, die Change Kommunikation hat darauf nur geringen nachweisbaren Einfluss. Zudem wurde festgestellt, dass die allgemeine Kommunikation der Organisation keinen nachweisbaren Einfluss auf die Einstellung zum Change hat. Entscheidend ist die Change Kommunikation. Sie hat großen Einfluss auf die Beziehung zwischen Mitarbeitenden und Organisation. Hier ist es vor allem die Beteiligung an Entscheidungen, die sich positiv auswirkt (Gutheil et al., 2018).

IBM Studie 2018 „The modern marketing mandate"

Jeder Unternehmensteil beeinflusst eine Mindset Reform: Die C-Suite-Befragung hat gezeigt, dass auch ein einzelner Unternehmensteil wie beispielsweise das Marketing seine Arbeit verändern muss: „The role of the CMO is evolving into ‚Chief Experience Officer.' We need to own the client experience from beginning to end, across the organization" (IBM Studie, 2018). Auch die CMOs tragen nun eine umfassendere Verantwortung und müssen ihre Arbeit an den Status ihrer Organisation auf dem Weg der Transformation berücksichtigen. Die Ergebnisse zeigen, dass beispielsweise das Marketing ein starker unterstützender Faktor für den Change in Unternehmen sein kann – und auch auf sich selbst einwirkt. In einer kundenorientierten Kultur ist der Wandel die einzige Konstante (IBM Studie, 2018). 75 % der CMOs, die sich als Innovatoren sehen, sagten, dass sie eine Unternehmenskultur haben, die schnelles Scheitern und erfolgreiche Innovation gleichermaßen belohnt. Das IBM Institute for Business Value hatte in Kooperation mit dem Oxford Economics mehr als 2000 Interviews mit Chief Marketing Officers ausgewertet. Zudem trugen zudem 12.800 CxOs aus 20 Branchen und 112 Länder zu den Ergebnissen bei (IBM Studie, 2018).

Capgemini Studie 2019 „Auf dem Sprung – Wege zur organisationalen Dexterity. Change Management Studie"

Mindset, Verständnis und Kultur entscheiden: „Jede Transformation verlangt nach Change Management. Und auch das ist mehr als How to…" (S. 5). Aufgrund von Beratungserfahrung hat Capgemini Invent „alle zu beachtenden Aspekte einer Transformation analysiert und die erfolgswirksamen Maßnahmen" zusammengefasst. Die Hebel sind Erfolgsverstärker. Eingebettet werden die Hebel in das Konzept Dexterity (S. 5). Es bedeutet „being agile" und meint die mentale Adaptivität einer Organisation als Haltung und anzustrebender Zielzustand. Die Studie hat im Rahmen dieses Konzeptes Erfolgshebel in Unternehmen erhoben und 8 Hebel der Veränderung identifiziert: Ökosystem, Arbeitsumfeld, Datenkompetenz, Struktur, Prozesse, Governance, Leadership & People sowie Kultur. Die größte Wirksamkeit für einen Change mit Ziel Dexterity geht von der Unternehmenskultur aus (77 %), gefolgt von den Hebeln Leadership & People (64 %) sowie Prozesse (45 %). An der Online-Befragung für die Capgemini Invent Studie (2019) nahmen über 1100 Menschen weltweit mit breiter Branchenverteilung teil, ergänzt durch Tiefeninterviews mit Change Verantwortlichen.

Change Management Kompass 2020 (Porsche Studie) „Starke Führung als wichtigster Faktor für erfolgreiche Transformation"

Kommunikation als Schlüsselfaktor: Diese Studie zeigt durch ihren Namen „Starke Führung als wichtigster Faktor für erfolgreiche Transformation", dass – obwohl „die strategische Relevanz von strategischem Change Management in den Chefetagen angekommen" ist (Change Management Kompass, 2020) akuter Handlungsbedarf besteht. Noch immer verfehlen „80 % der Transformationen ihr Ziel" (Change Management Kompass, 2020). Die befragten Führungskräfte gingen zu fast 90 % davon aus, dass sich ihre Unternehmen ändern müssen – doch nur 20 % dieser Transformationen zeigten das gewünschte Ergebnis (Change Management Kompass, 2020). Die Gründe dafür? Unzureichende (fehlende oder zu späte) Kommunikation (zu 81 % genannt) ist mit mangelnder Führung (ebenso mit 81 % genannt), fehlender Beteiligung (76 %) und unzureichender Qualifizierung (57 %) als wichtigste Ursachen für gescheiterte Transformationen benannt (Change Management Kompass, 2020). Als „Schlüsselelemente für starkes Change Management" konnten „Kommunikation, Beteiligung, Führung und Qualifizierung" identifiziert werden. Die auch Porsche-Studie genannte Erhebung „Change Management Kompass 2020" umfasste Antworten von 90 Führungskräften von deutschen Unternehmen (umsatzgrößte und aus den wichtigsten Branchen; Zacherls et al., 2020).

Studie 2021 (SCM & fischerAppelt) „Interne Kommunikation im Change 2.0 – Aspekte, Triebkräfte und Blockaden"

Damit Change Prozesse erfolgreich sein können, müssen viele Menschen zusammenarbeiten. Ihre Ziele sollten übereinstimmen, damit sie erreichbar sind. In einer Studie wurde festgestellt: Nur bei rund einem Drittel der Fälle besteht eine gute bzw. sehr gute Übereinkunft der Beteiligten über die Ziele des Change Prozesses, bei 60 % ist diese durchschnittlich, bei jedem Zehnten ist diese schlecht. Oft fehlt die Zeit für das Abstimmen hierzu. 45 % der Studienteilnehmenden betonten, dass die Unternehmenskultur als Unterstützung für den Change wichtig ist, doch fast ein Drittel meinte, dass die Unternehmenskultur eher blockiert und 25 %, dass sie teil-teils wirkt. Die Ursache: verschiedene Kulturen, differierende Sichtweisen v. a. bei den Führungskräften, Diskrepanzen zwischen langjährigen und neuen Mitarbeitenden etc. Veränderungskommunikation als wichtiger Schlüssel zum Erfolg: Rund 53 % adressieren Widerstände gezielt durch „Zuhören, auf Sorgen eingehen, argumentieren und versuchen, alle mitzunehmen". Fast 37 % konzentrieren sich auf diejenigen, die offen sind (somit nicht gegen die Veränderung sind), aber 10 % setzen auch einfach um. Die, die einbinden, setzen auf: konsequentes Einbinden und Beteiligen der Mitarbeitenden (Gestalten des Change Prozesses u. a. mit internen Workshops, Gruppenformaten oder persönlichen Gespräche), die frühzeitige und intensive Information (über konkrete Vorhaben, bekannte und absehbare Auswirkungen etc.) und Content Management Strategien (u. a. Change Story) darüber hinaus Fortbildungen, Events, Einbindung externer Personen im Unternehmen als Anregungen für das Unternehmen und zur Entwicklung von Mindset und Kultur (Bahrt & Schier, 2021). Die Kurzstudie von SCM und fischerAppelt befragte 60 Kommunikationsexperten und -expertinnen zur internen Kommunikation im Change 2.0.

Change-Fitness-Studie 2020/21 – Beobachtungen aus Prä- und Pandemiezeiten bis zum Zeitenbruch und darüber hinaus

Die Change-Fitness-Studie 2020/21 gilt als Ende des Forschungsprojektes „Change-Evolution 2020", in dem rund 1.800 Teilnehmer seit 2010 alle zwei Jahre über ihren Status quo und über die Fortschritte und Defizite im Umgang mit Veränderungen befragt wurden. Die Erfolgsquote dieses Umgangs wurde am Ende deutlich schlechter eingeschätzt. Die Studie legt einen Prozentsatz von 75 bis 100 % als Zielerreichung zugrunde, die Studie zeigte mit 16 % den schwächsten Wert seit 2010, der lag zuvor durchschnittlich bei 22 %. In der Selbsteinschätzung „Wie change-fit" schätzen Sie Ihr Unternehmen auf der Skala von „gar nicht" bis „außerordentlich" ein, schätzten sich nur noch 4 % der Befragten als change-fit ein (2018/19 5,3 %). 49 % der Befragten meinen, dass „schlechtes Management", keine „passende Haltung" und „veraltete Strukturen" Hauptgründe sind. 31 % sagten, dass die Kommunikation offener, intensiver und hierarchieübergreifender sein sollte, da bisher ein Mangel an Nachvollziehbarkeit für die Veränderungsnotwendigkeit entsteht. Zudem gibt es zu wenig Einbindung von Führungskräften und Mitarbeitenden in den Change. Beim Top-Management sind Glaubwürdigkeit, Sinnstiftung, Empathie und Unterstützung nicht ausreichend ausgeprägt. 42 % betonen, dass zunächst Change Basics (Kommunikation, Partizipation, Qualifikation) in den Unternehmen „voll-umfänglich verankert sein sollten". Die Studienautoren betonen, dass der Abwärtstrend Gesellschaft, Unternehmen und Organisationen sowie die Menschen vor große Herausforderungen stellt. An der Change-Fitness-Studie 2020/2021 nahmen 200 Personen aus dem Top-Management, dem mittleren Management und der Mitarbeiterschaft teil. (Change-Fitness-Studie, 2020/21).

Gallup Studie 2021/2022 „Work Experience Communication Survey" / „State of the Global Workplace 2022 Report"

Das Management ist entscheidend: Die Pandemie zeigt erneut den Einfluss der Führungskräfte im Change: Der Erfolg von Veränderung hängt von der Anpassungsfähigkeit der eigenen Mitarbeitenden ab. Erschöpfte oder ängstliche Menschen haben nur eine begrenzte Kapazität, Informationen über Veränderungen aufzunehmen und können sich nicht daran anpassen oder sie mit ihren Teams vorantreiben. Die Gallup Engagement Index Studie zeigt deutlich, dass das Management den Unterschied macht. 75 % der Befragten sagten, dass wenn Führungskräfte aktiv den Change unterstützen, das direkten Einfluss auf das Team hat. 86 % der Mitarbeitenden stimmten zu, dass ihre Führungskräfte ihnen dabei helfen, zu erkennen, wie sich heute vorgenommene Änderungen auf ihr Unternehmen in der Zukunft auswirken, sie stimmten u. a. ebenso zu (62 %), dass ihr Unternehmen über die notwendige Geschwindigkeit und Agilität verfügt, um Kundenwünsche zu erfüllen und sich an Marktveränderungen anzupassen (Gallup Engagement Index Studie, 2021, 2022).

4.2 Organisationen und ihre Kommunikation als Grund und Grundlage für Veränderung

> „Unternehmen müssen vor allem begreifen, dass Menschen die Gestalter der Veränderungserfolge sind und nicht Systeme, Prozesse oder Strukturen" (Claudia Schmidt, Change-Fitness-Studie).

Groß und zahlreich sind die Worte für Wandlungsvorhaben: Restrukturierung, operative Veränderung, Kostensenkungsprogramm oder Reorganisation, Turnaround, Sanierung, Umbau, Portfolio-Bereinigung, strategische Erneuerung durch Advantage Seeking, Opportunity Seeking etc. (Krüger, 2014). In all diesen Begriffen steckt Null „Mensch". Doch wenn ein Unternehmen von einem Zustand A zu einem Zielzustand B gelangen will, stehen Menschen und ihr Verhalten zwischen A und B. Diese Menschen von der Veränderung zu überzeugen und dafür zu motivieren, gelingt nur über Kommunikation.

4 Kommunikationstheorie für Change Prozesse

Warum nur Kommunikation überzeugen kann

Kommunikation ist die „Leitenergie" für das Denken und Handeln in der Veränderung (Mast, 2020). Kommunikation stellt Begriffe und Logiken zur Verfügung, die für die Orientierung, Einordnung und das Beeinflussen von Meinungen, Einstellungen und Handlungen der Menschen erforderlich sind. Dies wird Change Kommunikation genannt.

„Change-Kommunikation gestaltet die Wahrnehmung von Veränderungsprozessen und kann damit als zentrale Managementaufgabe im Corporate Change verstanden werden" (Deekeling & Arndt, 2021).

Die Frage ist also: Wie erfolgreich können Change Prozesse sein, wenn sie optimal kommuniziert werden und wenn während des Change optimal kommuniziert wird? Die Antwort: Sie können erfolgreich sein. Hierin besteht das Einflusspotenzial der Kommunikation. Hier also liegt die Verantwortung des Managements für den Erfolg des Veränderungsprozesses.

Kommunikation besitzt in allen Prozessen, an denen Menschen beteiligt sind, einen realitätsschaffenden Charakter. Laut dem weit akzeptierten Theorem „Communication constitutes Organization" (Nicotera & Putnam, 2009) bildet Kommunikation nicht nur Realität ab oder drückt sie aus, sondern durch Kommunikation entsteht soziale Realität. Seit Ende des 20. Jahrhunderts steht für die Organisationsforschung fest: Kommunikation ist ein existentielles Element von Organisation, oder anders gesagt: Ohne Kommunikation keine Organisation. Man könnte es auch so formulieren: Organisationskommunikation ist Organisation durch Kommunikation. In dem als „Sensemaking" bezeichneten Prozess werden also Ereignisse und Organisationen durch Kommunikation real. Hinzu kommt die klassische Aufgabe, die Organisation von Kommunikation, als strategisch-operative Funktion.

Das bedeutet, dass durch die Kommunikation zwischen den Organisationsmitgliedern eigentlich erst ihre gemeinsame soziale Realität hergestellt wird. Der Anstoß im Change und der zentrale Ankerpunkt hierbei ist immer das Management, da bisher äußerst selten Grass-Root-Change- bzw. Bottom-up-Prozesse beobachtet wurden.

Der Mensch steht im Mittelpunkt

Veränderungsprozesse finden in Organisationen statt, die aus Menschen gebildet werden, und betreffen dadurch immer Menschen. Daher gelten in der Change Kommunikation folgende Prämissen:

- Menschen sind die Organisation.
- Menschen erschaffen eine Organisation durch Kommunikation und ihr soziales Handeln.
- Menschen sind es, die Planung und Strategien umsetzen und Projekte realisieren.
- Menschen können Change Prozesse gutheißen und unterstützen – oder eben auch nicht.

Da Menschen an Change Prozessen nicht nur beteiligt, sondern der Kern des Agierens einer Organisation sind, wird in einer Organisation Veränderung eben genau über diese Kommunikation realisiert. Dies erklärt sich wie folgt:

Durch Kommunikation wissen wir, dass eine Organisation existiert und wir dazugehören

Das manifestiert sich z. B. durch ein reales Gebäude, das einen Firmennamen am Türschild trägt oder durch eine Website, aber auch durch E-Mail-Adressen, den Firmeneintrag in einem öffentlichen Register etc. Im Gegensatz dazu sind in einem Zug oder Bus zufällig zusammenreisende Menschen zunächst keine Organisation.

Durch eine gemeinsame Haltung und Ziele sowie Interaktionen realisieren die Mitglieder die Existenz ihrer Organisation jeden Tag aufs Neue. Ihre Handlungen basieren dabei auf gemeinsamen Normen, Werten, Regeln und Handeln in der Organisation

Dies wird z. B. sichtbar durch ihre Antwort auf die Frage „Wer sind wir, wer wollen wir als Unternehmen sein?" Innovativ, zuverlässig, nachhaltig? Es zeigt sich im Einverständnis, dass die Unternehmensprozesse sozial nachhaltig sein sollen und sich daher viele Mitarbeitende daran beteiligen, neue Produkte auch ökologisch nachhaltig zu gestalten.

4 Kommunikationstheorie für Change Prozesse

Durch Kommunikation grenzt sich eine Organisation von anderen Organisationen von innen heraus ab und differenziert sich somit erkennbar

Die Differenzierung und Profilierung erfolgt z. B. über ihre Identität, die sich in der (Corporate) Language und Kultur des Umgangs miteinander, aber auch einfach in speziellen Abkürzungen oder Fachausdrücken usw. ausdrücken können. Eine Organisation wird so zugleich von außen als eigenständig erkannt – durch ihr Corporate Design, den Charakter von Texten, Bildern, Videos und Grafiken auf der Homepage, den E-Mails, der Tonalität des Social Media-Auftritts oder im Kleidungscode.

> **Was sind Organisationen und Unternehmen?**
> Unter einer Corporation wird eine Gruppe von Menschen verstanden, die eine (ihre) Zugehörigkeit zu der Gruppe nicht nur erkennen, sondern auch erklären kann, zudem als Teil dieser Gruppe handelt und daher als Einheit zu betrachten ist (Rommerskirchen & Roslon, 2020). „Wir leben in Organisationen und mit Organisationen. Sie sind Formen sozialer Netzwerke, die Menschen schaffen, um Probleme zu lösen oder Bedürfnisse aller Art zu befriedigen. Organisationen beruhen auf Kommunikation. Organisationsformen – welcher Art sie auch immer sind – und menschliche Kommunikation sind damit untrennbar miteinander verbunden" (Mast, 2019).
> Unternehmen haben als Organisationsform (for profit) den Unternehmenszweck, Bedürfnisse von Menschen zu befriedigen, so der Gesellschaft und ihren Mitgliedern zu nutzen und auf dieser Basis Gewinn zu erwirtschaften. Organisationen können aber auch Behörden, Vereine, Verbände, NGOs und NPOs sein.

Jede Organisation ist so individuell wie ein Mensch

Die Individualität eines Unternehmens bzw. einer Organisation besteht in der Aufgabe (z. B. im Produkt bzw. der Dienstleistung), den Prozessen, der Kultur und den Strukturen, dem Standort, der Herkunft und der Historie, dem Umfeld und der Branche etc.

Daher sind Konzepte für eine erfolgreiche Bewältigung von Change Prozessen immer spezifisch und nur begrenzt transferierbar, da jeder Change Prozess einmalig ist. Formuliert man Change Konzepte zu allgemein, fühlen sich die Menschen oft nicht angesprochen. Menschen wollen beteiligt und gemeint und nicht nur Mittel zum Zweck sein. Sie sind die Key Player (Mast, 2019). Sie können ihre Ressourcen wie Arbeitskraft und Know-how, aber auch ihr Unterstützungspotenzial (Akzeptanz, Vertrauen und Commitment) anderweitig einsetzen.

Resilienz und Kommunikation

Ruhezustände und Plateauphasen sind heute nur noch kurzfristige situative Zustände und können sich erstens jederzeit und zweitens überraschend in Richtung Anpassung und Veränderung entwickeln, weshalb die Resilienz von Unternehmen und Organisationen in den Mittelpunkt der Aufmerksamkeit gerückt ist. In resilienten Organisationen ist Veränderung der Alltag. Veränderung wird als gegeben hingenommen, der Wandel ist internalisiert. Change ist der Normalfall, weshalb man ihn nicht eigens managen muss, betonen Ulrike Buchholz und Susanne Knorre in ihrem Buch zur Internen Kommunikation in resilienten Organisationen (2012).

„Resiliente Organisationen erkennen, dass der Ausnahmezustand dauerhaft ist und dass man sich entsprechend offen und flexibel verhalten muss. (…) In resilienten Organisationen richtet die Führung deshalb ihre Aufmerksamkeit auf das, was die Organisation stark macht. Dazu gehört nicht zuletzt die Fähigkeit, Turbulenzen und Krisen bewusst zu durchleben und sich mit jeder überwundenen Schwierigkeit weiterzuentwickeln, statt nur darauf bedacht zu sein, sie jedes Mal zu überleben. Eine zentrale Komponente für das Erzielen und für die Weiterentwicklung dieser Fähigkeit ist Kommunikation. Die intelligente Vernetzung der Organisationsmitglieder und der darüber erfolgende Austausch über Sachverhalte, aber auch über Hoffnungen und Befürchtungen ermöglicht es den Beteiligten, Realitäten anzuerkennen und mit ihnen im Bewusstsein der Ausrichtung auf gemeinsame Ziele und der Einbindung in ein großes Ganzes zuversichtlich umzugehen".

4 Kommunikationstheorie für Change Prozesse

Was ist menschliche Kommunikation?

Kommunikation ist der soziale „Klebstoff" zwischen Menschen. Wenn Menschen miteinander zu tun haben, findet Kommunikation statt – verbal und nonverbal, zielgerichtet und ungerichtet.

„Kommunikation ist eine Form des sozialen Handelns" (Rommerskirchen & Roslon, 2020). Durch soziales Handeln koordinieren alle Lebewesen ihre eigenen Handlungen mit denen anderer Lebewesen. Kommunikation ermöglicht soziales Handeln, da sich Menschen so über ihre Intentionen verständigen – ohne dieses wäre soziales Handeln nur instinktiv, ohne sich über Mittel und Ziele einigen zu können. Diese Einigung bzw. Verständigung erfolgt über Zeichen und Symbole (Gestik, Mimik, Haltung, Sprache, Texte, Bilder etc.). Menschen verständigen sich über verbale und nonverbale Kommunikation über Absichten und Handlungen und verabreden Ziele und können diese so auch erreichen. Das gibt ihnen das Gefühl von Kontrolle und Sicherheit – was elementar wichtig für das Selbst ist.

Menschen organisieren sich mit persönlicher Bindung u. a. in Familien, und Netzwerken, beruflich oder interessegeleitet beispielsweise in Organisationen und Unternehmen. Hierfür gehen sie Beziehungen ein und tauschen Ressourcen aus, identifizieren sich mit diesen und entwickeln eine Bindung an sie. In einer Organisation hat Kommunikation die Funktion, Mitarbeitende zu informieren, zu motivieren und zu binden. Kommunikatives Handeln verschafft Organisationen nach außen Bekanntheit. Auf dieser Basis entsteht ein Image bzw. Abbild im Kopf des Einzelnen und es kann sich eine (positive) Reputation als kollektives Muster entwickeln. Worüber Menschen in diesen kommunikativ begründeten Prozessen jedoch selten nachdenken, ist, dass sie sich – wenn auch zunächst unsichtbar – ändern und ebenso ihre Organisationen. Veränderung liegt in der Natur der Existenz aller Dinge der Menschenwelt und Umwelt, um es philosophisch zu fassen (Rommerskirchen & Roslon, 2020).

Was kann Kommunikation bewirken?

Lange haben Forscherinnen und Forscher beobachtet, wie sich Organisationen bzw. Unternehmen entwickeln, bevor Ende des 20. Jahrhunderts klar wurde, dass die Kommunikation im, des und aus dem Unternehmen eine entscheidende Rolle für deren Existenz spielt. Damit ist nicht nur gemeint, dass ein Unternehmen erst bekannt sein muss, um Kunden oder Sympathie zu gewinnen. Die Erkenntnis betraf vielmehr eine dialektische Frage: Laut dem Communication-constitutes- Organization-Theorem (Nicotera & Putnam, 2009) gibt es ohne Kommunikation keine sozialen Strukturen und somit auch keine Organisation bzw. kein Unternehmen, keine Identität, kein Image, keine Reputation, keine Marke. Auch Wissenstand (das Sich-informiert-fühlen bzw. -sein), Einstellungen, Emotionen und Haltungen und Handlungen werden kommunikativ von anderen Menschen beeinflusst. Kommen daher mindestens zwei Organisationsmitglieder zusammen und kommunizieren, werden Sinn und Zweck, Strukturen und Regeln eines Unternehmens mitkommuniziert und abgeglichen. Im Ergebnis existiert diejenige Unternehmung, auf die sich die beiden verständigt haben (Buchholz & Knorre, 2019).

Daher kann man sagen, dass Organisationen kommunikativ „konstruiert" werden. Die Organisationskommunikation umfasst die organisationskonstituierende und -strukturierende Kommunikation zwischen Organisationsmitgliedern (Interne Kommunikation auf Führungs- und Mitarbeiterebene) sowie organisationsbezogene Kommunikation aus der und über die Organisation (externe Kommunikation). So werden Organisationen ins Leben gerufen. Dieses Verständnis ist die Prämisse des vorliegenden Buches und gilt als Basis für das Zusammenspiel von Management und Kommunikation. Die für den Change wichtigen internen Kommunikationsprozesse einer Organisation schließen informelle Kommunikation (beispielsweise Kaffeeplausch), formelle Kommunikation (beispielsweise Arbeitsanweisungen) und instrumentelle Prozesse, die zur Leistungserstellung und dem Erreichen der strategischen Ziele beitragen, ein (Buchholz & Knorre, 2019).

In Bezug zum Change bedeutet das: Wer verändern will, sollte kommunizieren. Mittels Kommunikation können Führungskräfte durch die Erklärung der Inhalte und Gründe des Change Prozesses die Vergangenheit, Gegenwart und Zukunft ihres Unternehmens sinnvoll erklären und damit für jeden nachvollziehbar machen. Die Interne Kommunikation spielt hierbei eine, wenn nicht die zentrale Rolle.

4.3 Interne Kommunikation als Rückgrat des Unternehmens

Die Interne Kommunikation hat in den letzten Jahrzehnten an Bedeutung gewonnen. Ihre Aufgaben haben sich immer mehr von der journalistisch geprägten Berichterstattung als Sprachrohr der Geschäftsführung und der reinen Umsetzung hin zu interdisziplinärer Beratung und dem Enabling für Kommunikationsaufgaben entwickelt. Der Wandel vom Arbeitgeber- zum Arbeitnehmermarkt, die zunehmende Bedeutung von New-Work-Konzepten und nicht zuletzt die Corona-Pandemie haben diese Entwicklung verstärkt. Die digitale Transformation, einer der stärksten Treiber von Veränderungsprozessen, bedeutet eine neue Art zu kommunizieren, mit neuen Mediennutzungsgewohnheiten und neuen Formen der Zusammenarbeit in remote bzw. hybrid arbeitenden Teams. Dadurch hat sich der Kommunikationsbedarf verändert. Neue Tools und Formate haben Einzug in Unternehmen und Organisationen gehalten. Regeln mussten verhandelt, Prozesse anders aufgesetzt und neue Formen der Zusammenarbeit etabliert werden. All dies gilt es zu kommunizieren. Die Belegschaft soll Regeln, Prozesse und Tools nicht nur kennen, sondern auch nutzen.

Die Aufgabe der internen Kommunikation ist in Unternehmen und Organisationen sehr unterschiedlich organisiert. Laut der Studie „Trendmonitor Interne Kommunikation 2022" (2022) haben 40 % der Befragten eine eigene Abteilung Interne Kommunikation, 60 % aber nicht. Das heißt allerdings nicht, dass die Aufgabe der internen Kommunikation dort nicht verteilt ist. In beinahe jedem Unternehmen gibt es verantwortliche Personen dafür. Häufig werden interne Kommunikationsmaßnahmen gemeinsam mit der externen Kommunikation konzipiert und umgesetzt.

4.3.1 Die Interne Kommunikation definiert sich neu

Die Zeiten sind dynamisch und volatil. Der Veränderungsdruck steigt weiter und die interne Kommunikation als strategische Managementaufgabe spielt bei dessen Bewältigung eine entscheidende und wertschöpfende Rolle.

Auch die Interne Kommunikation selbst, hier verstanden als korporativer Akteur, befindet sich in einem Veränderungsprozess, denn ihre Rolle hat sich weiterentwickelt. Neue Aufgaben sind hinzugekommen, z. B.:

- Immer häufiger muss sie aktuelle Themen auf die Agenda setzen und ein Bewusstsein für diese schaffen.
- Kommunikation verteilt sich auf immer mehr Schultern und die Interne Kommunikation muss dafür sorgen, dass das Kommunikations-Know-how in der Organisation gestärkt wird und die betreffenden Personen, insbesondere die Führungskräfte, dabei unterstützen und sie befähigen – sei es durch Sprachregelungen, Vorlagen, Workshops, Dialogangebote oder ergänzende Coachings und Trainings.

> Die Aufgabe der Internen Kommunikation ist es heute neben der Vermittlung von Wissen, Werten und Strategien, den Sinn und Zweck von Kommunikation zu erklären und Kommunikations-Know-how zu vermitteln. Sie muss sich darum noch stärker vernetzen und interdisziplinär zusammenarbeiten, vor allem mit den Bereichen Human Resources, Personal- und Organisationsentwicklung.

Generell hat die Interne Kommunikation einen großen Einfluss auf die Zufriedenheit der Mitarbeitenden und den Erfolg des Unternehmens. Darum ist es wichtig, dass diese Abteilung organisatorisch gut angebunden ist – idealerweise direkt an der Geschäftsführung bzw. auf der Vorstandsebene – und in engem Kontakt mit der obersten Führungsebene steht. Nur so kann sie die Geschäftsführung optimal beraten, wirksam tätig werden und dabei unterstützen, das Unternehmen strategisch weiterzuentwickeln.

Eine gute Interne Kommunikation ist das Rückgrat des Unternehmens und Mitarbeitende sind eine sehr anspruchsvolle Zielgruppe, denn sie wissen genau, was im Unternehmen funktioniert und was nicht. Sie reagieren mit Spott, wenn die Kommunikation nicht glaubwürdig und authentisch ist, sondern versucht, Dinge zu beschönigen.

Dabei kämpft die interne ebenso wie die externe Kommunikation um Aufmerksamkeit. Die Zeit ist knapp, die Informationsflut nimmt weiter zu und auch intern gelten die bekannten Nachrichtenwertfaktoren: Themen müssen für die Zielgruppen relevant sein und spannend verpackt werden. Gemäß den Gesetzen des Storytellings machen erst Irrtümer und Momente des Scheiterns eine Geschichte wirklich interessant. „Würden alle Beteiligten im Konzern das Rotkäppchen redigieren, bliebe nichts über außer: ‚Ein Mädchen geht in den Wald und kommt unbeschadet wieder heraus.' So hat es mir der Kommunikationschef eines Kunden kürzlich geschildert" (Cziesche o. J.).

Zudem müssen interne Kommunikationsverantwortliche ihren Werkzeugkasten erweitern und neue Kompetenzen aufbauen. Genannt seien neue Tools, aber auch Moderationstechniken und Kommunikationscoaching, Projektmanagement, Aspekte aus Psychologie und Neuropsychologie, Kreativitätstechniken, neue Themen wie Resilienz und Agilität. Sie müssen in der Lage sein, neue Tools und Trends zu bewerten und einzuordnen, um zu entscheiden, ob sie für das Unternehmen relevant bzw. geeignet sind.

In diesem Sinne kann die Interne Kommunikation ein Vorbild für neue Formen der Vernetzung, Zusammenarbeit und Kommunikation sein (vgl. Wölkhammer, 2021).

4.3.2 Bereiche der Internen Kommunikation

Die Interne Kommunikation teilt sich in Anlehnung an Führmann und Schmidbauer (2020) in folgende Bereiche auf:

- *Fachkommunikation:* Kommunikation, die direkt mit den Projekten und Arbeitsaufgaben eines Unternehmens zu tun hat
- *Führungskommunikation:* Anweisungen und Aufträge der Führungskräfte an die Mitarbeitenden
- *Personalkommunikation:* Kommunikation der Personalabteilung wie z. B. Jahresgespräche, Personalbeurteilungen oder Zielvereinbarungsgespräche

- *Informelle Kommunikation:* ungesteuerte Kommunikation, die immer stattfindet, zum Beispiel in der Kaffeeküche oder beim Mittagessen (Flurfunk): „Informelle Kommunikation ist häufiger und vermutlich auch wichtiger, gerade für Change Management. Sie beinhaltet alles außerhalb des formellen Protokolls. Orte ihres Vorkommens sind das Gespräch ‚zwischen Tür und Angel', das Tischgespräch im Betriebsrestaurant, die private E-Mail oder aber ein Gespräch am Rande eines formellen Meetings oder im Aufzug" (Lauer, 2019).

4.3.3 Interne Kommunikation = Change Kommunikation?!

Interne Kommunikation ist heutzutage immer auch Change Kommunikation – es funktioniert nicht mehr, diese Aufgaben getrennt voneinander zu betrachten. Da die Zahl der Change Projekte hoch ist, ist eine der Hauptaufgaben der Internen Kommunikation heutzutage, den Wandel zu erklären und ihn zu begleiten, denn in Veränderungsprozessen ist der Bedarf nach Information und Orientierung hoch. Im weiteren Verlauf werden die Bezeichnungen „Interne Kommunikation" und „Change Kommunikation" daher synonym verwendet, da der Bezugsrahmen die kommunikative Begleitung von Veränderungsprozessen ist.

Strategische Themen, Human-Resources-Themen und Change Themen stehen an oberster Stelle der Inhalte, die die Interne Kommunikation vermittelt (siehe Abb. 4.1).

Kommunikation ist ein entscheidender Erfolgsfaktor im Wandel: Sie muss die Veränderungen erklären und für Akzeptanz und Motivation sorgen, damit Führungskräfte und Mitarbeitende den Sinn der Veränderung verstehen. Kommunikation hat einen großen Einfluss auf die Zufriedenheit der Mitarbeitenden und somit auch auf ihre Produktivität und die Arbeitsfähigkeit der gesamten Organisation. Der Gallup Engagement Index (2021) zeigt regelmäßig auf, dass ein Großteil der Arbeitnehmenden keine oder nur eine geringe Bindung an seinen Arbeitgeber hat, und je unruhiger die Zeiten, desto eher verlassen Leistungsträger das Unternehmen. Im Rahmen einer Befragung

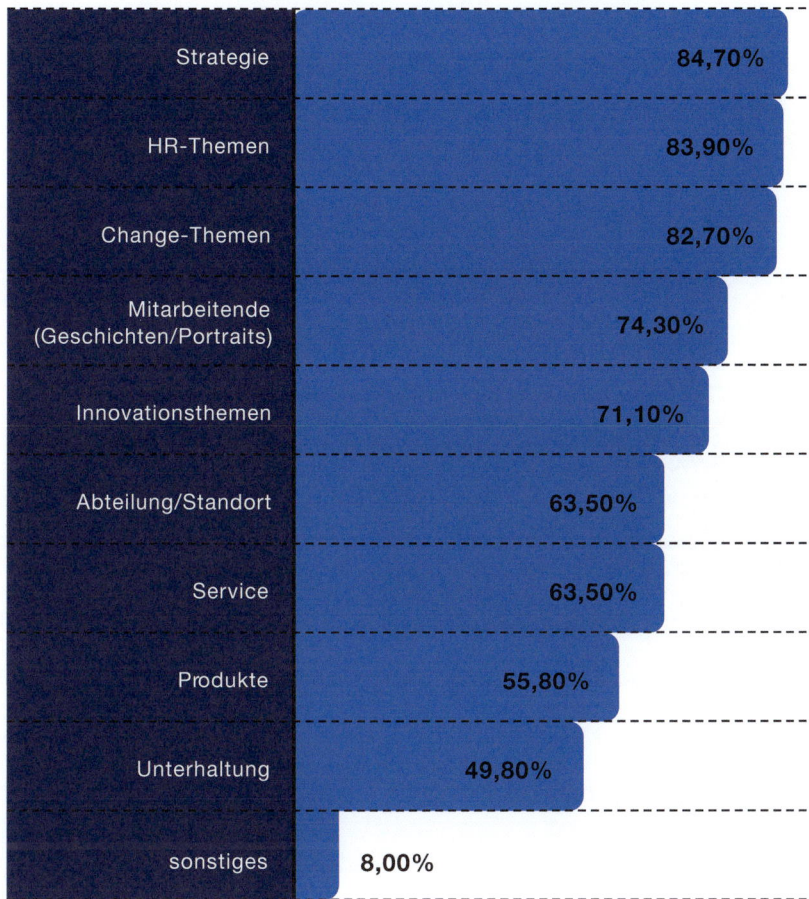

Abb. 4.1 Themen der Internen Kommunikation. (Eigene Darstellung nach Trendmonitor Interne Kommunikation, 2022)

von Netigate gaben 37 % der Befragten an, dass „mangelhafte interne Kommunikation" sie am meisten bei ihrer Arbeit stört (siehe Abb. 4.2).

Fazit Gute Kommunikation ist ein wichtiger Erfolgshebel bei der Stärkung der emotionalen Bindung der Mitarbeitenden.

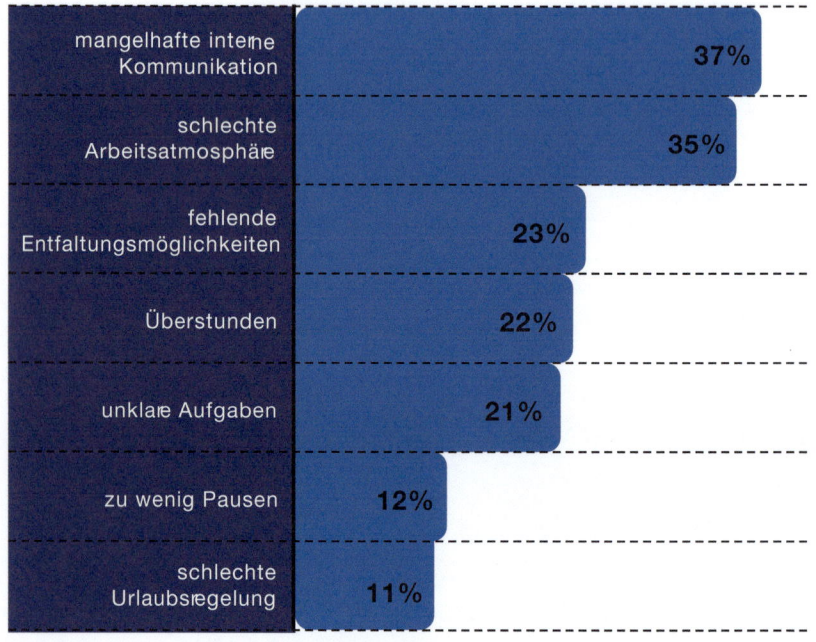

Abb. 4.2 Was Menschen an ihrer Arbeit stört. (Eigene Darstellung nach Netigate, 2017)

Das Potenzial der Kommunikation im Change:

1. Kommunikation über einen anstehenden bzw. beginnenden Change Prozess kann:

- über den Plan informieren und so Kommunikationslücken füllen
- Rahmenbedingungen und äußere Zwänge erläutern
- Einsicht in Notwendigkeiten fördern
- gegenseitige Erwartungen kennenlernen und klären
- Interpretationsangebote machen, um dem Change zustimmen zu können
- Diskussionen anstoßen, um Probleme offen zu legen
- positive Emotionen, Empathie und Akzeptanz für das veränderte Arbeiten hervorrufen
- Sinn und Orientierung geben (das sogenannte Sense Making)

2. Während des Change Prozesses kann das Management durch Kommunikation:

- Veränderung unterstützen und stabilisieren
- Mitarbeitende als Fürsprecher gewinnen
- auftretende negative Emotionen ausbalancieren
- Ängste und Unsicherheiten, Widerstände und Misstrauen abbauen
- Erwartungen erfüllen
- helfen, sich selbst in der Veränderung einzuordnen und die Entwicklungen mitzutragen
- dabei sein und bleiben

Zu erwartende Effekte von Kommunikation sind daher im Change:

- Management-Handeln „macht Sinn" und wird nachvollziehbar
- Informationsgefälle zwischen Management und Mitarbeitenden wird ausgeglichen
- Unsicherheit wird aushaltbar
- Erwartungen werden erfüllt
- Freude über Neues entsteht
- im Ergebnis stolz, zufrieden, loyal, mutig machen
- eine gemeinsame, neue Realität wird aufgebaut

Was ist also Change Kommunikation? Change Kommunikation gilt als erfolgskritisch und strategisch wichtig für Unternehmen und ihr langfristiges Bestehen. Sie ist eine anlassbezogene, prozessuale, zielgebundene, zeitlich begrenzte Disziplin des Kommunikationsmanagements zur Unterstützung des Change Managements.

Folgende Beschreibung kann als Arbeitsgrundlage dienen:

„Change-Kommunikation ist die geplante, organisierte und strukturierte Kommunikation während eines Veränderungsprozesses. Ihre Kernaufgabe ist der gezielte Informationsaustausch, das Erhalten der Dialogfähigkeit und das Involvement aller Betroffenen und Beteiligten – sowohl inner-

> halb der Organisation als auch außerhalb. Sie ist zeitlich befristet für die Dauer eines Veränderungsvorhabens" (Deutinger, 2017).
>
> **Hinweis:** Change Communication, Veränderungskommunikation, Change Kommunikation? Im vorliegenden Buch werden die drei Begriffe im Sinne der Kommunikation in Veränderungsprozessen synonym genutzt, so wie es auch in der Praxis üblich ist.

4.4 Ziele der Change Kommunikation

„Man weiß nie, was daraus wird, wenn die Dinge verändert werden. Aber weiß man denn, was daraus wird, wenn sie nicht verändert werden?" (Elias Canetti, Schriftsteller und Literaturnobelpreisträger).

Wissenschaft und Praxis sind sich einig: Kommunikation beeinflusst Einstellung und Verhalten bei beteiligten und betroffenen Menschen. Dies gilt als Kernaufgabe der Change Kommunikation. In der Kommunikation geht man von Zielhierarchien aus:

- Das Erreichen von Akzeptanz und Verständnis für einen Wandlungsprozess ist Ziel der Kommunikation und zugleich Voraussetzung für das übergeordnete Ziel – den Veränderungsprozess zu unterstützen und am Ende zum Erfolg zu führen.
- Ein weiteres Ziel ist das Erreichen einer Wandlungsbereitschaft. Diese hervorzurufen und negative Auswirkungen abzuschwächen, ist kommunikativ erreichbar.

In Fachwissenschaft und Praxis werden als wichtigste Ziele benannt (Deutinger, 2017; Deekeling & Arndt, 2021, Mast, 2019):

Unmittelbare Ziele:

- positive Wahrnehmung für den Change Prozesses erreichen
- Sinn vermitteln

- Orientierung geben
- relevante Stakeholder einbinden
- Akzeptanz und Verständnis für die Veränderung erreichen
- Wandlungsbereitschaft erreichen
- Glaubwürdigkeit des Managements herstellen und Vertrauen in es erhalten

Darauf aufsetzende strategische Ziele:

- Unterstützungspotenzial relevanter Stakeholder aktivieren
- Motivation, Arbeitsfähigkeit und Produktivität erhalten
- neue Formen der Zusammenarbeit anstoßen
- Corporate-Identity- und Corporate-Culture-Wandel anstoßen in Richtung Soll-Zustand
- ein glaubhaftes Nutzenversprechen vermitteln, sodass sich Einstellung und Verhalten in die gewünschte und erforderliche Richtung verändern

Wichtig für die Planung: Die Zielarten

Die Ziele leiten sich aus den Aufgaben ab: „Die Aufgabe ist eine Handlungsaufforderung, das daraus abgeleitete Ziel beschreibt das angestrebte Ergebnis" (Führmann & Schmidbauer, 2020). Es gibt allgemein drei Zielarten, die nicht linear aufsetzen und deren Grenzen zueinander fließend sind. Im Rahmen der Maßnahmen können mehrere Ziele zugleich unterstützt werden (s. Abb. 4.3).

Aufgaben könnten beispielsweise so in Ziele übersetzt werden:
Aufgabe: Die Mitarbeitenden sollen über den Veränderungsprozess informiert sein.
Zielformulierung: Drei Monate nach dem Start des Change Prozesses kennen 90 % unserer Mitarbeitenden Gründe und Sinn unserer Transformation.
Der Weg zu den Zielen führt über abgestimmte professionelle Kommunikationsmaßnahmen, die sich auf kognitiver, emotionaler und konativer Ebene an den Stakeholdern orientieren – je nach persönlicher Einstellung und Entwicklung.

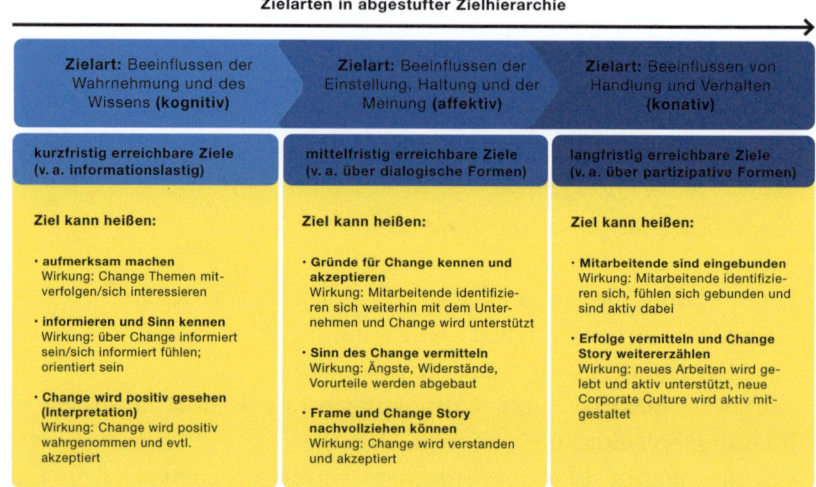

Abb. 4.3 Zielart, Zielformulierung und Wirkebene sind miteinander verflochten. (Eigene Darstellung)

4.5 Corporate Culture: Das „Wie" des Umgangs miteinander

„Culture eats strategy for breakfast" (Peter Drucker, Managementberater und Schriftsteller).

Eine starke, positive Unternehmenskultur ist ein nicht zu unterschätzender Wettbewerbsvorteil. Kultur und Kommunikation beeinflussen sich gegenseitig. Schon ein Blick auf die Kommunikationskultur kann helfen, die Unternehmenskultur zu verstehen. Oft hat diese über die Jahre hinweg eigene Regeln und Rituale entwickelt, ohne strategisch geplant worden zu sein. Ein Beispiel: Ein neues dialogorientiertes Veranstaltungsformat wird eingeführt, aber wenn die Mitarbeitenden zu Wort kommen sollen, herrscht Schweigen im Walde. Oder es wird ein Social Intranet mit Kommunikations- und Kollaborationsmöglichkeiten eingeführt, aber die Führungskräfte kommunizieren weiter auf herkömmlichen Wegen, meist über E-Mail. Dann werden die Tools natürlich von den Mitarbeitenden kaum genutzt. Verhaltensänderungen müssen vorgelebt und gelernt werden. Sie brauchen Zeit. Vor der Einführung neuer Tools und Formate ist daher die Betrachtung des „Reifegrades" einer Organisation unerlässlich. Wie kann der Weg dahin aussehen?

Kultur betrifft in einer Organisation alle. Jedoch sollten Führungskräfte Wissen über die eigene Organisationskultur besitzen. Denn: Jede Transformation eines Unternehmens ist ein Shift in der Kultur des Arbeitens und des Umgangs miteinander. Die Organisationskultur beschreibt eine Art kollektiver „Programmierung" des Geistes, modern gesagt: Mindsets. Dieses Mindset unterscheidet die Mitglieder einer Gruppe von Mitgliedern einer anderen Gruppe. Es ist also eine Art „Wie"-Differenzierung (Fieseler, 2020). Dieses „Wie" des Zusammenarbeitens wird Unternehmenskultur oder Corporate Culture genannt.

Meist ist den Menschen nicht bewusst, worin diese Kultur besteht: In der Art und Weise der Begrüßung neuer Mitarbeitender? Wie und wann Meetings stattfinden oder Büros aussehen oder aber wie das Management mit den Kolleginnen und Kollegen umgeht? Welche Geschichten im Unternehmen erzählt werden oder wie Feste gefeiert werden? Genau, dies alles zusammen. Artefakte, Rituale und Handlungen sowie Mythen und Erzählungen sind Ausdruck der gemeinsamen Kultur einer sozialen Gemeinschaft. Es ist das „Wie" des kollektiven Handelns und basiert auf der Corporate Identity und gemeinsamen Werten. Doch meist besteht kein exaktes Wissen darüber, eher ein Bauchgefühl. Doch gibt es sichtbare und unsichtbare, bewusste und unbewusste Bestandteile. Darauf bauen dann Regeln und Normen auf, die vom Management definiert und von den Mitgliedern einer Organisation umgesetzt und gelebt werden. Nach dem Forschungsbeginn in den 1980er Jahren zur Unternehmenskultur ist heute klar: Kultur entsteht und existiert in einem interaktiven Prozess und entwickelt sich organisch weiter – unter Einfluss der Führungskräfte, aber eben auch der Mitarbeitenden sowie dem Umfeld (Fieseler, 2020).

Corporate Culture beruht wie soziales Zusammenleben auf Kommunikation und kann daher kommunikativ aufrechterhalten, aber auch beeinflusst werden. Dies ist in Change Prozessen unbedingt notwendig, da sich die Organisation verändern soll. Veränderungsprozesse, die die Kultur mit bedenken, gehen also tiefer – sie verändern das Zusammenleben und Zusammenarbeiten aller dauerhaft (Dirksen, 2020). Im Gegensatz zu machtbasierten, direkten und teils manipulierenden Formen der Durchsetzung strategischer Ziele führt der kommunikative, dadurch längere und komplexere Weg über verhaltensändernde Aktionen zu einem Wandel und zu einer nachhaltigen Umsetzung der strategischen Unternehmensziele.

> Organisationskultur bezieht sich auch auf die Organisationsstruktur. „Unter Organisationsstruktur verstehen wir alles, was innerhalb einer Organisation vorentschieden ist" und sie von einer anderen Organisationen unterscheidet (Ebert, 2014). Unter Organisationskultur werden in diesem Buch daher kollektive Deutungsmuster und Orientierungsstrukturen sowie kollektive Verhaltensstile und Artefakte verstanden.

Eine Kultur jedoch exakt zu erfassen – was das ist und wie sie sich ausdrückt – bleibt bis heute nicht einfach. Corporate Culture kann an bestimmten Elementen sichtbar gemacht werden (siehe Abb. 4.4).

Folgende vier Eigenschaften werden auf Basis neuerer Forschung heute als wichtige Attribute für das Phänomen Kultur angesehen (Groysberg et al., 2018):

Abb. 4.4 Systematik der relevanten Elemente einer Unternehmenskultur. (Eigene Darstellung nach Ebert, 2014; Fieseler, 2020)

Shared: Eine Kultur wird geteilt

Kultur ist ein Gruppenphänomen und beruht auf gemeinsamen Verhaltensweisen, Werten und Annahmen und wird am häufigsten anhand der Normen und Erwartungen einer Gruppe mit ungeschriebenen Regeln erlebt.

Persuasive: Kultur ist allgegenwärtig

Kultur durchdringt alle Ebenen. Sie manifestiert sich in kollektiven Verhaltensweisen, physischen Umgebungen, Gruppenritualen, sichtbaren Symbolen, Geschichten und Legenden. Viele Aspekte der Kultur sind unsichtbar: Denkweisen, Motivation, Vermutungen und Annahmen und auch mentale Modelle, also wie man die Welt interpretiert bzw. auf sie reagiert.

Enduring: Kultur ist dauerhaft

Kultur kann das Denken und Handeln von Gruppenmitgliedern langfristig lenken. Sie entwickelt sich durch Ereignisse im kollektiven Leben und Lernen einer Gruppe und gilt als dauerhaft. Dies erklärt sich aus dem Modell der Attraktionsauswahl bzw. des Abriebs von Benjamin Schneider, 1987: Menschen werden von Organisationen mit ihnen ähnlichen Merkmalen angezogen. Wiederum wählen Unternehmen mit Wahrscheinlichkeit solche Menschen aus, die sich vermutlich gut einfügen. Diejenigen, die nicht so gut passen, gehen. Daher ist Kultur ein sich selbst verstärkendes soziales Muster, das sich äußeren Einflüssen weitgehend widersetzt.

Implicit: Kultur ist in allem enthalten, ohne dass man immer ganz exakt sagen könnte, worin sie besteht

Shared: Eine Kultur wird geteilt

Oft wird übersehen: Menschen können „ihre" Kultur nicht instinktiv erkennen und darauf reagieren. Sie wirkt eher wie eine Art stille Sprache mit ungeschriebenen Regeln. Nichtzugehörige Menschen erkennen jedoch den Unterschied zur eigenen Kultur.

Daher spielt die Kultur eine besondere Rolle für Unternehmen. Organisationen als Miniaturgesellschaften und die Unternehmens- bzw. Organisationskultur (die Begriffe werden synonym verwendet) prägen das Verhalten, die gemeinsame Arbeit und das Auftreten nach außen. Eine gemeinsame Kultur erleichtert die gemeinschaftliche Orientierung innerhalb eines Systems und sorgt für eine gewisse Stabilisierung. Es ist dabei nicht von Bedeutung, ob es eine definierte und beschriebene Unternehmenskultur gibt, denn sie ist als komplexes soziales Konstrukt automatisch vorhanden. Beispielhafte Ausprägungen sind:

Intern:

- Kollegen helfen sich gegenseitig und sind gut vernetzt.
- Führungskräfte kontrollieren stark und misstrauen den Mitarbeitenden.
- Ein hohes Arbeitstempo wird als unsozial empfunden.

Extern:

- Aufmerksame und zuvorkommende Behandlung von Kunden oder Patienten herrscht vor.
- Bei Reklamationen liegt der Fehler beim Kunden.
- Bei Fragen wird man von einer Ansprechperson zur nächsten weitergereicht.

Eine starke und positive Unternehmenskultur hat einen großen Einfluss auf den Erfolg. Sie ist dadurch geprägt, dass die Mitarbeitenden ihre Potenziale entfalten können und die Beziehungen eine gute Qualität haben. Sie sorgt für:

- eine klare Identität
- strategische Orientierung an Zielen und Werten
- Lern- und Anpassungsbereitschaft
- Innovationsfähigkeit
- Leistungsorientierung und -bereitschaft
- offene Kommunikation und partnerschaftliche Führung
- Kundenorientierung

- geringeren Krankenstand
- weniger Fluktuation

Aus der Perspektive des Managements braucht es Wissen darüber, um Klarheit über Kommunikationsziele zu besitzen. Denn: Ist die Corporate Identity für die internen und externen Stakeholder stimmig, entsteht im Ergebnis eine starke Unternehmensreputation, die von außen gesehen wird und die den Unternehmenserfolg wesentlich beeinflusst. Auch die Reputation eines Unternehmens erfährt in Change Prozessen eine Dynamik. Zugleich ist sie ein überprüfbarer Maßstab, an dem sich das ständige Aushandeln der Identität in der Veränderung orientieren kann (Wiedmann, 2016). Ist das Ziel für die Corporate-Identity-Entwicklung im Change Prozess zwischen Management und Kommunikation geklärt, kann Einfluss auf die Identitätserwartungen und -einschätzungen der unterschiedlichen Stakeholder durch Kommunikation genommen werden.

Mit den Generationen Y und Z zeichnet sich – im Gegensatz zur sogenannten Babyboomer-Generation – in der Arbeitswelt eine neue Erwartungshaltung ab. Die neuen Generationen – so zeigen Studien (vgl. z. B. Klös et al., 2016) – legen mehr Wert auf den Sinn der Arbeit, auf nachhaltiges Handeln der Unternehmen und werden insgesamt als anspruchsvoller und wechselbereiter charakterisiert. Das beeinflusst alle Arten der Kommunikation sowie der Unternehmensführung.

Identifizieren sich Mitarbeitende mit dem Unternehmen, entsteht Commitment, d. h. sie fühlen sich mit ihrer Organisation verbunden, teilen dessen Werte und nehmen eine persönliche Einheit mit diesem wahr. „Die Bindung an das Unternehmen und seine Identität erleichtert die internen Kommunikationsabläufe, indem die Mitglieder auf ein gemeinsames organisationales Grundverständnis zurückgreifen können, das die Verständigung untereinander sichert (…). Eine starke Identifikation und Loyalität der Mitarbeiter steht in Wechselwirkung mit der Kultur eines Unternehmens. Unternehmenskultur wird dabei verstanden als System geteilter Werte und Ansichten, das Verhaltensnormen schafft und einen organisationalen ‚way of life' etabliert" (Einwiller, 2016). Daher sind Identität und Identifikation für die Corporate Culture in allen Change Prozessen wichtig. Doch was versteht man unter Identität einer Organisation?

Corporate Identity als strategisches Konzept
Shared: Eine Kultur wird geteilt

Identität gehört zum Menschen als Individuum. Sie zeigt, auf welche Weise das Individuum seine Balance zwischen zwei Widersprüchen findet: Einerseits der Erwartung anderer an sich selbst. Diese konfligieren jedoch mit eigenen Bedürfnissen sowie dem Verlangen zu zeigen, worin man sich gerade von den anderen Menschen zu unterscheidet. Zugleich besteht für den Menschen eine Notwendigkeit, für eben diese eigene Identität die Anerkennung eben dieser anderen zu erhalten.

Daher existieren ein Fremdbild und ein Selbstbild: Durch die Auseinandersetzung mit ständig neuen Informationen wird das Konzept der eigenen Identität permanent überprüft und neu ausbalanciert.

Persönlichkeit: Aus der Psychologie des Individuums stammt das Konzept der Persönlichkeit. Auf dieser Basis entstand auch die Vorstellung von der Unternehmenspersönlichkeit. Diese besteht – ähnlich wie die Einzelpersönlichkeit – aus gelebten Werten, gemeinsam vereinbarten Normen und Sichtweisen, die zusammen das, was meist als Unternehmensphilosophie bezeichnet wird, bilden. Über das Verhalten seiner Mitglieder, die Kommunikation und das Erscheinungsbild (Interaktionen) wird die Corporate Identity für diejenigen erlebbar, die mit dem Unternehmen in Kontakt sind bzw. treten. Für die Entwicklung einer Corporate Identity sind also einerseits Zeit andererseits die benannten Interaktionen mit dem Umfeld nötig.

Die Corporate Identity ist in ihrem Charakter einmalig, kontinuierlich und homogen und es gibt einen Zusammenhang von Erscheinung, Wort und Tat (Birkigt et al., 2002; Wiedmann, 2016).

Wie die menschliche Identität ist die Corporate Identity also ein komplexes Zusammenspiel von Einschätzungen und Wahrnehmungen sowie Erwartungen und Forderungen (Wiedmann, 2016). Diese sollten sich im Gleichgewicht befinden und alle Komponenten sollten zusammenpassen. Hier liegt die Herausforderung im Change Prozess: Jede Veränderung, durch Projekte oder ganzheitliche Veränderungen, betrifft immer und sofort die Corporate Identity.

Zu empfehlen ist eine starke Identität im Change Prozess, denn: Sind alle Unternehmensmitglieder durch eine starke kollektive Identität miteinander verbunden, kann über die wahrgenommene Ähnlichkeit

- ein hohes Maß an Vertrauen unter den Mitgliedern entstehen (Wiedmann, 2016),

- somit die Zusammenarbeit einfacher sein,
- hohe Arbeitsmotivation und -freude vorhanden sein,
- angesichts der Herausforderungen eine Art „Fighting Spirit" entstehen
- und eine hohe Identifikation und daher Bindung zum Unternehmen erhalten bleiben.

All dies kann wiederum auf Außenstehende sehr anziehend wirken.

Führungskräfte sollten die Wurzeln und relevanten Bezugspunkte der Entfaltung der kollektiven Identität kennen. Liegen diese in der Vergangenheit, durch eine erfolgreiche Gründung und bisherige Leistungen wie bei bekannten Unternehmen wie Siemens oder Bosch? In gemeinsamen Basiswerten der jüngeren Vergangenheit wie beispielsweise bei Apple oder Microsoft? In der Gegenwart wie bei dem nachhaltig handelnden KMU Vaude? Oder basieren sie lange Zeit möglicherweise auf Vorschusslorbeeren wie beispielsweise beim Hightech- und Mobilitätsunternehmen Tesla? Es bleibt auch die Frage zu klären, welche Bedeutung die mögliche Zukunft des Unternehmens für die Identitätsbildung der Mitarbeitenden hat.

Jedes Unternehmen und jede Organisation agiert als sozialer Akteur aus Individuen, Gruppen, Abteilungen und steht in Wechselwirkung und in Beziehung zu seiner Umwelt (s. Abb. 4.5).

> Im Change ist es wichtig zu zeigen, dass das eigene Unternehmen aus den Erfolgen der Vergangenheit sowie der Gegenwart Kraft für Neues in der Zukunft schöpft. Am Ende steht die kontinuierliche Erneuerung der Identität, was meist als positiv wahrgenommen wird, weil das Unternehmen sichtbar macht, dass es mit der Zeit geht.

4.5.1 Blockieren oder fördern: Die Rolle der existierenden Unternehmenskultur

Die Weiterentwicklung der Unternehmenskultur ist eine wichtige Voraussetzung, um die Zukunftsfähigkeit eines Unternehmens und seine Anpassung an eine immer dynamischere und volatilere Umwelt

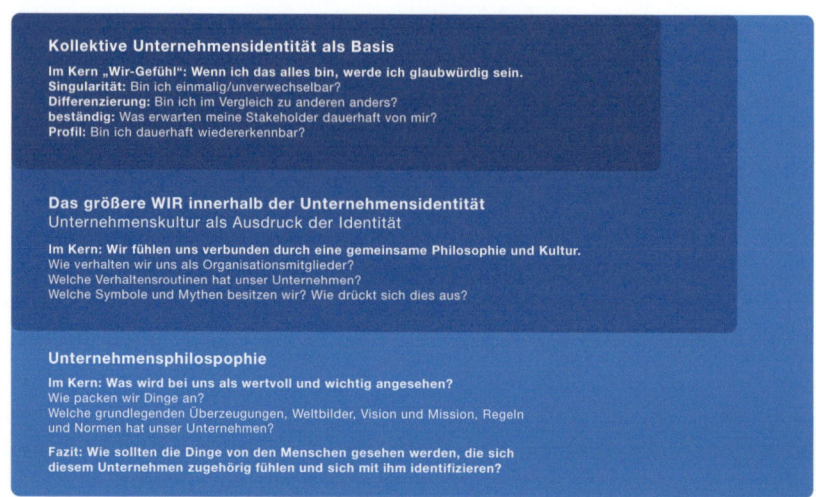

Abb. 4.5 Wechselspiel und Wechselwirkung zwischen Corporate Identity und Unternehmensphilosophie, Eigenbild und Fremdbild bei außenstehenden Personen, Gruppen, Organisationen. (Eigene Darstellung)

sicherzustellen. Die aktuellen Entwicklungen erzwingen dann einen Kulturwandel, damit Unternehmen zukunftsfähig bleiben. Die Kultur im Unternehmen bzw. der Organisation kann einen Wandel unterstützen, behindern oder im schlimmsten Falle sogar verhindern. Insbesondere tradierte Unternehmenskulturen, wie sie beispielsweise in Behörden oder öffentlichen Institutionen vorhanden sein können, behindern und blockieren nicht selten Veränderungen und schrecken so auch jüngere Bewerberinnen und Bewerber ab. Hier kann es infolgedessen zur Bildung unterschiedlicher Kulturen (langjährige vs. neue Mitarbeitende) kommen.

Daher sollte am Anfang des Change die Definition einer gewünschten Soll-Kultur auf der Agenda stehen, die an der Unternehmensstrategie und dem Zielbild ausgerichtet ist. Eine strategisch geplante Change Kommunikation wiederum ist an sich ein starker Kulturtreiber.

Ein Kulturwandel als solcher ist bereits ein eigener Change Prozess. Inzwischen beinhalten viele Transformationsprozesse auch kulturelle Aspekte, da die notwendige Veränderungsfähigkeit ohne deren

Betrachtung nicht hergestellt werden kann. Wenn Menschen ihr Verhalten ändern sollen, müssen die Rahmenbedingungen verändert werden. Eine wirkungsvolle Change Kommunikation beschäftigt sich darum immer auch mit der Veränderung von Denkmustern und kulturellen Gewohnheiten (Deekeling & Barghop 2009). Es reicht nicht, neue Prozesse und Strukturen zu implementieren, solange tradiertes Führungsverhalten und alte Denkmuster nicht verändert werden. Es reicht auch nicht, eine neue Kultur auf dem Papier zu definieren, ohne sie auch zu implementieren und so zum Leben zu erwecken.

4.5.2 Was bedeutet Veränderung für die Kultur eines Unternehmens?

Veränderungen werden oft nicht positiv aufgenommen, da sie den menschlichen Grundbedürfnissen widersprechen. Diese sogenannte Reaktanz kann sich wie folgt ausdrücken:

- in der Kognition („Man hält nichts von der Sache.")
- in der Emotion („Man ist darüber verärgert.")
- in der Motivation („Man ist bestrebt, etwas dagegen zu tun.")
- im Verhalten („Man stellt sich tot oder setzt sich zur Wehr.")

Um diese innere Ablehnung zu verringern, ist eine sinnvolle und passende Strategie vonnöten, um die Veränderung zu implementieren.

Die Forschung zeigt: Wenn Führungskräfte die Macht und die Dynamik der Unternehmenskultur nicht verstehen, kann die beste Strategie nicht funktionieren. Daher kann gelten: kein Erfolg für den Change Prozess, ohne die Unternehmenskultur zu kennen und mit ihr zu arbeiten.

Doch wie kann Organisationskultur erhoben, interpretiert und gestaltet werden? Gefragt ist eine strategische Analyse und darauf aufbauend ein Teilkonzept, das einen festgestellten, meist nicht mehr passenden Ist-Zustand der Unternehmenskultur und -identität in einen gewünschten Soll-Zustand überführt.

Die Entwicklung der Corporate Culture bedeutet, Unternehmensregeln und -normen gemeinsam zu identifizieren und an die Soll-Kultur anzupassen. Jede Person trägt dann mit, was er oder sie akzeptiert oder in der Gruppe ablehnt. Die Führungskraft kann dann planen, wie sie die Mitarbeitenden ermutigt.

4.6 Kommunikation und Unternehmenskultur

Die Interne Kommunikation spielt für die Kultur eine entscheidende und zugleich führende Rolle. Sie

- beeinflusst Verhaltensmuster kommunikativ (und soweit möglich),
- kommuniziert, gestaltet so mit und beeinflusst kommunikative Prozesse zwischen den Mitarbeitenden und zwischen Management und Mitarbeitenden,
- formuliert das Leitbild mit aus und stößt Kulturveränderungsprojekte an
- und unterstützt die Führungskräfte in der Art und Weise ihrer Kommunikation.

Organisationskultur wird also durch Unternehmenskommunikation gestaltet. Dies ist der gedankliche Ausgangspunkt, um den Weg zu einer veränderten Kultur nachvollziehbar zu machen. Die Kommunikation ist dabei ein wirkmächtigstes Instrument, um eine gemeinsame Unternehmenskultur zu verändern. Dies geschieht oft über geteilte Geschichten, auch Narrative genannt. Durch sie können Menschen beispielsweise Organisationen reflexartig verstehen. Die Narrativierung ist ein „grundlegender sozialer Prozess, da die Organisationsmitglieder ihre Umgebung in und durch Interaktionen mit anderen interpretieren und Berichte konstruieren, die es ihnen ermöglichen, die Welt zu verstehen" (Fieseler, 2020).

Die Narrativierung kann von Führungskräften geleitet werden. Sie können die Geschichte auf eine bestimmte Weise erzählen, die typisch für die Organisation ist, sodass sie das Erinnern leiten.

„Eine Corporate Story ist eine umfassende Erzählung über das gesamte Unternehmen, seine Ursprünge, seine Vision, seine Mission. Indem sie Elemente wie Kompetenzen, grundlegende Überzeugungen und Werte integriert, spiegelt sie etwas wider, das tief in der Organisation verankert ist, und bietet einen einfachen, aber effektiven Rahmen, der die Organisation in all ihren Handlungen leitet" (Fieseler, 2020).

Geschichten enthalten zugleich ausreichend Spielraum, sodass im Change der individuelle Kontext an das Narrativ durch den einzelnen Mitarbeitenden interpretiert und angepasst werden kann. Die Unternehmenskommunikation unterstützt dabei und kann die Veränderung und Anpassung von Geschichten mit formeller und informeller Kommunikation vorantreiben.

> **Praxistipp: Checkliste für die kommunikativen Ausprägungen der Unternehmenskultur**
> - Wird in der Organisation geduzt oder gesiezt?
> - Wie ist die Tonalität der Kommunikation? Bürokratisch, direktiv, wertschätzend, feedbackorientiert?
> - Wer „darf" mit wem kommunizieren?
> - Über welche Kanäle wird was kommuniziert? Gibt es Regeln? Was gehört zum Beispiel in eine E-Mail, was in einen Chat?
> - Gibt es überwiegend Einbahnstraßenkommunikation oder ist die Kommunikation dialogorientiert?
> - Werden Konflikte und Probleme angesprochen?
> - Haben persönliche Themen ihren Platz in der Kommunikation?
> - Gibt es Formate für regelmäßigen sozialen Austausch? Wenn ja, wie werden diese angenommen?
> - Wie verlaufen Veranstaltungen und Meetings? Gibt es eine „Frontalbeschallung" durch die Geschäftsführung oder existiert eine lebhafte Diskussionskultur?

4.6.1 Kulturwandel ist ein Haltungsthema

Ein Kulturwandelprozess hat in der Regel eine Haltungsänderung zum Ziel. Es geht um die richtige innere Einstellung (neudeutsch Mindset). Die Kultur basiert auf Prinzipien und Annahmen, die unser Verhalten prägen. Die Haltung ändern heißt, diese Prinzipien und Annahmen zu verändern. Das Verhalten folgt der Struktur und reagiert auf Belohnungen/positive Erfahrungen. Verhalten kann durch neue Gewohnheiten und Denkmuster und auch durch Sprache verändert werden. So kann es schon helfen, „ich werde" zu sagen statt „wir müssten mal" oder häufiger „und" statt „aber" zu verwenden. Auch die relativ einfach umsetzbare Maßnahme, Meetingstrukturen und -agenden zu verändern, kann gemeinsam mit anderen Maßnahmen sehr wirksam sein, weil dies zu anderen Interaktionen führt.

> Die wichtigste Erkenntnis bei einem Kulturwandel lautet allerdings: Wer die Haltung der anderen ändern will, muss bei sich selbst anfangen.

Die Art und Weise, wie ein Change Prozess aufgesetzt wird, spiegelt die Unternehmenskultur wider: Steht das Management mit den eigenen Beschäftigten im Austausch? Wird ihre Meinung gehört und gewertschätzt, werden ihre Ideen und Vorschläge mit einbezogen? Viele Change Prozesse haben es sich beispielsweise zur Aufgabe gemacht, Silos in der Organisation aufzulösen und die interdisziplinäre, bereichsübergreifende Zusammenarbeit zu fördern. Ein solches Anliegen sollte sich bereits in der Planung des Changes wiederfinden. Wenn nicht von Anfang an alle relevanten Parteien an einem Tisch sitzen und zusammenarbeiten, sondern zum Beispiel Kommunikation und Human Resources getrennt voneinander vor sich hinarbeiten, ist dieses Vorhaben vermutlich zum Scheitern verurteilt. Im Zentrum steht daher von Anfang an die Frage: Passt unser Tun zur zukünftigen angestrebten Unternehmenskultur?

4.6.2 Die 4 Schritte eines Kulturwandelprozesses

Ein Kulturwandel ist selbst ein eigenes Change Projekt, wird aber immer häufiger in bestehenden Change Projekten mit bearbeitet, da eine Änderung der Unternehmenskultur notwendig ist, um in dynamischen Zeiten arbeits- und zukunftsfähig zu bleiben. Ein Kulturwandel ist ein komplexer und langfristiger Prozess, der gut geplant und begleitet werden will (s. Abb. 4.6).

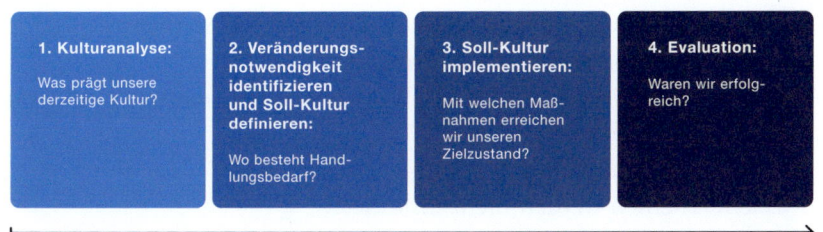

Abb. 4.6 Die vier Schritte eines Kulturwandelprozesses. (Eigene Darstellung)

Die einzelnen Schritte werden nachfolgend ausführlicher beschrieben.

1. Kulturanalyse: Wie kann die Kultur beschrieben werden?

Die Veränderung einer Unternehmenskultur ist nicht einfach: Werte, Normen und Erwartungen sitzen tief im Denken und Handeln der Mitglieder einer Organisation. Je tiefer die bisherige Identität in der Belegschaft verankert war – was ja positiv zu bewerten ist – desto schwieriger wird es sein, diese zu verändern. Darüber hinaus bestehen Organisationen als soziale Systeme aus vielen Beteiligten. Daher sollte von einem längeren (vor allem gemeinsamen) Prozess ausgegangen werden, um sich auf eine neue, eindeutige, normative Identität zu einigen. Es gilt zu bedenken: „Organisationskultur ist sinngemäß eine Geschichte, die geschrieben und umgeschrieben wird, die aber nie das Ende erreicht" (Fieseler, 2020).

In dieser Phase werden die folgenden Fragen beantwortet:

- Welche Merkmale prägen die Unternehmenskultur? Welche Werte und Normen, Symbole/Artefakte, Grundannahmen und Rituale prägen das Denken und Handeln?
- Wie wird miteinander kommuniziert und gearbeitet? Wichtig sind auch ungeschriebene Gesetze und informelle Aspekte.
- Wie ist die Führungskultur? Wie wird Führung verstanden, gelebt und wahrgenommen?
- Wo genau besteht Handlungsbedarf? Was sind die „Pain Points" aus Sicht des Top-Managements, der Führungskräfte und der Mit-

arbeitenden? Was an der Kultur wird das Unternehmen daran hintern, die geplanten Ziele zu erreichen?
- Welche Stabilitätskerne gibt es? Worauf sind ist man stolz und was soll erhalten werden?
- Welche Storys und Rituale gibt es?
- Welche Themen werden nicht diskutiert?
- Wie werden Entscheidungen getroffen?
- Was gibt der Organisation Sinn?
- Welches Verhalten wird belohnt, welches bestraft?

Will man Unternehmenskultur verändern, muss man sie zunächst operationalisieren, indem die relevanten Dimensionen definiert werden. Für die Bestimmung der Ist-Kultur empfiehlt sich eine Kombination von Methoden zur Datensammlung: Gespräche mit Führungskräften und Mitarbeitenden, Workshops, Analyse von Dokumenten, Beobachtungen, informelle Gespräche, Indexierung von KPIs (Key Performance Indicators). Denkbar ist auch eine Abfrage von Aussagen mittels Fragebögen, die nach „trifft zu" oder „trifft nicht zu" eingestuft werden.

Hierbei steht nicht eine ganzheitliche Analyse der Unternehmenskultur im Fokus, sondern eine auf die Fragestellung bzw. Herausforderung fokussierte Analyse. Auf dieser Basis können Dimensionen der Ist-Kultur im Vergleich mit der angestrebten Soll-Kultur grob (stark, mittelstark, schwach) bestimmt werden.

Der Ist-Zustand einer Organisationskultur kann im Einzelnen durch grundlegende empirische Methoden der Sozialwissenschaften erhoben werden (Fieseler, 2020):

1. *Die Textanalyse der Selbstdarstellung:* Sie bietet Erkenntnisse über die historische Organisationskultur (frühere Publikationen und Websites etc.), aber auch aktuell alles was die Organisation selbst publiziert, ebenso Informationen über Autoren, Hintergründe, Zwecke, Strategien und Wirkungen von schriftlichen oder mündlichen Texten. Korrekt würde dies mithilfe einer Inhaltsanalyse und Sprachanalyse mit eigens dafür entwickelten Kategorien aufgesetzt. Aussagen wären hier z. B. Sprachkultur (wir oder ich, du oder Sie), zur

Rolle der Führungskräfte (wie oft abgebildet und wie zentral betont) u. ä.
2. *Beobachtungen:* beispielsweise von Ereignissen im Unternehmen – Sitzungen und die Anordnung der Menschen in ihnen, Verteilung von relevanten Ressourcen wie Büros und Smartphones, Metapher-Nutzung (Familie oder Intrapreneur sein) etc.
3. *Interviews zur Organisationskultur:* Sie können beispielsweise Geschichten, Metaphern, Erklärungen und Meinungen erheben und verstehen helfen, um so organisationale Logiken und Werte zu erkennen (Experteninterviews, standardisierte Mitarbeiterbefragungen).

Ergebnis ist ein Set von Dimensionen, welche die Ist-Kultur beschreiben, zum Beispiel: bürokratisch, absichernd, formell, unpersönlich, sicherheitsorientiert, hierarchisch. So wird die aktuelle Unternehmenskultur greifbar.

Etwas aufwändiger ist die Analyse der Ist-Kultur durch umfangreiche Messungen und quantitative Befragungen auf Basis von Kulturanalysemodellen/semantischen Differenzialen. Dabei werden gegensätzliche Wortpaare gegenübergestellt und die Mitarbeitenden geben auf einer Skala an, in welche Richtung ihre Wahrnehmung tendiert. Oder es werden Aussagen bewertet (stimme zu/stimme nicht zu).

2. Veränderungsbedarf und Soll-Kultur definieren

Auf Basis der Ist-Kultur und der Unternehmens- bzw. Transformationsstrategie wird die Soll-Kultur/das kulturelle Zielbild definiert. Je genauer diese Definition erfolgt, desto klarer und auch überprüfbarer wird sie. Beispielhafte Dimensionen sind:

- Fähigkeit zum Perspektivwechsel (Kundenbedürfnisse)
- Agilität und Schnelligkeit
- Innovationskraft und Kreativität
- Vernetzungs- und Kollaborationsbereitschaft, um Resilienz zu stärken
- Status Wir-Gefühl

- interdisziplinäre Zusammenarbeit unterstützen und Silos aufbrechen
- Status Feedback- und Fehlerkultur
- Integration New-Work-Aspekte, um schneller, agiler und flexibler zu werden
- Eigenverantwortung stärken und Selbstwirksamkeit verbessern
- Stärkung der Veränderungsfähigkeit der gesamten Organisation (lernende Organisation; vgl. Abschn. 4.7)

Die Beschreibung der Soll-Kultur sollte in enger Abstimmung mit den Führungskräften entwickelt werden, denn diese werden die Kulturveränderung mittragen und vertreten müssen. Auch empfiehlt sich das Einbeziehen einer Gruppe, die die Mitarbeitenden repräsentiert. Stellt man Ist- und Soll-Kultur einander gegenüber, könnte dies zum Beispiel wie in Abb. 4.7 aussehen

Strategien der Kulturbeeinflussung

Folgende Strategiemuster für eine strategische Kulturgestaltung wurden aus der Praxis entwickelt, wobei betont wird, dass selten bis nie lediglich eine Strategie genutzt wird, sondern eine Kombination der Typen. Die Strategie sollte situations- und unternehmensbezogen formuliert sein.

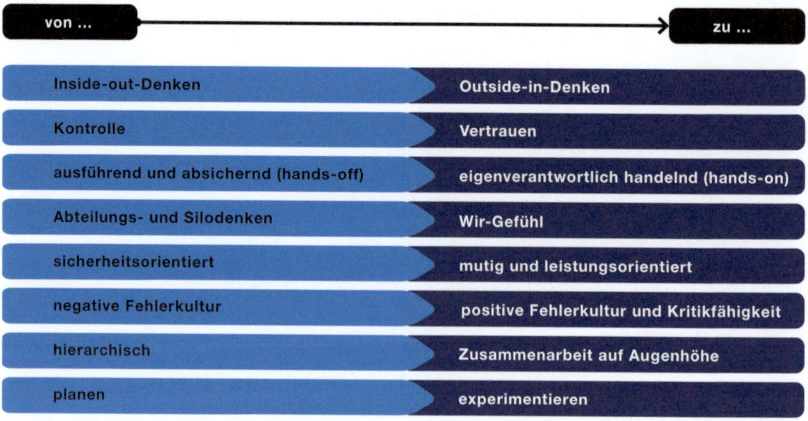

von ...	zu ...
Inside-out-Denken	Outside-in-Denken
Kontrolle	Vertrauen
ausführend und absichernd (hands-off)	eigenverantwortlich handelnd (hands-on)
Abteilungs- und Silodenken	Wir-Gefühl
sicherheitsorientiert	mutig und leistungsorientiert
negative Fehlerkultur	positive Fehlerkultur und Kritikfähigkeit
hierarchisch	Zusammenarbeit auf Augenhöhe
planen	experimentieren

Abb. 4.7 Von der Ist- zur Soll-Kultur. (Eigene Darstellung)

Kurzüberblick (Ebert, 2014):

Leadership-Strategie – eine progressive Strategie bzw. „Weg der Macht": Es wird Veränderungsdruck erzeugt und für das Neue begeistert, Sinn und Vision werden vermittelt und Ziele gesetzt, die Aufmerksamkeit fokussiert. Lernangst soll vermindert werden. Das Prinzip heißt: „Beobachten, messen, belohnen, sanktionieren." Es wird Feedback gegeben. Es heißt zu „reden, reden, reden."
Beteiligungsstrategie – eine partizipatorische Strategie bzw. „Der gemeinsame Weg": Ein einigendes Denk- und Wertesystem wird geschaffen, das Identität und Identifikation ermöglicht. Das Neue wird konkretisiert und in der Umsetzung geplant. Die formelle und informelle Kommunikation wird gefördert, Menschen vernetzt, vertiefte Beziehungen gestärkt.
Propaganda-Strategie – „Der Weg der Kampagnen und Trainings": Es werden vor allem Kampagnen, Kommunikationsoffensiven und Ausbildung genutzt.
Coaching-Strategie – „Der Weg der Reflexion": Es werden Intervision, Supervision, externes sowie internes Coaching genutzt sowie Einzelcoaching und Teamcoaching eingesetzt.
Vernetzungsstrategie – „Der übergreifende Weg": Es werden bereichsübergreifende Projekt- und Arbeitsgruppen gebildet und bereichsübergreifende Anlässe geschaffen, Workshops sowie Veranstaltungen geplant und realisiert, über Intranet, Mitarbeiterzeitung und andere Medien kommuniziert, um insgesamt den Verbreitungsgrad zu erhöhen.
Koalitionsstrategie – „Der informelle Weg bzw. der Weg der Freunde": Der informelle, teils subversive Weg über „Freunde" und Verbündete in der Organisation wird gegangen, Netzwerke werden angezapft, Personen, die gegen die Veränderung sind, werden wiederum aus dem Hinterhalt bekämpft.
Strukturstrategie – „Der Weg der harten Faktoren": Führungsprozesse werden überprüft und bei Bedarf verändert. Hierzu zählen v. a. Kommunikationsprozesse, aber auch Organisationsstrukturen (Anreiz-, Sanktions-, Korrektur-, Beförderungs-, Personalrekrutierungssysteme etc.).
Anpassungsstrategie – „Der evolutive Weg des Unvorhersehbaren": Feedbackprozesse- und -strukturen werden etabliert. Hierzu zählen

u. a. institutionalisierte Großgruppenveranstaltungen zu aktuellen strategischen Themen, regelmäßige Best-Practice- und Benchmark-Veranstaltungen, Trainings, Einführung neuer Mitarbeitenden.

Wie kann das Ziel für eine neue, optimale und moderne Organisationskultur aussehen? In einer idealen Organisationskultur fühlen sich alle als Teil des Ganzen, alle haben den gleichen Informationsstand – es gibt kein Wissensmonopol des Managements und kein Silodenken, sondern eine offene und transparente Zusammenarbeit auf Augenhöhe. Der Beitrag aller ist sichtbar. Es gibt den Mut, Dinge auszuprobieren und die Kreativität, dies zuzulassen und so eine positive Fehlerkultur zu etablieren.

Auf Basis der Soll-Kultur und der Ziele wird die Veränderungsstrategie abgeleitet, die folgende Aspekte beachten sollte:

- Welche Rahmenbedingungen müssen verändert werden, damit der angestrebte Kulturwandel erreicht werden kann und sich das Verhalten der Führungskräfte und der Mitarbeitenden dauerhaft ändert?
- Welche Aspekte sind hinderlich für die Veränderung der Unternehmenskultur?
- Welche Maßnahmen befördern die Entwicklung hin zur gewünschten Soll-Kultur? Dazu gehören Kommunikationsmaßnahmen und darüber hinaus ggf. andere Kommunikationswege und -schnittstellen, Veränderungen von Strukturen und Prozessen, Arbeitsplatzgestaltung, neue Fortbildungen zur Stärkung von „Future Skills", andere Zielsysteme, Reportings, Mess- und Controlling-Systeme.
- Welche Zielgruppe erreiche ich mit welcher Maßnahme über welchen Kanal? In welchem Zeitraum und in welcher Reihenfolge? Es gilt, eine Dramaturgie und Meilensteine festzulegen, denn ein Kulturwandelprozess benötigt einige Zeit, bis sich spürbar etwas ändert. Die dadurch angestoßenen Veränderungen müssen sich verstetigen, bis sich neue Gewohnheiten entwickeln und das tägliche Handeln daran ausgerichtet hat.

3. Soll-Kultur implementieren

Für die Implementierung gibt es, abhängig von den strategischen Überlegungen, vielfältige Maßnahmen: Trainings, Reflexionen und Workshops, Veränderung von Strukturen und Prozessen, Umgestaltung der Arbeitsbedingungen, Berücksichtigung der neuen kulturellen Werte in Ziel- und Bonusregelungen, Leistungsbeurteilungen und Kriterien für Beförderungen sowie bei der Auswahl neuer Mitarbeitender.

Ein Kulturwandel wird in Gang gesetzt, indem die Strukturen und Prozesse, die für die Entwicklung eines neuen Mindsets hinderlich sind, verändert werden. Ein starkes Führungsteam spielt dabei eine wichtige Rolle: Sie müssen hinter den neuen Kulturdimensionen und -werten stehen und dürfen diese nicht durch ihr Verhalten konterkarieren.

Dialog- und Lernformate, die in einer Atmosphäre psychologischer Sicherheit stattfinden, bieten Raum für Austausch und Reflexion. Das Etablieren neuer Symbole und das Veröffentlichen von Beispiel- und Erfolgsgeschichten unterstützen den Prozess.

4. Evaluation

Sollte oder kann man Kultur evaluieren? Eine reine Kostenbetrachtung eines Kulturwandelprozesses ist in der Regel nicht zielführend, da ein ROI kaum gemessen werden kann. Es empfiehlt sich eine qualitative Evaluation (Mitarbeiterbefragung) sowie zusätzlich die Analyse von Kennzahlen wie Kündigungen/Fluktuation, Krankenstand, wahrgenommene Fort- und Weiterbildungen und Bewertungen auf Portalen wie Xing oder Kununu.

4.7 Ein strategischer Vorteil im Change: Die lernende Organisation

„Lernen ist der entscheidende Faktor für den Erfolg von Organisationen (...)" (F. Mynarek, J. Steckel, A. Grandpierre, K. Häring, Arbeitsforscherinnen und -forscher).

Aufgrund der sich schnell ändernden Rahmenbedingungen organisationaler Strukturen kann die Bedeutung des Lernens nicht hoch genug angesetzt werden. Organisationales Lernen ist eine zentrale Voraussetzung für das Anpassen und die Weiterentwicklung von Strukturen und Verhaltensweisen. Der aktuelle Forschungsstand belegt, dass es für transformationale Prozesse relevant ist, Lernen als Zusammenspiel auf allen Hierarchieebenen zu betrachten und zu berücksichtigen (Mynarek et al., 2021).

Die Bedeutung von Lernen in Change Prozessen basiert auf folgenden Fakten (nach Mynarek et al., 2021):

1. Lernen sichert die Überlebensfähigkeit eines Unternehmens als auch dessen Wettbewerbsvorteile. Lernen in und von Organisationen wird daher als wichtigstes Instrument in der Veränderung angesehen.
2. Transformationsprozesse einer Organisation sind nur dann erfolgreich, wenn die Zielgruppen die Veränderungen einerseits akzeptieren und sich andererseits mit der Veränderung identifizieren. Dies findet u. a. als Lernprozess auf individueller, kollektiver als auch organisationaler Ebene statt.

Da Veränderungsprozesse als kollaborative – also gemeinsame – Aufgabe aller in einer Organisation angesehen wird, kann auch jedes Individuum einen Beitrag dazu leisten. Das Individuum wird daher als Agent für das Lernen von Organisationen angesehen.

Was ist organisationales Lernen?

Lernen durch eine Organisation „findet dann statt, wenn Individuen innerhalb einer Organisation eine problematische Situation erfahren und sich für die Organisation mit diesem Problem auseinandersetzen. Diese Auseinandersetzung führt dann bei dem Individuum zu einer Umstrukturierung von Handlungsmustern und Aktivitäten, welche die organisationalen Strukturen verändert (Mynarek et al., 2021). Organisationales Lernen beginnt daher im Individuum als „kleinster Lerneinheit", geht dann über das Lernen in bzw. von Gruppen zum Lernen auf Organisationsebene. Durch Lernen erfolgen sowohl kognitive als auch behaviorale (d. h. Verhaltens-)Veränderungen.

In der Lerntheorie geht man daher von folgenden zentralen Annahmen aus (Mynarek et al., 2021):

- „Organisationales Lernen umfasst das Spannungsfeld zwischen der Assimilation neuen Wissens und der Nutzung des bereits Gelernten".
- „Organisationales Lernen erfolgt auf individueller, kollektiver und organisationaler Ebene".
- „Die drei Ebenen des organisationalen Lernens sind über soziale und psychologische Prozesse miteinander verbunden".
- „Die Kognition beeinflusst das Verhalten; das Verhalten beeinflusst die Kognition".

Faktoren, die den Wissensaustausch zwischen Individuen positiv beeinflussen können, sind (Mynarek et al., 2021):

- „individuelle Faktoren wie z. B. Alter, Zielorientierung, Flexibilität der Mitarbeitenden, psychologisches Kapital, psychische Sicherheit, Vielfältigkeit der Projektmitgliedschaften oder Motivation"
- zudem „gruppenbasierte Faktoren wie z. B. Wahrnehmung der Teammitglieder (Glaubwürdigkeit), Altersvielfalt, Teamstabilität, sozialer Status innerhalb der Gruppe oder Zugehörigkeitsgefühl"
- sowie in jedem Falle „organisationale Faktoren wie z. B. organisationale Lernfähigkeit, Person-Organisations-Passung, Person-Job-Passung oder Prozesse des Wissensmanagements"
- außerdem „Rahmenbedingungen wie z. B. die räumliche Nähe zwischen Individuen"

Warum sollten Führungskräfte und Change Manager Lernen berücksichtigen?

In Veränderungsprozessen beeinflusst Lernen die Entwicklung von Wissen, Einstellung und Verhalten. Das ist wichtig für das Erreichen der gesetzten Ziele im Rahmen sich verändernder Bedingungen, auch durch den Change selbst. Lernen in Organisationen bedeutet daher auch, dass Routinen und Verhalten, abhängig von den Zielen der Organisation, geändert und somit neu erlernt werden müssen.

> **Zwei Beispiele für die Umsetzung von Lernen und Wissensmanagement im Change**
>
> Lernen findet u. a. in Teammeetings statt. Vor allem informelle Teammeetings haben inzwischen stark an Bedeutung für organisationales Lernen gewonnen, da das Team hierdurch gestärkt wird. Fühlt sich eine Person z. B. im Change alleingelassen, wird Wissen oft nicht geteilt, sondern vor anderen geschützt. Ziel in der Veränderung sollte es daher sein, Möglichkeiten für die Interaktion im Team zu suchen und zu fördern, um die Entwicklung vom Einzelkämpfertum zum kollaborativen Teamdenken und zu einem Gemeinschaftsgefühl zu fördern. Auch im Remote-Arbeiten sind informelle Kommunikationsmöglichkeiten wichtig, um immer wieder Nähe zu anderen Mitarbeitenden herzustellen, da dies zentral für den organisationalen Lernerfolg und das Commitment der Teammitglieder ist.
>
> Lernen ist von Natur aus individuell und örtlich begrenzt, d. h., dass man Lernaktivitäten für Gruppen von Menschen in kleinen Gruppen beispielsweise am gemeinsamen Arbeitsplatz durchführen kann. Wie Studien gezeigt haben, kann auch hier ein Verbergen von Wissen auftreten, z. B. durch fehlenden Wissensaustausch zwischen Individuen. Dies hat negativen Einfluss auf die Gruppenleistung. Gerade deswegen ist ein Wissensaustausch wichtig, da er sowohl beim Sendenden als auch beim Empfangenden zu einer „tieferen und breiteren Wissensentwicklung" beiträgt (Mynarek et al., 2021).

4.8 Stakeholder in der Change Kommunikation

Menschen reagieren auf Veränderung mit intuitiver Risikowahrnehmung. Hierbei beurteilen sie künftige Ereignisse auf Basis verfügbarer (meist ungenügender) Informationen, aber auch anhand eigener Erfahrungen, Überzeugungen, Werte und Normen etc. Dabei zählt, inwieweit sie betroffen sind und den Prozess persönlich kontrollieren können. Die Risikowahrnehmung fällt dann negativ aus, wenn Betroffene fürchten, etwas zu verlieren, womit auch Routinen und Rituale, Gewohnheiten oder gar Arbeits- und Lebensumstände gemeint sein können. Die Ursprungsdefinition für Stakeholder geht auf Edward Freemanns wegweisende Zusammenfassung von 1984 zurück:

„Organizations have stakeholders. That is, there are groups and individuals who can affect or are affected by the achievement of an organization's mission" (Freemann, 1984).

Da Stakeholder also vom Handeln und somit auch von Veränderungen von Unternehmen und Organisationen nicht nur betroffen sind, sondern mit ihrem Handeln wiederum Einfluss auf diese nehmen können, sind sie als Dreh- und Angelpunkt für den Erfolg von Change Projekten anzusehen.

Professionelle Veränderungskommunikation berücksichtigt daher die verschiedenen Risiken, die die einzelnen Stakeholder eines Unternehmens wahrnehmen und berücksichtigen. Diese könnten sein (Häbel & Schuppener, 2015):

- Mitarbeitende fragen vor allem nach den Folgen für Karrierechancen, Arbeitsinhalte und Verantwortlichkeiten, Arbeitsprozesse, persönliche Vor- und Nachteile.
- Kunden fragen vor allem nach der Veränderung der Geschäftsbeziehung, wozu auch die Frage zählt, ob sich Service, Qualität und Zuverlässigkeit der Produkte und Dienstleistungen ändern.
- Anlegerinnen fragen zum Beispiel nach den Konsequenzen für den Unternehmenswert, ob die Veränderung zu einer höheren oder niedrigeren Unternehmensbewertung führt.
- Vertreter von Politik fragen sich, ob Arbeitsplätze gefährdet sind oder es Standortnachteile geben wird, z. B. bei Arbeitsplätzen, Steuern oder im Bereich Sponsoring.

In der Beziehung zwischen Organisationen bzw. Unternehmen und ihren Stakeholdern geht man von zwei Prämissen aus:

1. Die Menschen sind von den Aktivitäten eines Unternehmens direkt oder indirekt betroffen.
Sie haben also ein Interesse an dessen Aktivitäten. Diese werden nach Ansprüchen, Erwartungen bzw. ihrem Bezug zum Unternehmen zusammengefasst. Sie werden dementsprechend Stakeholder bzw. Anspruchs- oder Bezugsgruppen genannt. Für Unternehmen ist die Kenntnis dieser Interessen und Betroffenheit wichtig.

Interessen der Stakeholder im Change: Gerade in der Veränderung bevorzugen Menschen Orientierung und Sicherheit. Eine in sich schlüssige Erzählung zum Change (sog. Change Story, s. Abschn. 5.6.2) kann den eigenen Stakeholdern erklären, welchen Weg das Unternehmen warum geht. Zugleich sollte mitkommuniziert werden, warum welche Erwartungen der Stakeholder erfüllt oder eventuell nicht erfüllt werden können (Wiedmann, 2016).

Einfluss der Betroffenen auf die Entwicklung: Nicht weniger wichtig ist zu bewerten, welchen Einfluss die betroffenen Menschen wiederum auf das Handeln und den Erfolg eines Unternehmens haben (können).

2. Menschen haben verschiedene Rollen in- und außerhalb einer Organisation bzw. spezifische Beziehungen zum und im Unternehmen entsprechend ihrer Rolle dort.

Auf dieser Basis haben sie ihre eigene Erwartung an die Organisation. Menschen können zugleich Mitarbeitende, Shareholder, Kundinnen, ehrenamtliche Regionalpolitiker und Aktivistinnen sein. Wichtig ist zu wissen, dass sie in den verschiedenen Rollen das Handeln und die Äußerungen der Organisation wahrnehmen und vergleichen.

Beispiele für klassische Erwartungsmuster

- *Kunde:* Das Unternehmen ist Anbieter eines Produktes/einer Dienstleistung. Ich erwarte Qualität.
- *Mitarbeiterin:* Das Unternehmen ist mein Arbeitgeber. Ich erwarte einen sicheren Arbeitsplatz und meiner Qualifikation angemessene Arbeitsinhalte.
- *Eigentümerin/Shareholder/Investor:* Das Unternehmen ist meine Kapitalanlage. Ich erwarte eine sichere Anlage und Vermehrung meines Kapitals.
- *Mitglied einer Stadtverwaltung:* Das Unternehmen zahlt Gewerbesteuer. Ich erwarte, dass diese regelmäßig und am besten dauerhaft in unsere Region fließt.
- *Politikerin:* Das Unternehmen schafft Arbeitsplätze und ich unterstütze es dabei. Ich erwarte, dass dies meine Wählerinnen und Wähler zufrieden macht.

- *Lieferant:* Das Unternehmen ist Abnehmer meiner Produkte. Ich erwarte langfristige Verträge für meine Planungssicherheit und zuverlässige Zahlungen.
- *Aktivistin:* Das Unternehmen agiert in unserem Sinne (z. B. Nachhaltigkeit, Tierschutz, Fortschritt, Mobilität, Gesundheit o. ä.). Ich erwarte, dass das Unternehmen mit uns in den Dialog zum Thema geht oder sich bei Problemen mit uns berät.
- *Medienvertreter:* Das Unternehmen hat Neuigkeiten und relevante Informationen. Ich erwarte, dass ich auf dem Verteiler bin und wie die anderen Medienvertreter informiert werde.

Entsprechend ihrer Rolle werden Stakeholder in unternehmensinterne oder -externe Gruppen eingeteilt:

Externe Stakeholder können sein: Multiplikatoren wie Journalisten und Social-Media-Akteure, Investorinnen oder Anteilseigner, Kundinnen, Lieferanten, Geschäftspartner, Wettbewerber und politische Entscheidungsträgerinnen.

Interne Stakeholder können sein: alle Mitglieder eines Unternehmens, differenziert z. B. in Führungskräfte, Mitarbeitende und interne Gremien wie der im Change wichtige Betriebs- bzw. Personalrat, soweit vorhanden. Die differenzierte Betrachtung der Mitarbeitenden im Unternehmen – z. B. von Produktionsmitarbeitenden (auch „Blue Collar Worker" genannt) oder der Verwaltung (auch „White Collar Worker" genannt) ist wichtig, da sie Relevanz für die Erreichbarkeit (Mediennutzung in der Produktion im Unterschied zum Büro-Arbeitsplatz), aber auch für das Informationsinteresse etc. hat und somit die Art und Weise der Kommunikation bestimmt.

4.8.1 Schritt 1: Beschreibung wichtiger Stakeholder im Change Prozess

Führungskräfte und Mitarbeitende sind die zentralen Zielgruppen in einer Veränderung. Sie können Promotoren und Botschafterinnen des Wandels sein oder auch Gegnerinnen und Verhinderer. Sie setzen den Wandel um und unterstützen die Prozesse, verzögern oder verhindern ihn.

Im innersten Kern: Mitarbeitende

Für Mitarbeitende bedeutet jeder Change Prozess – der, wie bereits erwähnt, meist nicht von ihnen ausgeht – eine Veränderung:

- in Arbeitsinhalten und -prozessen
- im direkten Arbeitsumfeld (Abteilung, Führungskraft etc.)
- in der von ihnen mitgetragen Corporate Identity

Dies hat Einfluss auf ihre Identifikation und dem Umgang miteinander (Corporate Culture).

Im innersten Kern: Führungskräfte

Führungskräfte auf allen Ebenen haben in Change Prozessen eine Schlüsselrolle: Die Wirksamkeit ihrer Entscheidungen und die Zukunft des Unternehmens steht und fällt mit ihrer Kommunikation (Buchholz & Knorre, 2012). Sie haben hierbei eine Zwitterrolle: Sie sollen die Veränderung tragen und vorantreiben (s. zur Führungskräftekommunikation Abschn. 5.3).

Stakeholder mit externer Relevanz

Je nach Thema können externe Anspruchsgruppen wie Zulieferer, (über)regionale politische Entscheidungsträgerinnen, Anrainer, aber auch Journalisten vom Wandel betroffen sein und sollten daher informiert oder auch beteiligt werden.

> **Praxistipp**
>
> Die Erwartungsmuster der Stakeholder und deren Entwicklung im Change sollte man immer im Blick behalten. Gerade in der Veränderung sollte das Erfüllen von Stakeholderbedürfnissen und -erwartungen zudem sichtbar sein bzw. gemacht werden. Dies ist wichtig für die Mitarbeitenden, darauf aufbauend ebenso nach außen. Angesichts zunehmend verschwimmender Unternehmensgrenzen und des stärkeren Eingebundenseins in Netzwerkstrukturen sollte ein Change Prozess nie als lediglich interne Angelegenheit angesehen werden. Er kann sogar ein positives Signal der Weiterentwicklung nach außen senden.

Vertrauen und Motivation in die Unternehmensführung gelten als zwei wesentliche Einflussfaktoren für das Commitment der Beschäftigten: Wer vertraut, geht auch in unsicheren Zeiten den Weg mit. Wer motiviert ist, verhält sich so, dass ein positiver Zielzustand miterreicht werden möchte.

Vertrauen

„Vertrauen drückt die Erwartung in das Verhalten anderer in der Zukunft aus" (Luhmann, 2000).

Vertrauen ist notwendig, wenn zwischen zwei Akteursgruppen eine asymmetrische Informationsverteilung existiert. Dies ist besonders in Veränderungsprozessen typisch, denn Führungskräfte haben meist einen Informationsvorsprung gegenüber den Mitarbeitenden. Vertrauen ist wie eine Art Schwimmring in schwierigen Situationen, auch in Krisen.

Vertrauen besitzt folgende Eigenschaften: Vertrauen basiert auf der Vergangenheit und ist für den Menschen eine unsichere Investition in die Zukunft. Vertrauen kann Verhalten bei Unstimmigkeiten im Auftreten und in Aussagen stabilisieren, wo anderenfalls Zweifel und Enttäuschungen entstehen (Luhmann, 2000).

Vertrauen in die Führungskräfte stärkt die Motivation von Beschäftigten und trägt zu ihrer Bindung, aber auch zu ihrer Veränderungsbereitschaft bei. Die Mitarbeitenden trauen ihren Führungskräften dann zu, dass sie das Unternehmen zum Erfolg führen und bewerten die Managementqualität und die Unternehmensstrategie positiver. Basis dafür sind Wissen über Ziele, Strategie und Werte des eigenen Unternehmens. Nur wenn sie diese kennen und einen Erfolg für möglich halten, tragen sie diese aktiv mit und ermöglichen sie dadurch (Pfannenberg, 2020).

Bei externen Stakeholdern kann Vertrauen in eine Organisation oder ein Unternehmen bewirken, dass Interessen, Ziele und das darauf aufbauende Handeln als legitim angesehen werden (Pfannenberg, 2020) – gerade auch bei neuen Zielen und neuem Handeln in der Veränderung. Kann das Unternehmen den Nutzen für die Gesellschaft nachweisen, stiftet es Sinn und baut Vertrauen auf. Unterstützungskapital wird aktiviert, Widerstände werden minimiert.

4.8.2 Schritt 2: Stakeholder analysieren

Eine Stakeholderanalyse gilt als einer der Erfolgsfaktoren, um zielgerichtet und erfolgreich mit relevanten Stakeholdern zu kommunizieren. Sie gehört in den Bereich des strategischen Managements und gliedert sich in Umwelt- und Unternehmensanalyse (d. h. interne und externe Stakeholder). Um die betroffenen Stakeholder systematisch erfassen und bewerten zu können, kann man sie nach Relevanz für den Prozess, ihre Bedürfnisse und Ansprüche, Zuordnung nach Position in der Wertschöpfungskette, nach Berufsgruppe, nach hierarchischer Funktion oder Mitgliedschaft in Gremien als Differenzierungsoption nutzen. In der klassischen Stakeholdermatrix können Stakeholder nach jeweils zwei ausgewählten Charakteristika bewertet werden (s. Abb. 4.8 und als Beispiel in einem Change Projekt s. Abb. 4.9).

Wichtig für die Analyse der Situation und der Stakeholder sind Fragen nach den Rahmenbedingungen:

- Welche Art der Veränderung ist geplant?
- Welches Ausmaß hat die Veränderung?

Stakeholder beobachten und bewerten im Change wie durch ein Vergrößerungsglas das Handeln der Beteiligten eines Unternehmens. Entsprechend ihrer Einschätzung zur Legitimität und Sinnhaftigkeit des Handelns geben sie ihm ihre Ressourcen oder nicht. Daher können in Bezug auf handelnde Personen folgende Fragen gestellt werden:

- Wer ist intern und extern betroffen?
- Welche von ihren Interessen sind betroffen?
- Wer trägt die Veränderung und treibt sie voran?
- Welche Stakeholder sind für das Gelingen erfolgskritisch?
- Welche Erwartungen haben sie?
- Welche Ressourcen haben sie, die wir für den Erfolg des Change Prozesses brauchen?
- Welche ungesteuerte Reaktion ist von ihnen zu erwarten?
- Welches Verhalten von ihnen im Change wäre wünschenswert?

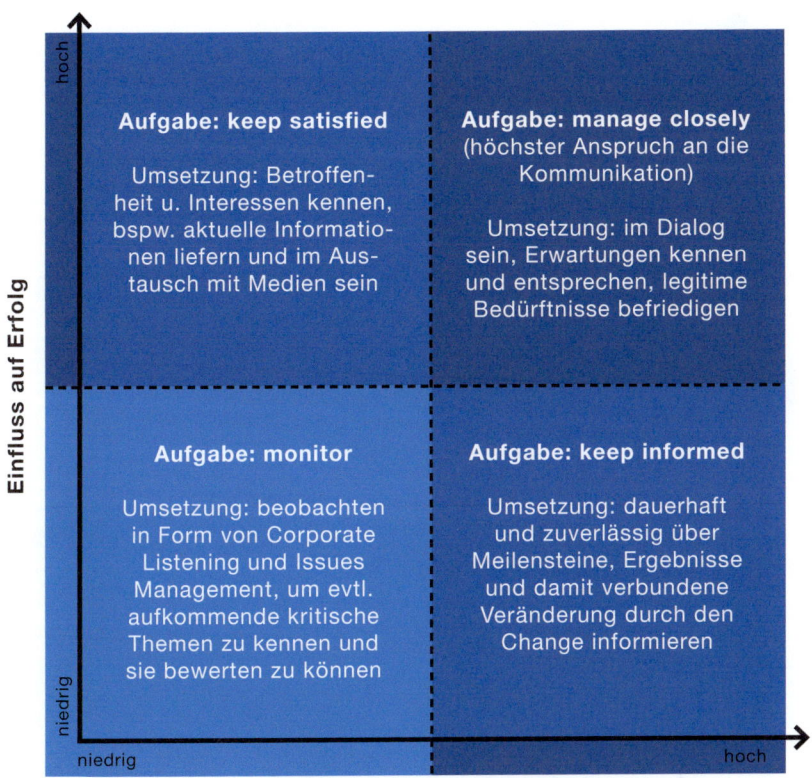

Abb. 4.8 Klassische Stakeholdermatrix. (Eigene Darstellung)

Auf dieser Basis könnten dann spezifisch Fragen für die geplante Änderung gestellt werden:

- Wer sind Promotoren (Wandlungsträgerinnen und -träger)?
- Wer sind Opponenten und warum?
- Wer sind die Unentschiedenen?

Ist dies bekannt, können Stakeholder nach Einstellung bzw. Akzeptanz und darauf basierenden zu erwartenden Verhalten geclustert werden, um die Kommunikation mit ihnen zu planen.

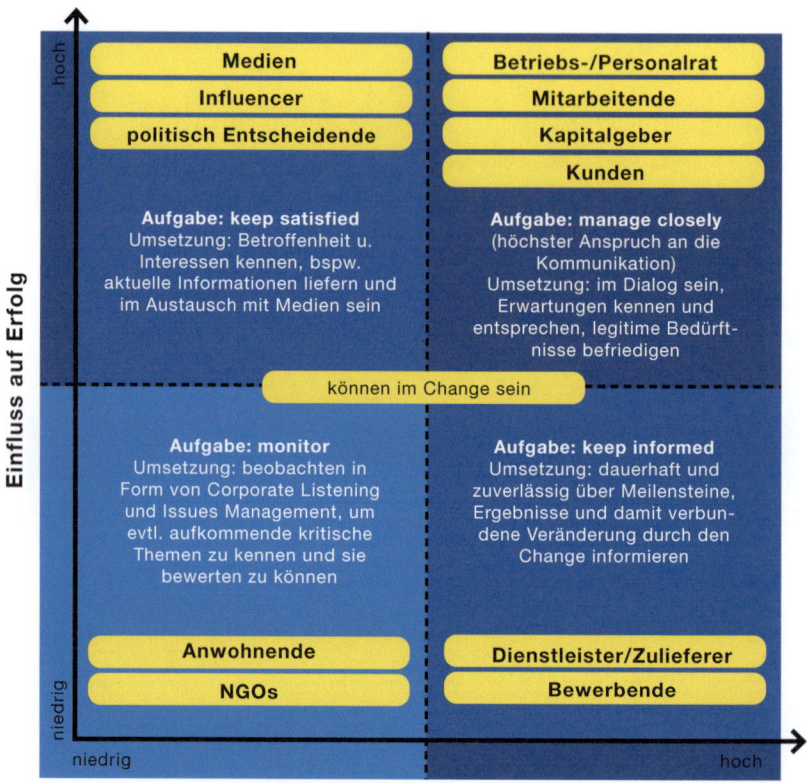

Abb. 4.9 Eine mögliche Stakeholdermatrix im Change zur Bewertung der als relevant identifizierten Stakeholder nach ihrem Einfluss und Betroffenheit. (Eigene Darstellung)

In der Übersicht könnte dann das Vorgehen in der Analyseabfolge sein: Wer (Entscheidung zur Betroffenheit) hat Macht (Entscheidung zum Beeinflussungspotenzial der einzelnen Stakeholder) und wird vermutlich wie agieren (Entscheidung zu erwartbaren Reaktionen der betrachteten Stakeholder) und systematisch bearbeitet werden (s. Abb. 4.10).

Hinweis: Alle Einschätzungen, die Personen betreffen, müssen vertraulich behandelt werden, da bei Bekanntwerden hohe Reaktanzen

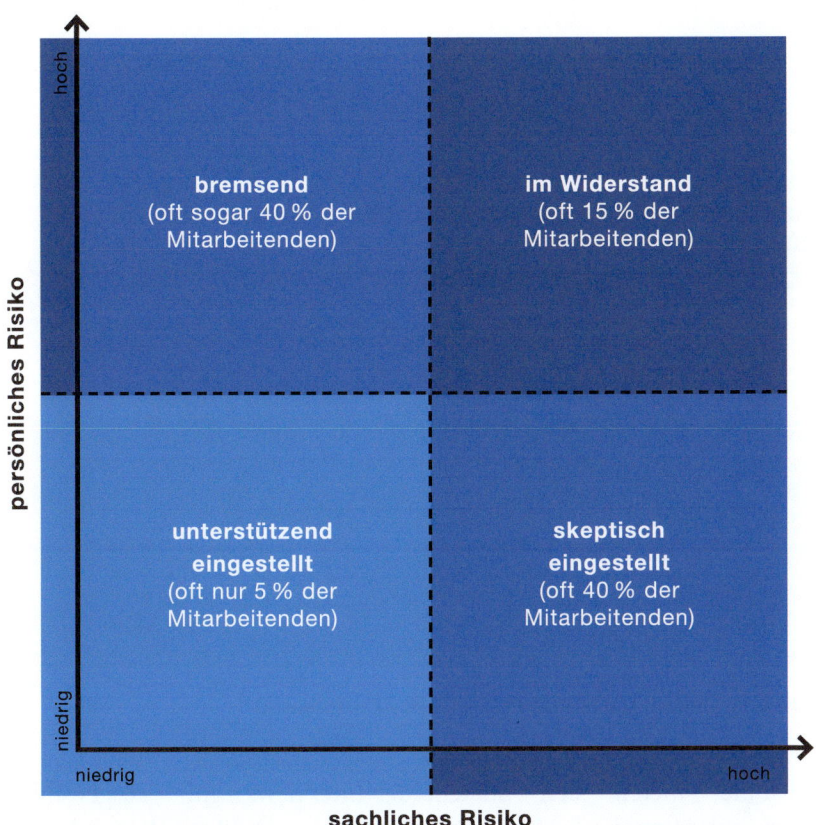

Abb. 4.10 Akzeptanzmatrix von Veränderungsprojekten in Unternehmen auf Basis von Erfahrungswerten. (Eigene Darstellung nach Lies & Palt, 2015)

für den Prozess zu erwarten sind. Bei Bedarf können neutrale Symbole genutzt werden, wenn Menschen und ihre Rolle im Rahmen der Stakeholderanalyse als Gegnerinnen oder Gegner etc. eingeordnet werden.

Eine weitere Möglichkeit ist, nach der direkten Betroffenheit durch einen Change Prozess und in primäre, sekundäre und tertiäre Betroffene zu unterscheiden. Dies kann dann gekoppelt werden mit der Macht bzw. dem Einfluss der Menschen auf den Erfolg des Change Prozesses und die damit verbundene und zu erwartende Aktion durch sie (s. Abb. 4.11).

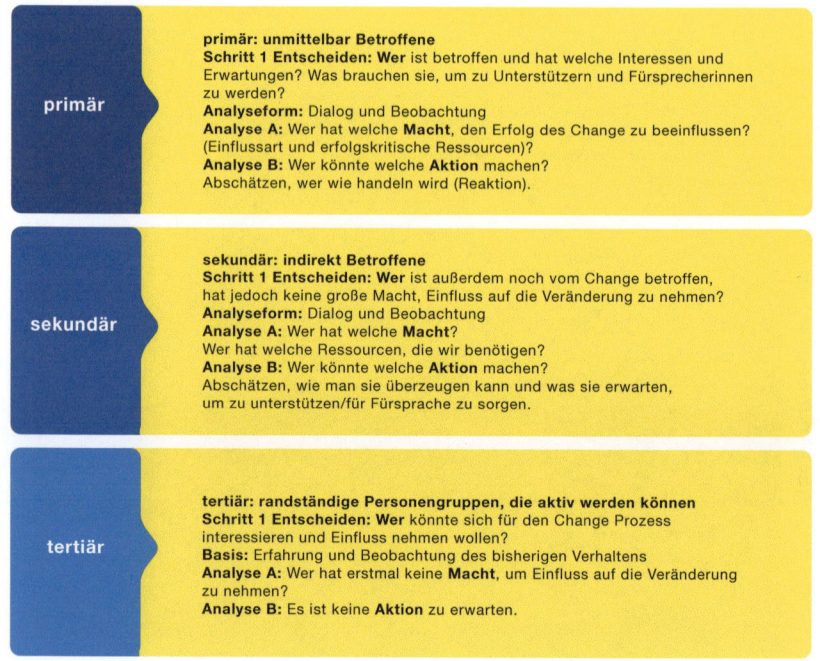

Abb. 4.11 Wer – Macht – Aktion? (Eigene Darstellung)

Parallel bieten sich Stakeholder-Interviews mit ausgewählten Führungskräften und Mitarbeitenden sowie mit dem Personal- bzw. Betriebsrat an. Hierbei ist den Befragten unbedingt Vertraulichkeit zuzusichern und die Weiterverarbeitung erfolgt anonymisiert. Ziel ist es, ein Gefühl für Vorstellungen, Ziele, Kultur und Unterstützungsbedarf zu bekommen. Eine gute Frage lautet zum Beispiel: Was hat sich verändert, wenn das Veränderungsvorhaben erfolgreich war? Welchen Schwerpunkt und welche Kernkompetenz der Organisation heben die Medien in einem in Zukunft (nach Beendigung des Veränderungsvorhabens) über die Organisation erscheinenden Artikel hervor?

4.8.3 Spezifische Rollenmodelle für die Stakeholder-Bewertung in Change Prozessen

Das 4-Player-Modell

Für die spezifische Analyse von Menschen in Change Prozessen kann das 4-Player-Modell nach David Kantor, das aus der US-Systempsychologie stammt, gut genutzt werden. Es geht dabei um vier grundsätzliche Arten des kommunikativen Verhaltens zwischen Individuen und daraus resultierenden Dynamiken (Hosenfelder & Stoltenow, 2021). Im Modell nach David Kantor wird unterteilt in Mover – Follower – Opposer – Bystander:

- *Mover* (im Change in der Rolle der Promotoren) treiben die Gruppe an und geben Richtung vor.
- *Follower* (unterstützen im Change die Promotoren) unterstützen die Ideen im Team und vervollständigen sie.
- *Bystander* (im Change auch in der Rolle der Skeptischen bzw. Bremsenden) schauen sich die faktische Lage genau an und erkennen vorhandene, unterschiedliche Perspektiven.
- *Opposer* (im Change Personen im Widerstand) sind für den kritischen Blick bekannt. Sie fordern heraus, korrigieren jedoch auch und sind für jedes Projekt wichtig, da sie den Proof of Concept vornehmen.

Ziel dieser Rollenzuschreibungen sollte sein, interessierte und intrinsisch motivierte Kolleginnen und Kollegen frühzeitig mitzunehmen und zu aktivieren. Diese haben dann die Rolle als Vorbilder, Motivatoren und Multiplikatorinnen inne, schaffen eine positive Atmosphäre und gestalten somit eine Kultur des konstruktiven Umgangs mit der Veränderung, an der sich dann meist der Großteil der Mitarbeitenden orientiert.

Das Rezipientenparadoxon

Ein anderes Vorgehen geht auf das Rezipientenparadoxon zurück (Buchholz & Knorre, 2012). Dieses wurde aufgrund verschiedener Studien in den 2000er Jahren entdeckt und besagt, dass sich Mitarbeitende diffus uninformiert fühle. Sie sind ständig unzufrieden und streben bzw. verlangen nach mehr Informationen. Zugleich beklagen sie eine Informationsüberlastung (Zunahme des Informationsvolumens und der Informationsgeschwindigkeit). In der Praxis geht dies häufig einher mit einem großen Misstrauen und der Annahme, dass den Mitarbeitenden von der Geschäftsführung bewusst Informationen vorenthalten werden. Laut sozialwissenschaftlicher Erkenntnisse ist das Informationsverhalten des Menschen zentral für die Aufbereitung und das jeweilige Angebot an Information und somit die darauf basierende Wirksamkeit der Kommunikation – also das Erreichen der Mitarbeitenden. Fachleute gehen davon aus, dass ein durchdachtes Informationsmanagement das Paradoxon von zu viel und ungeordneter Information und des Sich-nicht informiert-fühlens auflösen kann. Dabei sollte der Fokus mit zielgruppengerecht zugeschnittenen Inhalten und Informationsprozessen sowie durch die Nutzung verschiedener Kanäle für unterschiedliche Rezeptionsvorlieben auf den identifizierten Informationstypen liegen.

Im Zentrum steht die Beobachtung, dass Menschen fünf Informationstypen entsprechen, die ein sozialwissenschaftlich zu erwartendes Kommunikationsverhalten besitzen. Informationsverarbeitung wird sowohl von individuellen als auch situativen und organisationalen Faktoren beeinflusst. Es hängt dabei von der kognitiven Fähigkeit (Vorwissen etc.) und der Motivation ab (Buchholz & Knorre, 2012). Im Rezipientenparadoxon werden fünf Typen charakterisiert, die unterschiedlich auf den Eintritt einer Innovation, einer Neuerung oder Veränderung reagieren:

- die Innovationsfreudigen
- die frühen Umsetzenden
- die frühe Mehrheit

- die späte Mehrheit
- die Nachzügelnden

Sie unterscheiden sich darin, wie sie Information aufgreifen und verarbeiten. Diese Typen können durch bestimmte Grundeinstellungen in einer sozialen Gruppe gekennzeichnet werden. Auf diese gehen dann entsprechende Verhaltensweisen in einer sozialen Gruppe zurück. Es geht also darum, welche Inhalte und kommunikativen Handlungen die Aufmerksamkeit welchen Typ erreichen. Zugleich wird systematisiert, welche Kanäle durch welchen Typ bevorzugt werden. Idealerweise suchen sich die Informationstypen aufgrund von Aufmerksamkeitspotenzial und Informationsaffinität die für sie bestimmte Botschaft aus dem Gesamtangebot heraus und leiten ihre Handlungen daraus ab.

Als Theoriebasis kann dafür das Elaboration-Likelihood-Modell herangezogen werden. Es geht von zwei Wegen der Verarbeitung von Information hinsichtlich Aufmerksamkeitserregung und Einfluss auf die Änderung der persönlichen Einstellung aus. Es gibt einerseits die zentrale und andererseits die periphere Verarbeitung einer Botschaft. Menschen mit zentraler Route der Verarbeitung sind eher kognitiv ausgerichtet und reagieren mit Einstellungsänderung, wenn Argumente für sie einleuchtend sind. Menschen, die auf der peripheren Route erreicht werden, reagieren auf sogenannte nebensächliche Hinweisreize, die mit der eigentlichen Mitteilung verbunden sind. Hierzu gehören Merkmale, die dem Absendenden der Information zugeschrieben werden (Position in der sozialen Gruppe, Attraktivität, Kompetenz, Bekanntheit, Form der Kommunikation). Wenn diese Reize ausreichend stark sind, verändern die Personen ihre Einstellung. Mit den richtigen Stimuli im Kommunikationsangebot können also die spezifische Aufmerksamkeit der jeweiligen Informationstypen erreicht und der entsprechende Informationsbedarf bedient werden, da die Mitglieder der jeweiligen Gruppen ihr individuelles Informationsinteresse aus dem für sie über die Stimuli überschaubar gemachten Angebot selbständig befriedigen (s. Tab. 4.1).

Tab. 4.1 Menschen können unterschieden werden nach der Art, wie sie mit Informationen umgehen und Informationen weitergeben. (Nach Buchholz & Knorre, 2012)

Diffusionstypen	Informationstypus	Typisches Informations- und Kommunikationsverhalten	Mögliche Kommunikationsstimuli
Innovationsfreudige	Informationssuchende	Eigenschaften: • interessiert am Informationsvorsprung und eigener Meinungsbildung; Innovatoren suchen gezielt Information (u. a. in externen Medien) • informieren sich eigenständig • unterhalten Kontakt zu Gleichgesinnten; bauen Netzwerke • bringen die Outside-In-Perspektive in das eigene Unternehmen • benötigen Unterstützung in ihrer Meinungsbildung • nutzen als Quellen bereitgestellte Inhalte	… benötigen ein „Informationsbuffet" mit leichtem, schnellem Zugang zu Information (z. B. verschlagwortete Information) Wirkungsvoll bei ihnen: • Pull-Kommunikation • qualitativ hochwertige Inhalte • kognitive Textorientierung auch ohne besondere Visualisierung
frühe Umsetzende	Informierte	Eigenschaften: • hohe Aufmerksamkeit für Unternehmensthemen, sind Meinungsführende in ihrer sozialen Gruppe • orientieren sich an den Innovatoren • haben als interessierte Meinungsführer oft Informationsüberlast • selektieren über Absenderstatus	… benötigen ausreichend Information sowohl zu Pro- und Contra-Argumenten als auch zu künftigen Entwicklungen Wirkungsvoll bei ihnen: • Informationsangebot auf unterschiedlichen Kanälen • Information nutzerorientiert und spezifisch aufbereiten • Quellen mit bestimmtem Absenderstatus nutzen • u. a. klassische Textinformation ohne Visualisierung nutzbar

(Fortsetzung)

Tab. 4.1 (Fortsetzung)

Diffusionstypen	Informationstypus	Typisches Informations- und Kommunikationsverhalten	Mögliche Kommunikationsstimuli
frühe Mehrheit	Interessierte	Eigenschaften: • aufmerksam für Unternehmensthemen bei gleichzeitiger Überzeugungsschwelle gegenüber Unternehmensthemen • Orientierung an frühen Umsetzern unterstützen • Information zur Ergänzung und Abgleich bieten	… benötigen individuelle Anknüpfungspunkte und insbesondere Statusinformation Wirkungsvoll bei ihnen: • bevorzugt persönliche, direkte Kommunikation nutzen • insbesondere Statusinformation nutzen • Multiplikatoren als Kommunikationsweg nutzen • bildhafte Inhalte und visuelle Kommunikation nutzen
späte Mehrheit	Beobachtende	Eigenschaften: • eher uninteressiert an Unternehmensthemen • reagieren auf Dringlichkeit (Konformitätsdruck) • hohe Schwelle, um sie zu überzeugen	… agieren oft wie frühe Mehrheit Wirkungsvoll bei ihnen: • Push-Kommunikation sinnvoll • frühe Umsetzende und frühe Mehrheit als Meinungsführende nutzen • Führungskräftekommunikation nutzen

> **Praxistipp**
>
> Im Change ist es besonders wichtig, die richtigen Fragen zu relevanten Stakeholdern zu stellen:
>
> - Warum und wie ist jemand vom Change betroffen?
> - Was ändert sich für die Betroffenen?
> - Welche Rolle spielen die Rezipierenden im Change Prozess?
> - Wie sind deren Informationswege?
> - Welche Ressourcen besitzen sie, die das Unternehmen bzw. die Organisation benötigt?

4.9 Rolle und Aufgabe der Kommunikation im Change

„Gesagt ist nicht gehört. Gehört ist noch nicht verstanden. Verstanden ist noch nicht akzeptiert. Akzeptiert ist noch nicht umgesetzt. Umgesetzt ist noch nicht beibehalten" (zugeschrieben Konrad Lorenz, Zoologe, Gründungsvater der Verhaltensforschung und Nobelpreisträger).

Das Wissen, das der Verhaltensforscher Konrad Lorenz auf Basis seiner Forschung entwickelt hat, kann helfen, um in der Veränderung im Menschen ablaufende Prozesse zu kennen und ihre Meinungen, Einstellungen und ihr Verhalten in Veränderungsprozessen zu begleiten, zu beeinflussen und zu konsolidieren.

In der Darstellung ist dieser Prozess linear dargestellt. Dies verführt dazu, jede Veränderung linear zu betrachten. Dem widersprechen sowohl die Beobachtungen, wie Veränderungsprozesse in der Praxis verlaufen als auch die Vielfalt der Persönlichkeiten, die in verschiedensten Situationen zu unterschiedlichsten Zeitpunkten in der Veränderung „stecken". Um Rolle, Potenzial und Aufgabe der Kommunikation im Veränderungsprozess darstellbar zu machen, werden für die Veränderungskommunikation dennoch grundlegende Handlungsprinzipien im Change Prozess angenommen und oft wie in Abb. 4.12 zusammengefasst.

4 Kommunikationstheorie für Change Prozesse

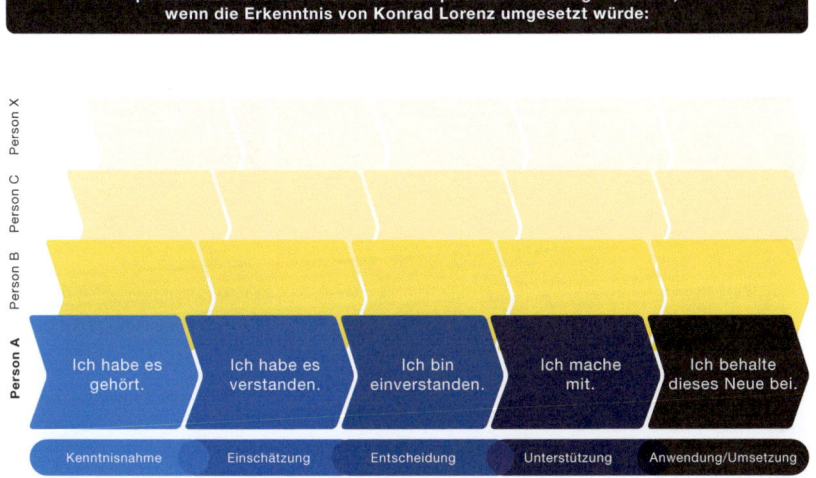

Abb. 4.12 Stufen der Veränderung im Menschen. (Eigene Darstellung auf Grundlage von Lorenz, 1978)

Unabhängig davon, von welchem Phasenmodell ausgegangen wird, haben sich drei Grundabschnitte mit den ihnen eigenen Aufgaben für die Change Kommunikation herauskristallisiert: Beginn, die Zeit im Veränderungsprozess und die Zeit nach der akuten Veränderung (s. Abb. 4.13).

Heute werden entsprechend den oft parallel verlaufenden emotionalen Entwicklungen der Betroffenen Arten kommunikativen Handelns beschrieben, die nicht Change Phasen zuzuordnen sind, sondern die Wirkung der Kommunikation im Blick haben. Es sind diese Arten des kommunikativen Handelns, die vor allem Führungskräfte anstoßen können (Abb. 4.14).

Inhalte der Kommunikation nach dramaturgischen Phasen

- *Informieren und erklären:* Je besser bekannt ist, was wie und in welchem Ausmaß geplant ist, desto weniger Ängste entstehen. Effekt: Menschen haben das Gefühl, nicht ausgeliefert zu sein und zu wissen, was sie erwartet.

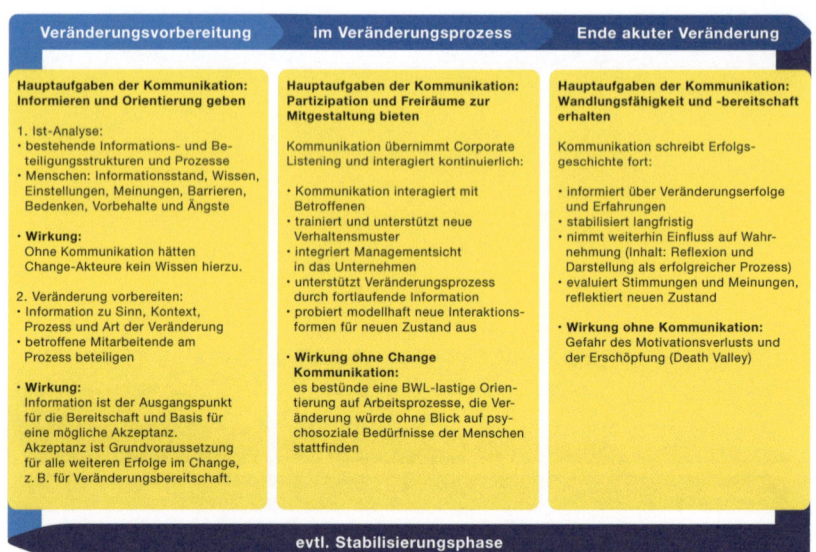

Abb. 4.13 Grundabschnitte für die Change Kommunikation: Beginn, die Zeit im Veränderungsprozess und die Zeit nach der akuten Veränderung. (Eigene Darstellung)

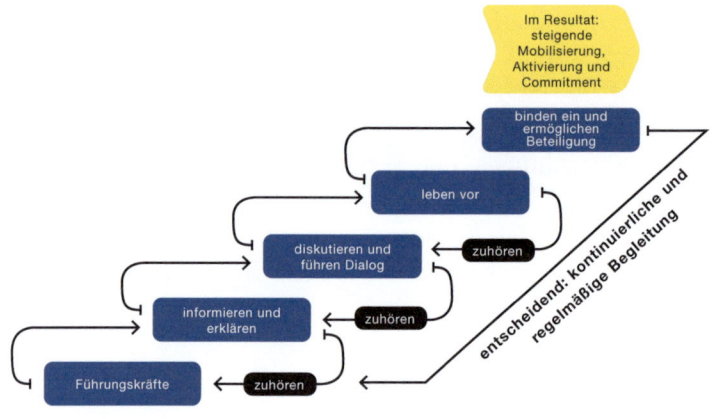

Abb. 4.14 Arten kommunikativen Handelns in dramaturgischen Phasen: informieren und erklären, Dialog, einbinden und beteiligen, dann aktivieren. (Eigene Darstellung basierend auf der Eskalationsleiter Quirke, 1995)

- *Zuhören, diskutieren, im Dialog sein:* Je besser man Menschen zuhört, desto mehr weiß man über ihre Bedürfnisse. *Effekt:* Menschen fühlen sich wertgeschätzt
- *Vorleben, Menschen motivieren und aktivieren:* Je mehr Menschen selbst an einem Wandel beteiligt sind, desto leichter fällt er ihnen. *Effekt:* Sie sehen auch die Vorteile, Einsicht und Akzeptanz entstehen und neue Gewohnheiten und Routinen können sich entwickeln.
- *Einbinden, Beteiligen und Befähigen:* Je intensiver man die Menschen beteiligt, desto mehr entsteht bei ihnen das Gefühl, etwas gemeinsam etwas zu gestalten, zu schaffen und zu verändern. *Effekt:* Es gibt weniger Reaktanzen und Befürchtungen vor Neuem und Neues wird schneller akzeptiert.

Im Zentrum dieses Vorgehens steht, dass Kommunikation über Sprache, Bilder, Grafiken und Bewegtbild Menschen in Wissen und ihrer Meinung, aber auch Einstellung und Verhalten sowie Wahrnehmung der Wirklichkeit beeinflussen kann. Hierfür gibt es Umsetzungsformate, die der jeweiligen kommunikativen Aufgabe gerecht werden.

> Wesentlich ist das Prinzip, den Change Prozess kontinuierlich, dauerhaft und regelmäßig kommunikativ zu begleiten, auch wenn alles gut zu laufen scheint. Der Grund dafür ist, dass abgebrochene Kommunikation Menschen alarmiert und sie sich zudem nicht wertgeschätzt fühlen.

4.10 Framing und Issues Management als Perspektive in der Change Kommunikation

Worte können in den Köpfen der Menschen Wissen und Ideen aktivieren. Sprache ist zentral für unser Denken und Handeln. Wie Worte mit körperlichen Vorgängen assoziiert werden können, hat die Kognitionswissenschaft untersucht und herausgefunden: Das menschliche Gehirn simuliert bei bestimmten Worten automatisch (also im Unterbewusstsein) einen Bewegungslauf und aktiviert gespeichertes Wissen aus dem Tast-, Geruchs- und Geschmackssinn und sogar damit verbundene Gefühle. Dies ist an der Aktivierung der dazugehörigen Gehirnregionen gut zu erkennen und stellt ein gedankliches Nachahmen dar. Es wird allgemein als Embodied Kognition bzw. kognitive Simulation bezeichnet (Wehling, 2016).

Dieser Zusammenhang wird im Framing-Konzept genutzt. Es ist vom englischen Wort „frame" (das Schema, Rahmen) abgeleitet: „To frame is to select some aspects of a perceived reality and make them more salient in a communicating text, in such a way as to promote a particular problem definition, causal interpretation, moral evaluation and/or treatment recommendation" (Entman, 1993).

Wirkung von Frames: Zusammenspiel Sprache – Körper – Wahrnehmung – Handeln

- Frames erleichtern die Sprachverarbeitung: Werden Frames aktiviert, bestimmen sie, wie leicht Informationen (auch Fakten) durch den Menschen aufgenommen werden. So beschleunigen sie die Informationsverarbeitung und „sparen" mentale Ressourcen.
- Frames beeinflussen unsere Wahrnehmung dauerhaft: Frames bedeuten das Auswählen, Betonen bzw. Hervorheben ausgewählter Aspekte oder Merkmale eines Themas zu Lasten anderer (selektiver Charakter durch Hervorheben, Ausblenden, Weglassen).
- Frames lenken Entscheidungen: Werden Frames aktiviert, wirken sie auf die Wahrnehmung der Welt durch den Einzelnen und lenken so auch soziale, ökonomische und politische Entscheidungen der Menschen (Wehling, 2016).

Gute Anwendungsbeispiele sind politische und journalistische Frames (Wehling, 2016). Diese werden bei der Informations- und Nachrichtenauswahl sichtbar: Politikerinnen und Politiker betten ihre Worte in Frames ein: Sie selektieren Fakten und heben dabei aus ihrer Sicht wichtige Ausschnitte aus der Realität hervor, andere werden weggelassen. Dies reduziert die Komplexität der Welt und wirkt sinnvoll, bedeutet jedoch zugleich, dass kein Frame objektiv sein kann, sondern die eigene Weltsicht zeigt. Daher ist es immer wichtig zu wissen, welcher Frame genutzt wird und dadurch den Diskurs bestimmt. Als Beispiel ist hier der Begriff der „Flüchtlingswelle" zu nennen, mit dem ein potenziell bedrohliches Szenario bezeichnet wird, das nicht zu bewältigen ist und dadurch Ängste und Ablehnung hervorrufen kann. Für die Medien wählen Journalistinnen und Journalisten Nachrichten und Themen bzw. Information aus. Auch diese passen in die bekannten Interpretationsschemata derjenigen, die sie ausgewählt haben (z. B. dem Wert der Nachricht). Häufige Frames in der Nachrichtenvermittlung sind Konflikt, Skandal, Konsequenzen und Verantwortlichkeit. Die Verarbeitung der Informationen erfolgt durch sogenannte Rezipienten-Frames auf Basis der Erfahrungen und Einstellungen der Rezipierenden (Wehling, 2016).

Beeinflussen durch strategisches Framing: Durch die Kenntnis der zugrunde liegenden psychologischen Prozesse, die Menschen verwenden, um Informationen zu untersuchen, Urteile zu fällen und Rückschlüsse auf die Welt um sie herum zu ziehen, kann die Rezeption von Information beeinflusst werden. Für die Kommunikation ist oft die öffentlichkeitszentrierte Perspektive interessant. In ihr geht es darum, wie Unternehmen oder andere Akteure aus Politik oder Medien mediale Frames erfolgreich beeinflussen bzw. mitgestalten können. Es wird versucht, eigene Sichtweisen oder zentrale Ideen gegen andere, möglicherweise konträre Frames durchzusetzen.

Zum Unterschied episodischer und thematischer Rahmung

Medienvermittelte Frames dienen als eine Art Filter, der durch die Person wahrgenommen und integriert wird: Berichten Medien über Personen und wie sie handeln, führt das eher zu einer personenbezogenen Auseinandersetzung z. B. von Wählerinnen und Wählern mit den Kandidatinnen und Kandidaten für ein Wahlamt. Berichten Medien vor allem über Themen, führt das wiederum zu einer eher inhaltlichen Auseinandersetzung mit Wahlthemen.

Während bei einer sogenannten episodischen Rahmung politische oder gesellschaftliche Probleme mithilfe von Fallbeispielen beziehungsweise Einzelfällen dargestellt werden (zum Beispiel Opfer-Täter), fokussiert eine thematische Rahmung den allgemeinen und gesamtgesellschaftlichen Kontext des Problems (zum Beispiel Hintergrundbericht).

Experimente haben gezeigt, dass die Rezipierenden diesem Framing folgen, indem sie beim episodischen Framing den Einzelnen bzw. die Einzelne als verantwortlich ansehen, beim thematischen Framing die allgemeinen wirtschaftlichen, politischen oder gesellschaftlichen Gegebenheiten.

Bedeutung von Framing und Re-Framing für die Change Kommunikation

Für die Change Kommunikation kann das heißen, dass das Unternehmen zum Beispiel herausstellen kann, dass es eine bzw. keine Wahl hat, den Change anzustoßen und zu realisieren, da ein großes gesellschaftliches Thema (Issue) es zum Handeln zwingt. Oder es zeigt sich besonders verantwortlich, dass es als erstes – einziges – kleines Unternehmen das Thema angeht und so ein besonderes Risiko trägt. Dies kann zu mehr Akzeptanz, Unterstützung bzw. Verständnis führen.

Durch das Einordnen bzw. einen Vorschlag für ein Framing – als Interpretationsvorschlag für den Grund des Change, das Vorgehen im Change oder die Entwicklung der Organisation während der Veränderung – können beteiligte und betroffene Menschen dieses in einem neuen „Licht" sehen. Dies nennt man Framing: Eine Bedeutungsrahmen wird konstruiert. So erhält das Ereignis eine (gewollte) Bedeutung.

Re-Framing: Findet ein Narrativ im Change keine Akzeptanz, da es für die Betroffenen nicht nachvollziehbar oder anschlussfähig ist, betrachten Menschen einen Change Prozess oft als unnötig, problematisch und nicht nachvollziehbar. In dieser Situation kann die Kommunikation versuchen, ein sogenanntes Re-Framing vorzunehmen, auch als Neuinterpretation bezeichnet. Durch die neue Rahmung (Bedeutungs- bzw. Interpretationsangebot) können die Menschen das Bild dann anders sehen und die Entwicklung für sich umdeuten – beispielsweise als unabwendbar oder auch als überlebensnotwendige Veränderung. Neue bzw. andere Meinungen, Einstellungen bis hin zu verändertem Verhalten sind nun möglich. Dies ist ein Teil des strategischen Kommunikationsmanagements im Change.

Das Management von Themen in der Öffentlichkeit

Zur Unterstützung der Strategiedefinition und Positionierung eines Unternehmens bzw. einer Organisation können strategierelevante und gesellschaftlich relevante Themen (engl. Issues) identifiziert und beobachtet werden (Monitoring). Dies betrifft die für das Unternehmen wichtigen Teilöffentlichkeiten und den dort stattfindenden Meinungsbildungsprozess. Wichtig ist dabei, Chancen und Risiken für bestimmte gesellschaftlich relevante oder gar kritische Themen zu identifizieren und Szenarien für künftige Kommunikationsprozesse mit Stakeholdern zu entwerfen.

Ein Issue ist ein Thema von öffentlichem Interesse, das

- eine Organisation potenziell oder aktuell betreffen kann,
- Stakeholderansprüche (durch eine Streitfrage, ein Problem oder eine Kontroverse) betrifft,
- unterschiedliche Interpretationen bietet,
- daher von mittelbarer oder unmittelbarer Relevanz ist (Ingenhoff et al., 2020).

Issues können somit für politische oder wirtschaftliche Handelnde ein riskantes Thema sein. Daher wird als Früherkennung und zum Umgang mit potenziellen Risiken Issues Management betrieben. Zugleich können bestimmte Issues auch Chancen bieten, wenn sie frühzeitig erkannt, priorisiert und aktiv durch Maßnahmen im eigenen Sinne (z. B. kommunikative Abwehr- bzw. Besetzungsstrategien) beeinflusst werden.

Das Management von Issues

Um Issues zu managen, ist ein systematisches Vorgehen nötig. Es werden interne und externe Themen oder Umstände, die den eigenen Handlungsspielraum begrenzen oder ein Reputationsrisiko darstellen können, frühzeitig lokalisiert, analysiert, ausgewählt, priorisiert und es wird versucht, diese kommunikativ zu beeinflussen. „Issues Management beruht auf der bewussten Entscheidung einer Organisation, mit relevanten Stakeholdern zu interagieren, um Einfluss auf die Entwicklung erfolgskritischer Themen nehmen zu können" (Ingenhoff et al., 2020).

Zentral ist eine breite und weitgehend ungerichtete Beobachtung des politischen, wirtschaftlichen und gesellschaftlichen Umfelds und seiner Meinungsbildung (u. a. durch Mediananalysen mit Blick auf Kontext, Herkunft, Antriebskräfte und Konsequenzen sowie Vorhersage zur weiteren Entwicklung von Issues als Teil des Corporate Listening). So können auch kommunikative Impulse – diskutierte Themen, Interpretationen, Zusammenhänge, Stakeholderansprüche – zu deren Einbindung in Entscheidungsprozesse des Unternehmens und seine Kommunikation führen. Unternehmen können sich so dominierende Deutungsschemata und Handlungslogiken zu eigen machen und Stakeholder-Impulse und deren legitimen Ansprüche an das eigene Handeln einbeziehen.

Für die Change Kommunikation heißt dies, Ohren und Augen sowohl intern als auch extern offen zu haben: Welche Themen werden intern diskutiert? Welche externen Entwicklungen können relevant sein? Als Beispiele seien hier Themen wie New Work oder der Fachkräftemangel genannt.

Die Grenze zwischen interner und externer Kommunikation löst sich auf

Es ist nicht mehr zeitgemäß, interne und externe Kommunikation getrennt voneinander zu denken und umzusetzen. Verschiedene Entwicklungen beschleunigen die Annäherung beider Disziplinen:

- Demokratisierung der Kommunikation: Jeder kann heutzutage zum Sendenden werden. Immer wieder kommt es z. B. vor, dass Mitarbeitende sich in sozialen Medien zu Belangen ihres Arbeitgebers äußern.
- Der gesellschaftliche Trend hin zu Partizipation und Mitsprache beeinflusst das Handeln der Unternehmen: Mitarbeitende erwarten vom Arbeitgeber Offenheit, Transparenz und Haltung.
- Kommunikation verteilt sich auf mehrere Abteilungs-„schultern", die Interne Kommunikation ist nicht mehr die alleinige Gestalterin. Zum Beispiel im Marketing: Mitarbeitende sind die wichtigsten Markenbotschafterinnen und -botschafter.

- Vernetzte Öffentlichkeit: Das Auftreten von Mitarbeitenden mit Kundenkontakt wird kritisch beobachtet und Fehlverhalten wird schnell öffentlich angeprangert.
- Ansprechpersonen für die Presse: Mitarbeitende müssen im Krisenfall auch nach außen sprechfähig sein.
- Große gesellschaftliche Themen (Geschlechtergerechtigkeit, Diversity, Teilhabe etc.) und Krisen (Corona-Pandemie, Krieg, Klimaschutz) wirken nach innen auf die Arbeitswelt und sollten auch intern begleitet werden.

Es ist wichtig, eine Diskussionskultur zu schaffen, in der auch externe Themen einen Raum finden und sich die Kommunikation nicht nur um den Arbeitsalltag dreht. Dies kann moderiert und unterstützt werden. Es hilft, wenn die Geschäftsführung sich aktiv gesellschaftlicher Themen annimmt, Stellung bezieht und die Mitarbeitenden unterstützt, zum Beispiel durch Handreichungen oder Guidelines für Themen wie gendergerechte Sprache. Die Themen und Botschaften müssen natürlich zum Unternehmen passen. Die Interne Kommunikation sollte daher stets das Ohr an der Belegschaft haben, um zu wissen, was die Menschen umtreibt und daraus kommunikative Bedarfe ableiten.

Weiterhin ist es wichtig, einen Prozess aufzusetzen, der sicherstellt, dass Mitarbeitende relevante Unternehmensinformationen nicht aus externen Quellen erfahren. Es gilt: intern vor extern, sei es bei einem neuen Markenauftritt, einer neuen Werbekampagne, einer Restrukturierung oder der Einführung eines neuen Produktes.

Was bedeutet das im Falle eines Change Prozesses? Auch hier sollte die Außenwirkung nicht unterschätzt werden. Schlechte Stimmung und negative Kultur sind auch extern zu spüren, insbesondere bei Mitarbeitenden mit Kundenkontakt.

Rolle der Kommunikation im Framing und Issues Management

Strategisches Themenmanagement durch Corporate Listening (außerhalb): Gerade in Change Prozessen kann die unternehmerische Zukunft über aktives Framing der für die Stakeholder relevanten Themen kommunikativ gestaltet werden. Doch werden Kommunikationsleute oft auch heute noch lediglich als Umsetzende, weniger als Strategen gesehen. Durch das von ihnen verantwortete Corporate Listening öffentlich artikulierter Impulse relevanter Stakeholder können sie die thematische Positionierung des Unternehmens mitentwickeln. Sie bringen so die Outside-in-Perspektive in die Entscheidung ein. Grundlage ist das Wahrnehmen, Analysieren und Interpretieren der artikulierten Impulse, die für das Unternehmen wichtige Themen betreffen und zugleich von öffentlichem Interesse sind (Ingenhoff et al., 2020). Das sollte im Unternehmen gesehen werden.

Themen-Management durch Zuhören (auch nach innen): Über die Wahrnehmung kann Zuhören im Change große Wirkung entfalten und Akzeptanz fördern, wenn Ängste, Bedürfnisse sowie Wünsche gehört und in Entscheidungsprozesse einbezogen werden. Dafür werden Anlässe zum Zuhören geschaffen und Impulse, die aktiv herangetragen werden, aufgenommen, bevor sie sich zu konfliktbeladenen Themen entwickeln oder negative Frames hervorrufen. Das Vorgehen ermöglicht, interne Konfliktpotenziale frühzeitig zu befrieden, da die Betroffenen das Gefühl haben, gehört zu werden. Wenn Mitarbeitenden in der Veränderung zugehört wird, sind sie und ihre Issues in den Wandel einbezogen. Wichtig ist, dass Zuhören, Interesse und Verständnis nicht vorgetäuscht sind bzw. nur den eigenen Interessen dienen.

Beide Perspektiven – die von außen und die von innen – sind im Change Prozess ein wichtiger Abgleich für die Frage: Was sehen die anderen vom Change und im Change? Darauf aufbauend kann, nah an der Wirklichkeit der Stakeholder, eine Rahmung für den Change Prozess entwickelt und eingesetzt werden, um ihnen ein Interpretationsangebot für das zu machen, was sich für sie verändert. Das gilt als reduzierte, daher einfacher antizipierbare Realität, eben ein Frame.

4.11 Warum braucht es ein Konzept für die Kommunikation?

Ein Werk erfordert umso mehr Vorarbeit, je bedeutender und schwieriger es ist (Henri de Saint-Simon, französischer Autor).

4 Kommunikationstheorie für Change Prozesse

Es ist bekannt, dass Menschen in der Veränderung nach bestimmten Grundmustern agieren:

- Gehen Menschen bestimmte Risiken freiwillig ein, bewerten sie diese als weniger kritisch. Ist man ihm unfreiwillig ausgesetzt, bedeutet das ein höheres Risiko.
- Werden Risiken als kontrollierbar wahrgenommen, wirken diese weniger bedrohlich. Bedrohlich ist es also, wenn man keinen Einfluss darauf hat.
- Wird ein Risiko als unvermeidlich („natürlich") angesehen, wird es als weniger bedrohlich empfunden. Ein bedrohlicheres Risiko ist von Menschen gemacht (Pfannenberg, 2020).

Wie Verhaltensforschung also zeigt, liegt im Kern eines Change die Unsicherheit mit der Situation: Geht die Interne Kommunikation systematisch vor, kann diese Unsicherheit durch Kommunikation nicht nur minimiert, sondern das Commitment der Mitarbeitenden sogar gefördert werden. Dies sollte planvoll und systematisch erfolgen. Dafür braucht es konzeptionelles Handeln, sodass die Mitarbeitenden und alle anderen Stakeholder rechtzeitig und angemessen über die Veränderung informiert sind. Das gibt ihnen Abschätzbarkeit und gewisse Sicherheit. Hier kommt die strategische und somit zielgerichtete Kommunikation ins Spiel, die die Integration in und die Identifikation mit der Organisation fördern kann (Einwiller, 2016).

Auch in komplexen Zeiten mit ungewisser Zukunft ist ein Konzept mit einer tragfähigen Strategie nach wie vor wichtig. Voraussetzung bei der Konzeption ist jedoch ein agiles Grundverständnis, denn auf der Basis von Daten, die die Vergangenheit abbilden, kann heutzutage kein Plan mehr für die Zukunft abgeleitet werden. Konzeption ist daher als permanenter iterativer und flexibler Prozess zu verstehen und die Ausgangssituation ist ständig zu überprüfen. Die entwickelte Strategie bietet auch unter Unsicherheit einen notwendigen Rahmen für die Umsetzung, aber es braucht Raum für Experimente und die Einbeziehung vieler Beteiligter. Weiterhin ist es wichtig, schnell ins Handeln zu kommen, laufend auszuwerten und dann nachzujustieren, denn aus Misserfolgen kann gelernt werden. Die Zeiten, in denen man sich erst einmal drei Monate ins stille Kämmerlein verzogen hat, um ein tragfähiges Konzept für die nächsten zwei Jahre auszuarbeiten, sind vorbei (Kap. 1).

Ein Kommunikationskonzept baut auf den Entwicklungsphasen des Change Projektes auf. Ablauf und zeitlicher Rahmen sind durch die Meilensteine des Projektes vorgegeben. Von Wissenschaftlern wie auch Praktikerinnen wird stets darauf verwiesen, dass es kein einzig richtiges und mögliches Kommunikationskonzept für das erfolgreiche Change Management gibt (Mast, 2019).

Im Kern einer Konzeption steht immer der Kommunikationsplan. In ihm wird die geplante Kommunikation strukturiert und inhaltlich, zeitlich und formal abgestimmt. Wesentlich ist: Im Kommunikationskonzept werden eine Kommunikationsstrategie mit Zielsetzung für ausgewählte Zielgruppen sowie die Umsetzungsplanung über alle Kommunikationskanäle und einzelner Kommunikationsinstrumente festgelegt. Es sind das Wissen und die Kenntnis über die Prozesse und das Agieren des Managements, die erfolgsentscheidend sind.

4.11.1 Ein Konzept für die Kommunikation

Im Kommunikationsmanagement wurde eine Konzeptionslehre entwickelt, die als „Erfolgslehre" (Nothhaft & Bentele, 2020) versucht, die systematische Entwicklung von Kommunikationskonzepten für Unternehmen zu systematisieren und erlernbar zu machen. Die Konzeption mit einer vierphasigen Grundstruktur nimmt ihren Anfang zu Beginn des 20. Jahrhunderts und wird als durchlaufender Public-Relations-Prozess verstanden. Sie besteht aus den klassischen Phasen der strategischen Public Relations, Research, Action, Communication und Evaluation, und hat daher folgende zentrale Bestandteile (Nothhaft & Bentele, 2020; Mast, 2019) unter zwei zentralen Fragestellungen:

> **What do we do and say, and why?**
> 1. Analyse: Problemdefinition; Ist- und Soll-Analyse

4 Kommunikationstheorie für Change Prozesse

Abb. 4.15 Der Regelkreis der Konzeption mit Unterstützungsfragen zu den 10 Prozessschritten. (Eigene Darstellung nach Leipziger, 2009)

> 2. Strategie und Planung: Planung Positionierung, Kommunikationsziele, Botschaften, Bezugsgruppen, Themen und Medien – How and when do we do and say it?
> 3. Implementierung: kommunikative Umsetzung in Zeit- und Kostenplanung, Gestaltung, Beauftragung und Durchführung
> 4. Resonanz- und Wirkungsanalyse: Prozess- und Ergebnisevaluation

Dieser Prozess wird nicht als linear, sondern rollierend beschrieben – ein kreisförmiger Prozess, der nach der Wirkungskontrolle (anhand von geänderter Meinung, Einstellung oder Verhalten) erneut beginnt, um zu überprüfen, ob die Ausgangssituation sich geändert hat und neue Ziele formuliert werden müssen.

Dies wird insbesondere im verfeinerten Konzeptionskreis nach Leipziger sichtbar, bei dem das Change Projekt im Mittelpunkt steht und an jedem Punkt des Konzeptionskreise eine Reflexion des eigenen Vorgehens auf den Change Prozess implementiert ist (s. Abb. 4.15).

Wichtig ist im gesamten Prozess der Strategiebildung: Kommunikationsmanagerinnen benötigen Expertise, um den Entscheidungs- und Gestaltungsprozess zu beherrschen. Dazu gehört, kommunikative Potenziale aber auch Grenzen zu erkennen und den Prozess systematisch umzusetzen.

4.11.2 Analyse

Dreh- und Angelpunkt ist die analytische Klärung der Ausgangssituation mit dem Auftraggebenden, in der Regel die Geschäftsführung, als Basis für die Bestimmung eines Soll-Zustandes nach der Veränderung. Wie genau lautet der Auftrag an die Kommunikation? Welche Aufgaben stehen an? Welche Erwartungen sind damit verknüpft? Welche Kommunikationsbedarfe und -probleme gibt es? Wer hat welche Rolle und wer übernimmt welche Aufgaben?

Darüber hinaus ist eine der zentralen Aufgaben in der Analysephase die Stakeholderanalyse, wobei Interessen und Bedürfnisse, Meinung und Einstellung zum Change, Einfluss- und Unterstützungspotenzial auf und für den Change erhoben werden. Diese kommunikative Ausgangssituation beschreibt also das Beziehungsgeflecht zwischen Unternehmen und seinen Stakeholdern, dem Stand der öffentlichen Meinungsbildung (relevante Themen, Erwartungen mit Bezug zum Unternehmen), aber auch das Leistungspotenzial der Kommunikationsabteilung und der eingesetzten Medien, bewertet Chancen und Risiken in der Kommunikation (von Issues etc.).

Auch eine Analyse der Führungskultur ist wichtig, um die Organisation zu verstehen: Wie wird Führung verstanden, gelebt und wahrgenommen? Gibt es beschriebene Führungsleitlinien o. ä.?

Weiterhin gehören zur Analysephase die Sichtung und Zusammenführung von Unterlagen, insbesondere aller vorhandenen strategischen Grundlagen wie Vision, Leitbild etc., die Betrachtung und Einordnung des Kommunikationsverhaltens sowie der vorhandenen Kommunikationskanäle, -formate und -inhalte (Ist-Analyse der Kommunikation) sowie ggf. die Ergebnisse bisheriger Mitarbeiterbefragungen. Idealerweise liegen auch Informationen über die Kommunikationsbedürfnisse der Mitarbeitenden vor. Fehlen Informationen, bieten sich zusätzliche fokussierte Kurz-Befragungen an.

Ein Blick in die Vergangenheit hilft für die anstehenden nächsten Schritte:

- Wie ist das Veränderungsgedächtnis der Organisation? Welche Change Prozesse gab es bisher?
- Welche Erfahrungen haben Führungskräfte und Mitarbeitende bisher mit Veränderungen gemacht?
- Wurden diese gut begleitet oder liefen sie eher ungeordnet und chaotisch ab?

In der Beratungspraxis zeigt sich, dass Erfahrungen mit Veränderungsprozessen häufig negativ waren.

Die Analysephase ist niemals abgeschlossen. Es gilt, kontinuierlich das Ohr an der Belegschaft zu haben und aktuelle Entwicklungen im Blick zu behalten, um gegebenenfalls die Kommunikationsplanung anpassen zu können.

Es empfiehlt sich, die Ergebnisse der Analysephase in einer SWOT-Analyse zusammenzufassen. Richtig angewendet, hilft sie sehr gut, die Analyse-Ergebnisse zu strukturieren und daraus Kommunikationsaufgaben abzuleiten. SWOT steht für Strenghts, Weaknesses, Opportunities und Threats und mit ihrer Hilfe sortiert man die Analyseergebnisse in Stärken, Schwächen, Chancen und Risiken, wobei normalerweise Stärken und Schwächen die Innenperspektive und Chancen und Risiken die Außenperspektive darstellen. Auch eine Sortierung nach Gegenwart und Zukunft ist möglich – wichtig ist nur, dass der Bezugsrahmen konsequent eingehalten wird. Weiterhin ist zu beachten, dass der Fokus auf denjenigen Faktoren liegt, die für die Aufgabe bzw. für das Projekt relevant sind und im Anschluss eine Bewertung der einzelnen Punkte vorgenommen wird, z. B. bezüglich ihrer Bedeutung für die Zielgruppe bzw. die Zielerreichung.

Zu Beginn der Analysephase findet idealerweise ein Auftakt-Workshop mit allen relevanten Beteiligten (Geschäftsführung, Kommunikation, Strategie, Projektleitung) statt.

Praxistipp: Beispielhafte Agenda für einen Auftakt-Workshop

Status quo: Wo steht das Unternehmen im Moment? Wie ist die Stimmung?

Stakeholderanalyse:

- zum Beispiel durch Ausarbeitung von Personas als Vertreterinnen und Vertreter „typischer" Stakeholdergruppen (langjähriger und neuer Mitarbeiter, Bewerberin, Betriebsratsmitglied, ggf. externe Stakeholder wie Kunde oder Pressevertreterin)
- Erstellung einer Empathy Map, in der die Gedanken, Gefühle, Wahrnehmungen, Motivatoren und Frustrationsfaktoren der Zielgruppe in einer Übersicht dargestellt werden
- Betrachtung folgender Faktoren: Betriebszugehörigkeit, Geschlechterverteilung, Ausbildung, Sprachkenntnisse, Anteil von Büro-Arbeitsplätzen und Produktions- oder Außendienst-Mitarbeitenden, Erreichbarkeit, Kommunikationsbedarfe ...

Risikoanalyse: Welche Risiken bzw. Hindernisse können den Erfolg des Veränderungsvorhabens gefährden?

Themenanalyse: Welche Themen in Bezug auf das Veränderungsvorhaben sind relevant oder können relevant werden? (Führmann & Schmidbauer, 2020)

Parallelprozesse: Welche Ereignisse stehen in den kommenden Monaten an, die bei der Kommunikationsplanung berücksichtigt werden müssen und oder die die Organisation bzw. Teile von ihr zusätzlich belasten (z. B. Veröffentlichung Geschäftsbericht, interne und externe Veranstaltungen, Umzüge, Stellenbesetzungen, politische Rahmenbedingungen ...).

Weiteres: Klärung Prozessgestaltung und Grundlagen der weiteren Zusammenarbeit (Jours Fixes etc.)

4.11.3 Kurzbeschreibung weiterer Konzeptionsschritte

Die Kommunikationsstrategie orientiert sich in ihrer Zielsetzung an der Change Strategie. Daher muss an dieser Stelle betont werden, dass Kommunikationskonzeptionen dem Bezugsrahmen „Kommunikationsstrategie" zugerechnet werden. Im Managementpart handelt es sich um den Bezugsrahmen der Change Strategie.

Planung/Strategie:

Die Kommunikationsstrategie orientiert sich immer an der Unternehmensstrategie.

- Kommunikationsziele leiten sich aus den Unternehmenszielen ab. Es ist zu beachten, dass es sich um echte Kommunikationsziele handeln muss und nicht um Ziele, die die Kommunikation alleine nicht beeinflussen kann, z. B. Veränderung der Unternehmenskultur oder Stärkung der Bindung der Mitarbeitenden.
- Aus den Zielen sowie auf Basis der SWOT-Analyse werden die Aufgaben für die Kommunikation abgeleitet.
- Die Kommunikationsziele werden strukturiert (kurz-, mittel-, langfristig, oder über-/ untergeordnet).
- Das Zielbild wird konkretisiert und beschrieben: Was soll sich verändert haben, wenn das Projekt erfolgreich war?
- Die Zielgruppen für die Kommunikation werden bestimmt, strukturiert und priorisiert.
- Das strategische Vorgehen zur Zielerreichung wird definiert (zur wirksamen Change Kommunikation vgl. auch Kap. 5):

  – Grundlagen für die Dachkommunikation werden festgelegt
  – Kernbotschaften werden entwickeln
  – Dramaturgie und Kaskade werden erarbeitet
  – Rollen werden definiert
  – Kommunikationswege und Handlungsoptionen werden festgelegt

Systematisch werden Strategien für die Kommunikation im Sinne des Corporate Listenings und Messagings entworfen. Zentral ist die angestrebte Positionierung des Unternehmens in wichtigen Öffentlichkeiten und die anvisierte Veränderung in Wissen, Meinung, Einstellung, Haltung und Handlung bei den wichtigsten Stakeholdern.

Hierfür wird eine Konzeption aufgestellt, die Ziele und Umsetzung beschreibt. Den Abschluss bilden Lösungsansätze, Budget- und Zeitplanung zur Ressourcenklärung, die meist mit dem Management erfolgen muss.

Kreation/Maßnahmenplanung:
In der Praxis müssen oft schon Texte oder Maßnahmen entwickelt werden, auch wenn die Strategie noch nicht feststeht. Dies führt häufig zu langwierigen Abstimmungsprozessen. Auch wenn damit vermeint-

lich Zeit gespart werden soll, verzögert ein solches Vorgehen den Prozess unter Umständen. Es ist daher zu empfehlen, die Phasen Analyse und Planung/Strategie zumindest parallel zu den ersten Maßnahmen zu durchlaufen, damit eine Basis für die Entwicklung von Maßnahmen vorhanden ist.

Planung und Umsetzung der Maßnahmen sollte genauso professionell und ambitioniert erfolgen wie in der externen Kommunikation. Analog zur Projektplanung ist ein Zeit- und Maßnahmenplan aufzusetzen, der kontinuierlich überprüft und an aktuelle Entwicklungen angepasst werden muss. Die Praxiserfahrung zeigt, dass es bei Change Projekten häufig zu Verzögerungen kommt – sei es, dass sich Abstimmungen mit Gremien in die Länge ziehen, der Planungs-, Zeit- und Abstimmungsaufwand unterschätzt wurde oder einfach das Tagesgeschäft dazwischenfunkt. Im Abschn. 5.4 wird detaillierter auf die Maßnahmenplanung eingegangen.

Umsetzung:
Es findet die operative Umsetzung durch die Realisierung der beschriebenen, geplanten Maßnahmen statt. Basis sind operationalisierte Prozess- und Arbeitsabläufe. Jetzt werden Instrumente und Plattformen final ausgewählt, Botschaften formuliert und Kommunikationsmaßnahmen beauftragt bzw. umgesetzt.

Evaluation:
Die Messung und Bewertung von Kommunikationsaktivitäten und ihrer Wirkung und somit des Erreichens der formulierten Ziele (Erfolg in der Veränderung von Wissen, Meinung, Einstellung, Handlungen von Stakeholdern oder in der positiven Beeinflussung der unternehmerischen Zielgrößen Umsatz, Rendite etc.) beenden den Konzeptionskreislauf. Zugleich ist eine Evaluation auch Startphase für einen neuen Durchgang des Kreislaufs. Die Evaluation wird in ein Reporting mit Kennzahlen übersetzt.

4.12 Ist die Wirkung von Change Kommunikation messbar?

Für jede veränderungsfähige Organisation ist Controlling wichtig, da nur so der Erfolg von Prozessen sichtbar gemacht werden kann und diese so gesteuert werden können. Daher hat das Kommunikationscontrolling eine bedeutende Funktion: Es ist die integrierte Verantwortung für Resultate und Wirkungen. Kommunikationscontrolling beginnt im Idealfall vor, mindestens zu Beginn eines geplanten Veränderungsprozesses.

Im Controlling sollte immer vom Nutzen her gedacht werden. Nicht ein Mehr an Information und Wissen kann daher die Zielgröße sein, sondern die Zielerreichung bei den Stakeholdern wie beispielsweise:

- die Veränderung zu akzeptieren (Verständnis zu haben)
- die Veränderung als sinnvoll anzusehen und aktiv zu unterstützen (motiviert zu sein)
- sich informiert zu fühlen (informiert zu sein)
- ein sinnvolles, erreichbares Ziel zu verfolgen (orientiert zu sein)

> Kommunikationscontrolling ist die Reflexions- und Analysebasis für die operative und strategische Steuerung der Kommunikation. Es geht hierbei um die Auswahl von Information und deren Interpretation und Gestaltung. Sie besteht aus Prozess- und Ergebnisevaluation.

Prozessevaluation: Die Prozessevaluation erfasst einerseits die aktuelle Situation während der Veränderung und überwacht zugleich die einzelnen Veränderungsphasen. So können Möglichkeiten zur Optimierung des laufenden Prozesses identifiziert werden.

Ergebnisevaluation: Bei der Ergebnisevaluation geht es um das Resultat des Change Prozesses. Im Ergebnis kann Kommunikationscontrolling den Nutzen von Change Kommunikation sichtbar und nachweisbar machen.

Evaluation als Anstoß für Neues: Wirksames Controlling selbst, auch kommunikativer Prozesse, führt zu einer lernfähigen Organisation. Dieses Thema ist in der Fachwissenschaft noch zu wenig behandelt.

Grenzen der Kommunikationswirkung: Es ist nicht eineindeutig nachweisbar, dass genau diese Kommunikation gewirkt hat, da viele Faktoren auf den Menschen und seine Wahrnehmung einwirken. Nachweisbar ist jedoch: Wenn nicht kommuniziert wird oder Kommunikation schlecht gemacht ist, sind Change Prozesse nicht erfolgreich. Change ohne professionelle Kommunikation scheitert.

> Ohne Messkriterien keine Erkenntnis: Der Ausgangspunkt für die Evaluation sind die gesetzten Ziele.

Zu planende Elemente für die Evaluation:

- Zeitpunkte für die Datenerhebung, um einen Verlauf zu beobachten und zu kontrollieren
- zu messende Kategorien (was soll gemessen werden, z. B. das „informiert sein", Akzeptanz, Zustimmung)
- Kennzahlen bzw. sog. KPIs (Key Performance Indicators) für die Zielerreichung bei der Wissens-, Meinung-, Einstellungs- und Verhaltensänderung, um die erreichte Veränderung zu bewerten

Bei den betroffenen Menschen sind Wissensstand, Meinung und Einstellung (Basis: Emotion) und Verhalten messbar.

> **Wichtig**
> Als Basisfrage für die Evaluation kann die klassische Lasswell-Formel genutzt werden:
> „Who says what to whom in which channel with which effect" (Lasswell, 1948). In dieser Formel stecken alle Wirk- und Erfolgsfaktoren.

Grundlegende Methoden der Evaluation

Als Messinstrumente von Kommunikationserfolg können alle sozialwissenschaftlichen Methoden zum Erheben von Informationsstand, Meinung und Einstellungen bei Menschen genutzt werden. Zu empfehlen sind hier aber vor allem:

- **Befragungen:** Es lassen sich Meinungen und ihre Veränderung feststellen (Meinungsforschung).
  Wichtig: Idealerweise sollte zweimal befragt werden: vor/zu Beginn des Change, im Change und nach dem Change. Nur so gibt es eine Erkenntnis zur Veränderung und der Wirkung der Kommunikation. In vielen Unternehmen finden bereits regelmäßige Mitarbeiterbefragungen statt. Diese können genutzt und um bestimmte Fragestellungen ergänzt werden. Große Befragungen binden viel Energie und mehr als einmal jährlich sollten die Mitarbeitenden nicht umfassend befragt werden. In der Praxis haben sich kurze Pulse Checks bewährt: kurze, knackige Umfragen im Intranet mit maximal drei bis fünf Fragen, um zu kontrollieren, ob in der Kommunikation ggf. nachgesteuert werden muss.
- **Beobachtungen:** Es können sichtbare Reaktionen und Entwicklungen im Verhalten erhoben werden.
  Wichtig: Es sollte vorher festgelegt sein, was beobachtet wird und in welchen Kategorien beobachtet und ausgewertet wird; also wonach „gesucht" wird – zum Beispiel Äußerungen oder Verhaltensweisen (strukturierte Beobachtung mit definierten Kategorien).
- **Inhaltsanalyse:** Es können sichtbare Reaktionen und Entwicklungen in den Äußerungen erhoben werden.
  Wichtig: Diese zeitlich vom akuten Prozess unabhängige Methode bedeutet ein minimales Eingreifen in soziale Prozesse, kann zugleich jedoch keine Einstellung feststellbar machen oder Nachfragen zum Verständnis ermöglichen. Aus der Analyse von Texten, Bildern und Grafiken oder auch Videos, oder aber Posts kann man Information und Meinungen extrahieren: Dies sind jedoch lediglich Schlaglichter, wenn die Ergebnisse nicht in die Rolle der Meinungsgebenden oder deren Interessen und Erwartungen eingebettet werden.

Die Evaluation und somit das Controlling von Kommunikationskonzepten und ihrer Wirkung, ist nicht abgetrennt von der Analyse: Ausgangsanalyse sowie Kommunikationsziele bedingen, was evaluiert wird und welche Controlling-Parameter angesetzt werden. Dies wird auch als Re-Analyse bezeichnet. Das gilt sowohl in der vertikalen (kommunikationsplanerischen) als auch in der horizontalen (Management-)dimension.

Planung und Kontrolle sind Zwillingsfunktionen. Die Konzeptionslehre kennt heute zwei Arten der Evaluation: die formative und summative Evaluation – beide Betrachtungsweisen sind wichtig für den Erfolg (Nothhaft & Bentele, 2020). Im Change ist vor allem eine summative Evaluation wichtig. Sie betrachtet die finalen Ergebnisse, z. B. den Zustand der erreichten Menschen. Im Change sind das zum Beispiel (s. Abb. 4.16):

- Informiertheit (sich informiert fühlen)
- den Change Prozess als sinnvoll akzeptieren
- bereit sein, sich zu beteiligen

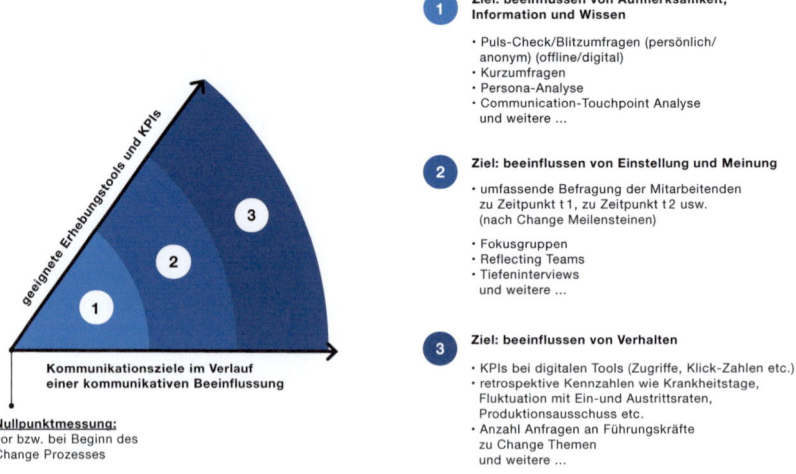

Abb. 4.16 Zusammenhang aus Kommunikationsziel und möglichen Methode zur Evaluation der Kommunikation als Erfolg. (Eigene Darstellung)

- ein positives Bild vom Handeln des Managements und Vertrauen in das Management haben

Der Ausgangspunkt sollte immer vor dem Change liegen. Dies ist der Referenzpunkt für die Messung, denn die Grundlage, um eine Veränderung messen zu können, ist immer eine Null-Messung. Nur wenn der Zustand vor der Kommunikation und nach der Kommunikation bekannt ist, kann die Wirkung dieser Kommunikation sichtbar gemacht werden. Hierfür können folgende Aspekte beispielhaft herangezogen werden:

- *Beispiel Informiertheit:* Ich kenne Ziele/Gründe/den Sinn des Change Prozesses. Dies kann zeigen, dass die Vermittlung von Fakten zum Change erfolgreich war.
- *Beispiel veränderte Wahrnehmung:* Nach zu Beginn skeptischer Einstellung zum Change Prozess ändert sich das Bewusstsein der Rezipierenden – die Betroffenen ändern ihre Einstellung, sie sehen den Change nun positiv. Die kann als Wirkung von Gehörtem, Gelesenen, Gesehenem zum Change gewertet werden. Auch das sollte direkt abgefragt werden.
- *Beispiel Wissenstest:* Bei Mitarbeitenden kann Wissen zu Zielen bzw. zur Vision des Change Projekts abgefragt werden (z. B. über ein Quiz).
- *Beispiel nachgelagerte Kennzahlen wie Fehltage, Fluktuation inklusive Ein- und Austrittsdatum, Produktionsausschuss:* Diese Zahlen gelten nachgewiesenermaßen als Beleg für die Zufriedenheit der Mitarbeitenden und im Change auch für Akzeptanz (Nichtakzeptanz) von Change Prozessen. Denn in unruhigen Zeiten verlassen High Potentials das Unternehmen als erste. Diese Kennzahlen sind jedoch erst nach längerem Beobachtungszeitraum aufschlussreich, da verschiedene Faktoren verzögernd wirken bzw. auch andere Faktoren Einfluss haben können.
- *Beispiel Zielgrößen der Einstellung:* Identifikation, Vertrauen und Veränderungsbereitschaft der Mitarbeitenden können über Methoden wie Fokusgruppen, Beobachtungen, Experimente oder Befragungen der Mitarbeitenden und verschiedener Managementebenen erhoben werden.

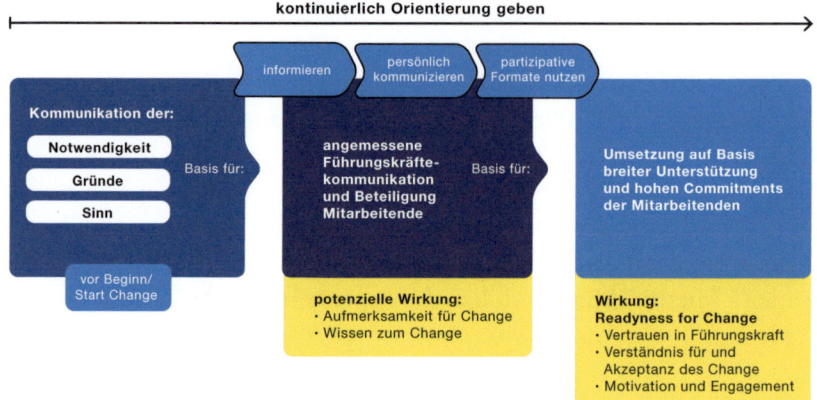

Abb. 4.17 Erfolgsfaktoren in Change Prozessen – mit Einfluss auf die „Readyness für Change". (Eigene Darstellung)

- *Beispiel Veränderungsbereitschaft:* Über die Bereitschaft, Change Prozesse zu unterstützen oder die Bereitschaft, neue Aufgaben im Unternehmen zu übernehmen, kann die Veränderungsbereitschaft erfasst und messbar gemacht werden.

Erfolgsfaktoren in Change Prozesse ist u. a. das „Wie" des kommunikativen Handelns, teils auch Handlungsprinzipien genannt. Sie sind die Basis für die Wirkung der Kommunikation im Change (s. Abb. 4.17) und deren Erreichen kann evaluiert werden (Pfannenberg, 2020).

4 Kommunikationstheorie für Change Prozesse

Praxistipp

Als „Formel" für das Überprüfen des Erfolgs der Change Kommunikation können folgende Fragen gestellt werden (auf Basis von Mast, 2020):

Wer (Akteure/Protagonistinnen des Change)	• Haben die Führungskräfte ausreichend kommuniziert? • Waren Führungskräfte auf allen Managementebenen kommunikativ sichtbar? • Haben sie die Mitarbeitenden und anderen Stakeholder überzeugt?
hat was (Wissen/Information zu Grund der Veränderung, Sinn und Vorgehen)	Kamen Information und Argumentation bei den Stakeholdern an?
an wen (Stakeholder)	• Wurden die Menschen mit den Kommunikationsmaßnahmen erreicht, die als erfolgskritisch für den Change angesehen wurden?
wie (Sinn, Botschaft, Change Story)	• Fühlen sich die Mitarbeitenden von Beginn an in den Prozess integriert? • Fühlen die relevanten Stakeholder informiert? Mitgenommen? Beteiligt?? • Konnten die als erfolgskritisch angesehene Personen(gruppen) überzeugt werden? • Unterstützen die Mitarbeitenden (andere Stakeholder) die Change Ziele/den Prozess? • Konnten alle relevanten Personen ihre Ideen etc. einbringen? • Wie war/ist die Stimmung: zu Beginn – während/jetzt – und nach dem Change Prozess? Wie war und wie ist die Mitarbeiterzufriedenheit? • Sind die Menschen im Unternehmen geblieben?
wodurch gesagt (Maßnahmen und Kanäle)	• Waren die Maßnahmen der Change Kommunikation professionell umgesetzt? • Wurde sie als zum Wir-Gefühl des Unternehmens passend empfunden (Corporate Culture)? • Wurden die Kanäle genutzt, die von den anvisierten Stakeholdern genutzt wurden (Mediennutzenverhalten)?

Am Ende sollte das Grundprinzip inside-out überprüft werden: Wer wurde zuerst informiert? Führungskräfte, Betriebs- und Personalrat, Mitarbeitende und ggf. der Betriebsrat, dann Kundschaft, Lieferanten und der Kapitalmarkt, dann die weiteren externen Anspruchsgruppen (Häbel & Schuppener, 2015).

4.13 Grenzen der Change Kommunikation

Menschliches Verhalten ist kein einfaches Input–Output-System, bei dem – so lange nur die richtige kommunikative Maßnahme ergriffen wird – die gewünschte Handlung hervorgerufen wird. Kommunikation spielt zwar eine zentrale Rolle im gesamten Change Prozess und kann bewusst und zielgerichtet aufgesetzt werden, dennoch hat sie als Form zwischenmenschlicher, sozialer Interaktion Grenzen. Diese können beispielsweise sein:

Aufbruchsstimmung vs. Change Fatigue

Da Anzahl und Häufigkeit von Veränderungen zunehmen und sich das Tempo erhöht, kann es für die Menschen ein zu viel an Veränderung geben. In einer Befragung sprachen fast 62 % der Teilnehmenden über eine einsetzende Change Müdigkeit bzw. beobachteten diese bei anderen (Barth & Schier 2021). Wie oben beschrieben, scheitern zudem die meisten Change Projekte. Dies führt zu einem negativen Veränderungsgedächtnis der gesamten Organisation. Das Vertrauen, dass der nächste Change besser gemanagt wird, sinkt von Mal zu Mal. Es bleibt daher wohl Daueraufgabe der Führungskräfte, wenn sie Change Prozesse anstoßen, Gründe, Ziele und Rahmenbedingungen rechtzeitig und transparent zu vermitteln, sensibel zu agieren und Vorbild zu sein, aber in jedem Falle zu priorisieren und somit auch innerhalb paralleler Change Prozesse Orientierung zu geben (Change Management Kompass, 2020).

Individuum vs. Zielgruppe

Selbst wenn alle Erfolgsfaktoren beachtet wurden, kann die Kommunikation in ihrer Wirksamkeit an Grenzen stoßen, wenn:

- zielgruppengerecht geplante Kommunikation auf eine äußerst heterogene Gruppe stößt
- zielgruppengerecht geplante Kommunikation auf differierende persönliche Agenden, Motive oder Ansichten trifft

Untersuchungen von Change Projekten haben gezeigt, dass durchschnittlich 60 % der Mitarbeitenden unentschieden sind, 20 % von ihnen dem Change Prozess zustimmen, aber eben auch ungefähr 20 % der Mitarbeitenden in einem Unternehmen sich als Opponenten sehen (Reinert & Kreter, 2018).

Dieses Phänomen ist aus dem Agenda Setting bekannt. Bekannt ist ebenso, dass Opponenten selten zu überzeugen sind. Bei ihnen bewirkt großer Überzeugungsaufwand oft nur eine Stärkung der Opposition. Daher muss das Ziel der Change Kommunikation sein, die anteilmäßig größte Gruppe der Unentschiedenen – die noch (!) indifferenten – für den Change Prozess und seine Ziele zu gewinnen. Wichtig ist in diesem Zusammenhang, die Befürworter und Unterstützerinnen argumentativ zu stärken, sodass ihre positive Meinung zum Change Prozess auf die Unentschiedenen ausstrahlt. In allen Phasen bleibt Partizipation das zentrale Mittel zur Reduktion von Widerständen.

Es ist nie möglich, alle Gegnerinnen und Gegner eines Wandels zu überzeugen, weshalb auch Akzeptanz für das Vorhandensein kritischer Stimmen und Andersgesinnter an dieser Stelle gefordert ist. Hier ist erneut das Vorbild der Führungskräfte gefragt: Change Kommunikation ist Führung durch Kommunikation.

Als weitere Grenzen der Change Kommunikation können genannt werden:
Informelle vs. offizielle Information

Kommunikation erfolgt auch im Tagesgeschäft von Unternehmen sehr häufig auf informeller Ebene. In ihr werden Managementinformationen nicht selten über Vermutungen oder gar Gerüchte auf Grundlage persönlicher Motive weitergegeben. In unsicheren Situationen wie in Change Prozessen liegt ein erhöhtes Informations- und Austauschbedürfnis vor und die informelle Kommunikation nimmt noch einmal zu. Besonders in negativen Unternehmenskulturen kommt dies vor, wenn Mitarbeitende Entwicklungen oder Vorkommnisse regelmäßig auf die schlechtmöglichste Art und Weise interpretieren. Informelle Kommunikation konterkariert die Wirkung der geplanten, strategisch ausgerichteten Kommunikation, zugleich kann diese Art der Kommunikation nicht verhindert oder eingeschränkt werden. Eine Lösung ist, diese Kommunikation im Sinne der eigenen Ziele zu fördern, indem über Schlüsselkommunikatoren Information weitergegeben wird und dadurch Informationskaskaden entstehen können, die dann im eigenen Sinne wirken. Die Gefahr der Verselbstständigung informeller Kommunikation durch ausreichende, zeitnahe und glaubwürdige Kommunikation wird so zumindest minimiert (Brehm, 2014).

Angst vor Kontrollverlust vs. Vertrauen

In allen Phasen des Change Prozesses besteht die Gefahr, die Kontrolle über den Prozess zu verlieren (Kebbel & Kunath, 2020). Dies kann von Dritten ausgehen, etwa von Aktionärinnen, Politikern und den eigenen Arbeitnehmervertretern. Es kann aber auch Leaks geben, durch die Medien vor der Zeit Interna erfahren und publizieren, z. B. über private Social-Media-Kanäle. Diese Szenarien können nur gut vorbereitet, aber nicht ausgeschlossen werden. Zur Change Kommunikation gehört daher auch die Vorbereitung auf derartige Szenarien. Hierzu zählen – ähnlich der professionellen Krisenkommunikation – Arbeitsschritte wie:

- Argumentationslinien entwickeln, mit denen eine erwartbare Kritik entkräftet werden kann.
- Planen, wie man Unterstützende zu Verbündeten entwickeln kann.
- Erfahrungen und Prozesse aus der Krisenkommunikation situationsadäquat nutzen:
  - Medien, anderen Multiplikatoren und Meinungsführerinnen zuhören und Inhalte auswerten,
  - Dringlichkeit und Angemessenheit eventueller Kritik bzw. berechtigter Ansprüche identifizieren, prüfen, ernst nehmen und bewerten,
  - mit kritischen Akteuren in den Dialog gehen und sie bestenfalls in den Prozess einbinden.
- Auf keinen Fall Probleme totschweigen.

Das Valley of Death

Selbst wenn Organisationen den Prozess gut aufsetzen, kann es zum Ende einer Transformation neue Probleme geben, die kommunikativ begründet sind. Es geht um das sogenannte Valley of Death. Geschätzt etwa ein bis anderthalb Jahre nach dem offiziellen Ende des Transformationsprozesses leiden viele Organisationen an einem Mangel an Engagement. Der Grund: Oft ist die Change Kommunikation lediglich auf den Change Prozess selbst fokussiert und nicht auf die Emotionen danach. Die damit verbundene emotionale Erschöpfung kann jedoch überwunden werden, wenn die Geschichte der Veränderung nach Beendigung proaktiv weitererzählt wird. Es braucht dafür ein überzeugendes Narrativ für alle Stakeholder über und für den neuen Zustand (vgl. die sogenannte Trauerkurve in Abschn. 2.2).

Literatur

Bahrt, P., & Schier, S. (2021). Interne Kommunikation im Change 2.0 – Aspekte, Triebkräfte und Blockaden. Studie SCM Online. https://interne-kommunikation.net/interne-kommunikation-im-change-2-0-aspekte-triebkraefte-blockaden/. Zugegriffen: 1. Jan. 2022.

Birkigt, K., Stadler, M. M., & Funck, H. J. (2002). *Corporate Identity: Grundlagen, Funktionen, Fallbeispiele* (11. Aufl.). Verlag Moderne Industrie.

Buchholz, U., & Knorre, S. (2012). *Interne Unternehmenskommunikation in resilienten Organisationen*. Springer Gabler.

Brehm, C. R. (2014). Kommunikation im Wandel. In W. Krüger & N. Bach (Hrsg.), *Excellence in Change* (S. 237–264). Gabler.

Buchholz, U., & Knorre, S. (2019). Change Management. In U. Buchholz & S. Knorre (Hrsg.). *Interne Kommunikation und Unternehmensführung* (S. 239–260). Springer Fachmedien.

Capgemini Invent Studie. (2017). Change Management Studie 2017. www.capgemini.com/de-de/invent. Zugegriffen: 23. Febr. 2022.

Capgemini Invent. (2019). Auf dem Sprung – Wege zur organisationalen Dexterity. Change Management Studie 2019. www.capgemini.com/de-de/invent. Zugegriffen: 23. Febr. 2022.

Change-Fitness-Studie. (2021). Mutaree GmbH. https://www.mutaree.de/content/change-fitness-studie. Zugegriffen: 1. März 2022.

Cziesche, D. (o.J.). Die Entkopplung überwinden: Wie interne Kommunikation wirklich durchdringt. In: Neue Narrative – Das Magazin für neues Arbeiten #3. S. 87. L. Marbacher, S. Klein (Hrsg.). The Dive.

Deekeling, E., & Arndt, S. (2021). Change-Kommunikation im Unternehmen. In S. Einwiller, S. Sackmann, & A. Zerfaß (Hrsg.). *Handbuch Mitarbeiterkommunikation* (S. 545–563). Springer Medien.
Deutinger, G. (2017). *Kommunikation im Change: Erfolgreich kommunizieren in Veränderungsprozessen* (2. Aufl.). Springer Gabler.
Dirksen, R.-G. (2020). Die Strategie der Kommunikation in der Organisationsentwicklung 2.0. *Gruppe. Interaktion. Organisation. Zeitschrift für Angewandte Organisationspsychologie (GIO), 51,* 345–352.
Ebert, H. (2014). Organisationskultur und Verhaltensstile von Unternehmen: Einflussgrößen für die Kommunikationsstrategie. In A. Zerfaß & M. Piwinger (Hrsg.). *Handbuch Unternehmenskommunikation.* Springer Fachmedien.
Einwiller, S. (2016). Messung des Kommunikationserfolges der Mitarbeiterkommunikation. In F.-R. Esch, T. Langner, & M. Bruhn (Hrsg.). *Handbuch Controlling der Kommunikation* (S. 555–575). Springer Fachmedien.
Entman, R. M., & Rojecki, A. (1993). Freezing out the public: Elite and media framing of the U.S. antinuclear movement. Political Communication, Vol. 10(2). S. 155–173
Fieseler, C. (2020). Organisationskultur und Unternehmenskommunikation. In A. Zerfaß, M. Piwinger, & U. Röttger (Hrsg.). *Handbuch Unternehmenskommunikation* (3. Aufl., S. 1–16). Springer Gabler.
Freemann, R. E. (1984). *Strategic Management. A Stakeholder Approach.* Pittman.
Führmann, U., & Schmidbauer, K. (2020). *Interne Kommunikation mit Weitblick.* Talpa.
Gallup. (2021). Gallup Engagement Index. Work Experience Communication Survey. https://www.gallup.com/workplace/389594/leaders-communicate-change-burned-workforce.aspx. Zugegriffen: 12. Sept. 2022.
Gallup. (2022). Gallup Engagement Index. State of the Global Workplace 2022 Report. The Voice of the World's Employees. https://www.gallup.com/workplace/349484/state-of-the-global-workplace-2022-report.aspx?thank-you-report-form=1. Zugegriffen: 12. Sept. 2022.
Groysberg, B., Lee, J., Price, J., & Cheng, Y-J. (2018). The Leader's Guide to Corporate Culture. How to manage the eight critical elements of organizational life. Harvard Business Review 01/2018. https://hbr.org/2018/01/the-culture-factor. Zugegriffen: 5. Apr. 2022.
Gutheil, B., Hasse, M., Haungs, T., Köck, R., Reinhard, C., & Westermann, L. (2018). Gegen alle Widerstände? Eine quantitative Befragung zu Einflussfaktoren auf Widerstände in Change-Prozessen. Studienergebnisse

SoSciPanel. https://www.soscipanel.de/studies.php?id=432/. Zugegriffen: 7. Dez. 2021.
Häbel, K., & Schuppener, B. (2015). Veränderungskommunikation. In R. Fröhlich, P. Szyska, & G. Bentele (Hrsg.). *Handbuch der Public Relations. Wissenschaftliche Grundlagen und berufliches Handeln.* (S. 949–964). Springer VS.
Hosenfelder, K., & Stoltenow, S. (2021). Agiles Arbeiten für mehr Tempo und bessere Ideen in der PR. In: PR Report 5/2021. Eugendorf: Johann Oberauer Verlag.
Houben, A., Frigge, C., Trinczek, R., & Pongratz, H. J. (2007). Veränderungen erfolgreich gestalten. Repräsentative Untersuchung über Erfolg und Misserfolg im Veränderungsmanagement. Die wichtigsten Ergebnisse. C4 Consulting GmbH. www.veraenderungen-erfolgreich-gestalten.de. Zugegriffen: 9. März 2022.
IBM Insight Forum 09. (2009). Making Change work. https://www.slideshare.net/IBMNZ/making-change-work. Zugegriffen: 3. Apr. 2022.
IBM Corporation. (2018). *The modern Marketing Mandate* (19. Aufl.). IBM Institute for Business Value. Global C-Suite Study.
IFOK Studie. (2010). *Pluspunkt. Erfolgsfaktor Change Communication – zwischen Wunsch und Wirklichkeit.* IFOK GmbH.
Ingenhoff, D., Borner, M., & Zerfaß, A. (2020). Corporate Listening und Issues Management in der Unternehmenskommunikation. In A. Zerfaß, M. Piwinger, & U. Röttger (Hrsg.), *Handbuch Unternehmenskommunikation* (S. 1–17). Springer Fachmedien.
Kebbel, P., & Kunath, T. (2020). Transformationskommunikation von Unternehmen: Kommunikative Unterstützung von Restrukturierungen und Mergers & Acquisitions. In A. Zerfaß, M. Piwinger, & U. Röttger (Hrsg.), *Handbuch Unternehmenskommunikation* (3. Aufl., S. 1–20). Springer Gabler.
Klös, H.-P., Rump, J., & Zibrowius, M. (2016). *Werte, Arbeitseinstellungen und unternehmerische Anforderungen. Die neue Generation.* Roman Herzog Institut.
Krüger, W., & Bach, N. (Hrsg.). (2014). *Excellence in change.* Gabler.
Lasswell, H. D. (1948). The Structure and Function of Communication in Society. In L. Bryson (Hrsg.). *The Communication of Ideas* (S. 37–51). New York.
Lauer, T. (2019). *Change Management: Grundlagen und Erfolgsfaktoren.* Springer.

Leipziger, J. W. (2009). *Konzepte entwickeln. Handfeste Anleitung für bessere Kommunikation.* Frankfurter Allgemeine Buch.
Lies, J., & Palt, B. (2015). Change Communications. In J. Lies (Hrsg.). *Praxis des PR-Managements. Strategie, Instrumente – Anwendung* (S. 222–231). Springer Gabler.
Lorenz, K. (1978). *Vergleichende Verhaltensforschung: Grundlagen der Ethologie.* Springer.
Luhmann, N. (2000). *Vertrauen: Ein Mechanismus der Reduktion sozialer Komplexität* (4. Aufl.). Lucius&Lucius/utb.
Mast. C. (2009). Change Communication zwischen Gefühl und Kalkül: Theoretische Überlegungen und Ergebnisse aus Umfragen. In: Kommunikation und Management 2009. Research Paper des Instituts für Sozialwissenschaften. Band 8. http://opus.uni-hohenheim.de/volltexte/2009/353/. Zugegriffen: 8. März 2022.
Mast, C. (2019). *Unternehmenskommunikation. Ein Leitfaden. Unter Mitarbeit von Simone Huck-Sandhu* (7. Aufl.). UVK.
Mast, C. (2020). Interne Unternehmenskommunikation: Mitarbeiter und Führungskräfte informieren und motivieren. In A. Zerfaß, M. Piwinger, & U. Röttger (Hrsg.). *Handbuch Unternehmenskommunikation* (3. Aufl., S. 1–20). Springer Gabler.
Mynarek, F., Steckel, J., Grandpierre, A., & Häring, K. (2021). Das Zusammenspiel individuellen und organisationalen Lernens – Ein Review der neueren Literatur. *Zeitschrift für Arbeitswissenschaft, 75,* 438–454.
Netigate. (2017). Kommunikation ist King im Beruf. https://de.statista.com/infografik/9449/was-die-deutschen-am-meisten-an-ihrer-arbeit-stoert/. Zugegriffen: 29. Apr. 2022.
Nicotera, A. M., & Putnam, L. (2009). *Building theories of organization. The constitutive role of communication. Communication Series. Organizational Communication. Inc.* Routledge.
Nothhaft, H., & Bentele, G. (2020). Konzeption von Kommunikationsprogrammen in der Unternehmenskommunikation. In A. Zerfaß, M. Piwinger, & Röttger, U. (Hrsg.). *Handbuch Unternehmenskommunikation* (S. 1–26). Springer Fachmedien.
Pfannenberg, J. (2020). Veränderungskommunikation im Corporate Change: Herausforderungen für die externe und interne Unternehmenskommunikation. In A. Zerfaß, M. Piwinger, & U. Röttger (Hrsg.), *Handbuch Unternehmenskommunikation* (3. Aufl., S. 1–17). Springer Gabler.
Quirke, B. (1995). *Communicating change: A Practical guide to communication and corporate strategy.* McGraw-Hill Publishing Co.

Reinert, M., & Kreter, S. (2018). Kommunikation als Managementaufgabe in Restrukturierungen: Ausgestaltung der internen und externen Kommunikation. In T. C. Knecht, U. Hommel, & H. Wohlenberg (Hrsg.). *Handbuch Unternehmensrestrukturierung. Grundlagen – Konzepte – Maßnahmen* (S. 695–714). Springer Fachmedien.

Rommerskirchen, J., & Roslon, M. (2020). *Einführung in die moderne Unternehmenskommunikation. Grundlagen, Theorien und Praxis.* Springer Gabler.

Schneider, B. (1987). The people make the place. In Personell Psychology. Vol. 40. (S. 437–453).

Trendmonitor Interne Kommunikation. (2022). Trendmonitor 2022. SCM. https://interne-kommunikation.net/trendmonitor-digitale-interne-kommunikation-2022-herunterladen/. Zugegriffen: 22. Apr. 2022.

Wehling, E. (2016). *Politisches Framing. Wie sich eine Nation dich ihr Denken einredet – und daraus Politik macht.* Herbert von Halem.

Wiedmann, K.-P. (2016). Corporate Identity als strategisches Orientierungskonzept der Kommunikation. In M. Bruhn, F.-R. Esch, & T. Langner (Hrsg.). *Handbuch Strategische Kommunikation Grundlagen – Innovative Ansätze – Praktische Umsetzungen* (2. Aufl., S. 157–172). Springer Gabler.

Wölkhammer, V. (2021). Fokus interne Kommunikation. In: beyond #16, Veränderung und die hohe Kunst des Loslassens. Ausgabe Juli 2021. S. 12-17. SCM School for Communication and Management.

Zacherls, M., Freibichler, W., Christiansen, N., & Wegener, J. (2020). Change Management Kompass 2020. Starke Führung als wichtigster Faktor für erfolgreiche Transformation. Herausgeber Porsche Consulting. https://newsroom.porsche.com/dam/jcr:Dfe0c0ef-d7a7-4f1d-866a-01f898923136/Change%20Management%20Kompass%202020_C_Porsche%20Consulting.pdf. Zugegriffen: 29. Apr. 2022.

5

Wirksame und zielgerichtete Change Kommunikation in der Praxis

Wissen und Kompetenzerwerb für die Umsetzung

Change Kommunikation kann nur dann erfolgreich sein, wenn sie frühzeitig eingebunden und als strategische Partnerin des Managements wahrgenommen wird. Sie sollte bereits in der Projektplanung mit bedacht werden, zum Beispiel als Teilprojekt oder als Stabsstelle und – wenn dies nicht der Fall ist – ihren Gestaltungseinfluss unter Umständen einfordern. Die Planung der Change Kommunikation beginnt idealerweise bereits vor dem Aufsetzen des Change Projektes und sollte sich so organisieren, dass flexibel auf die jeweiligen Zustände in der Organisation reagiert werden kann.

> **Mehr Bewusstsein durch Interne Kommunikation**
>
> Kommunikation macht Unklarheiten sichtbar und zeigt Widersprüche oder Zielkonflikte in der Strategie auf – dies fällt spätestens dann auf, wenn Kommunikationsinhalte in die Abstimmung gehen und einzelne Punkte plötzlich noch einmal von Grund auf diskutiert werden. Interne Kommunikationsmanager stellen darum viele Fragen und zwingen das Management dazu, Dinge zu Ende zu denken. Eine Kommunikationsmanagerin an Bord zu haben, kann gerade zu Anfang anstrengend sein, führt aber letztendlich dazu, dass der Prozess später gut und effektiv begleitet werden kann.

5.1 Organisatorische Aufgaben der Change Kommunikation

An einem Change Prozess sind viele Parteien beteiligt: Kommunikation, die Strategie-Abteilung, Human Resources, die Führungsebene, die Projektleitung/das Projektmanagement und ggf. weitere Fachabteilungen müssen koordiniert werden. Um die Arbeitsfähigkeit sicherzustellen, müssen daher vorab zunächst organisatorische Punkte geklärt werden, für die man sich etwas Zeit nehmen sollte:

- **Auftragsklärung:** Die Interne Kommunikation benötigt den expliziten alleinigen Auftrag zur kommunikativen Begleitung des Change Prozesses und ist zuständig für die Ausarbeitung von Grundlagen und die Befähigung weiterer Kommunikatorinnen und Kommunikatoren. Wenn ohne gemeinsame Rahmenbedingungen an verschiedenen Stellen kommunikativ gearbeitet wird, kann schnell Chaos entstehen – zum Beispiel, indem widersprüchliche Botschaften in die Organisation gesendet werden.
- **Ressourcenklärung:** Wie viele Ressourcen (Personal und Budget) werden zur Verfügung gestellt? Wird ggf. externe Unterstützung benötigt?
- **Festlegung des Prozesses:** Wer liefert welche Inhalte zu? Wer ist in die Abstimmungen involviert? Wer gibt welche Inhalte frei? Gerade diese Aspekte sind oft sehr zeitintensiv und sorgen für Zeitverlust, wenn sie erst im laufenden Prozess geklärt werden.
- **Rollen festlegen:** Wer sagt wann was zu wem? Wer ist der Absender der Change Kommunikation? Dieser kann im Prozess, abhängig von den Botschaften, auch wechseln, zum Beispiel von der Geschäftsführung zur Projektleitung.
- **Vernetzung:** Mit welchen Abteilungen muss zusammengearbeitet werden und wie gestaltet sich die Zusammenarbeit?

5.2 Inhaltliche Aufgaben der Change Kommunikation

Die Aufgaben der Internen Kommunikation sind heutzutage vielfältig. Je nach Phase des Veränderungsprozesses stehen interne Kommunikationsleute vor folgenden Herausforderungen:

- über die Change Strategie informieren, sie übersetzen und Komplexität reduzieren: vom „Management-Sprech" in inhaltlich und formal verständliche Bilder und Aussagen
- für Konsistenz und einheitliche Botschaften sorgen, um Diskrepanzen und Reaktanzen zu vermeiden
- motivieren, aktivieren und Veränderungsbereitschaft herstellen
- emotionalisieren: nicht nur den Kopf, auch das Herz ansprechen
- Akzeptanz für den Wandel herstellen
- Agenda Setting: aktuelle und relevante Themen wie lebenslanges Lernen auf die interne Agenda setzen
- Ängste, Sorgen, Widerstände minimieren
- Dialog initiieren, Austausch, Reflexion, Feedback und Interaktivität ermöglichen
- Führungskräfte in Führung bringen, insbesondere die Geschäftsführung als Initiator, Urheber, Treiber inszenieren
- befähigen, Kommunikations-Know-how vermitteln und insbesondere die Führungskräfte zu guten Kommunikatorinnen und Kommunikatoren machen (neudeutsch: „enabling")
- Freude am Wandel und Wachsen, Spaß am Neuen vermitteln

Damit der Überblick nicht verlorengeht, ist ein strategisches und gut geplantes Vorgehen unerlässlich. Die Interne Kommunikation hat dabei verschiedene Rollen inne und muss in der Lage sein, zwischen ihnen situationsgerecht und anlassbezogen zu wechseln. Kommunikationsverantwortliche sollten sich dieser Rollen bewusst sein und sie aktiv für sich ausgestalten (s. Abb. 5.1).

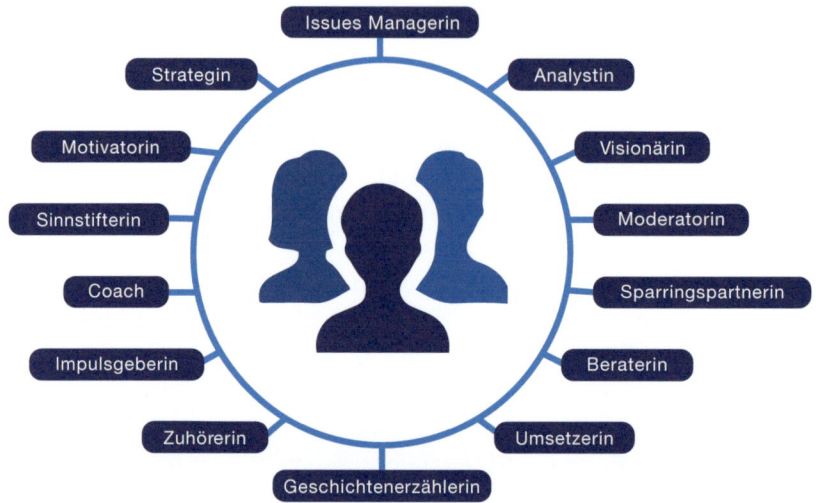

Abb. 5.1 Die Rollen der Internen Kommunikation. (Eigene Darstellung)

Zu Beginn eines Veränderungsprozesses sollten folgende Fragen gestellt werden:

- Wo werden sich welche Veränderungen auswirken? Sind nur bestimmte Abteilungen, Bereiche oder Teams betroffen oder alle Mitarbeitenden?
- Wie viele Mitarbeitende sind von der Veränderung betroffen? Was wird sich konkret für sie ändern?
- Wie schmerzhaft werden die Veränderungen sein?
- Welche Mitarbeitenden haben welche Kommunikationsbedürfnisse?
- Wie werden die betroffenen Mitarbeitenden voraussichtlich reagieren? Gibt es Unterschiede bei den jeweiligen Gruppen?

Die Kommunikation wird zielgruppengerecht geplant. Gegebenenfalls müssen Zielgruppen in unterschiedlicher Intensität und zu verschiedenen Zeitpunkten angesprochen werden. Um den jeweiligen Rezeptionsgewohnheiten und -vorlieben entgegenzukommen, sollten individuelle und vielfältige Kommunikationsangebote gemacht und verschiedene Kanäle genutzt werden.

Die Ungleichzeitigkeit der Ereignisse

Heutige Transformationsprozesse sind komplex – ganz egal, ob der Anlass ein Kulturwandelprozess, eine Restrukturierung, ein Merger oder ein CEO-Wechsel ist. Hatten Veränderungsvorhaben früher meist einen Anfang und ein Ende, sodass die Veränderung eine zeitlich begrenzte Phase war, geht heute häufig ein Change nahtlos in den nächsten über bzw. laufen mehrere Veränderungsprozesse parallel oder ein Change besteht aus mehreren Teilprojekten, die in unterschiedlicher Geschwindigkeit bearbeitet werden. Auch sind häufig verschiedene Bereiche der Organisation in unterschiedlicher Intensität und zu verschiedenen Zeitpunkten von Veränderungen betroffen. Das führt dazu, dass die bekannten Change Kurven sich überlagern (siehe Abschn. 2.2). Nicht alle Mitarbeitenden durchleben dieselben Phasen zum gleichen Zeitpunkt. Es kommt zu einer zeitversetzten, emotionalen Verarbeitung auf verschiedenen Ebenen (Abb. 5.2).

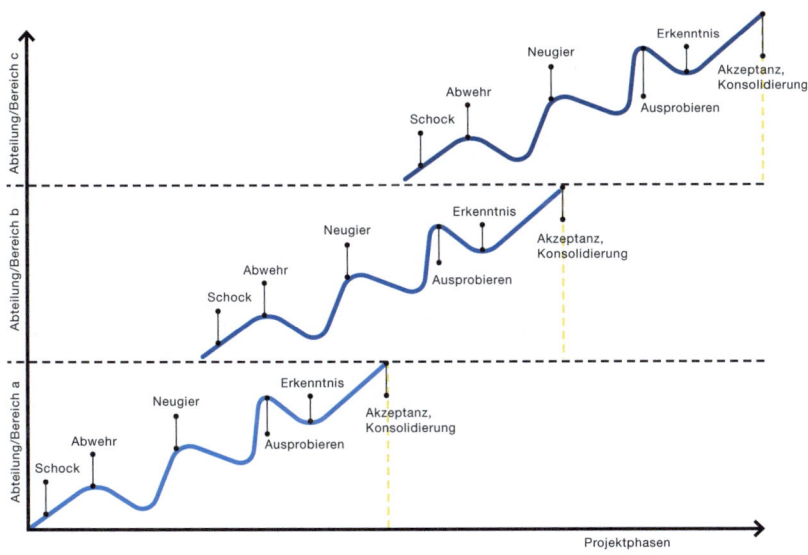

Abb. 5.2 Zeitversetzte emotionale Verarbeitung von Betroffenen zu verschiedenen Zeitpunkten im Projektverlauf. (Eigene Darstellung)

Change is the new normal: Veränderung ist zum Dauerzustand geworden, und das stellt Management, Kommunikation und Human Resources vor neue Herausforderungen. Zudem besteht die Gefahr, dass die Mitarbeitenden die Orientierung verlieren und sich Veränderungsmüdigkeit breitmacht.

In der Praxis stößt man teilweise auf Ratlosigkeit und Überforderung bei Geschäftsführung und Kommunikationsverantwortlichen. Wie sollen die vielen einzelnen Fäden zusammengeführt, wie soll mit den dynamischen, sich überschlagenden internen und externen Entwicklungen Schritt gehalten werden? Zunächst ist es wichtig, alle Veränderungsprojekte in einen verständlichen Gesamtzusammenhang miteinander sowie mit der Unternehmensstrategie zu bringen, denn sie alle zahlen auf dieselben Ziele ein. Indem das „große Bild" gezeichnet wird, können Zusammenhänge hergestellt und die Projekte unter einem Dach nachhaltig und transparent kommuniziert werden. Dafür sollte zu Beginn der Rahmen der Veränderung definiert werden. Eine „ganzheitliche Denke", der Blick fürs „große Ganze", ist eine wichtige Voraussetzung dafür.

Eine Orientierung an den bekannten Phasen der Veränderungskurve (Abschn. 2.2) funktioniert nur noch bedingt. Agilität, Flexibilität und Ergebnisoffenheit sind stattdessen geboten. „Mut zur Beta-Phase" sollte das Motto lauten: schnell entscheiden, ausprobieren, evaluieren und nachjustieren – und dabei eine gewisse Fehlertoleranz mitbringen. Die bekannten Instrumente und Methoden werden dennoch nicht über Bord geworfen – sie werden nur anders eingesetzt und mit weniger Absolutheit angewendet.

Der Unterschied zwischen Prozess- und Ergebniskommunikation

Ähnlich wie in der Krisenkommunikation hat die Geschäftsführung auch bei Change Projekten oft das Gefühl, sie kann erst mit der Kommunikation beginnen, wenn alle Inhalte ausgearbeitet und Änderungen wie zum Beispiel Umstrukturierungen final verabschiedet sind. Auch eventuelle Gremienabstimmungen mit dem Personal- oder Betriebsrat können dazu führen, dass die konkreten Planungen noch nicht kommuniziert werden können. Sie werden daher manchmal über einen längeren Zeitraum hinweg vertraulich behandelt. Dennoch spüren die Mitarbeitenden, dass „etwas im Busch ist". Sie beginnen, Mutmaßungen anzustellen und Gerüchte zu verbreiten. Je nach Unternehmenskultur können sie sehr misstrauisch sein und Dinge auf die negativste Art und Weise interpretieren. Daher empfiehlt es sich, frühzeitig mit einer Prozesskommunikation zu starten, um die Deutungshoheit über die Inhalte zu behalten. Prozesskommunikation bedeutet, über den Prozess zu berichten, auch wenn noch nicht alle Ergebnisse feststehen, denn Menschen möchten nicht nur wissen, welche Entscheidungen getroffen wurden, sondern auch, warum sie getroffen wurden, welche Überlegungen dazu geführt haben und welche Alternativen ggf. geprüft wurden.

Mögliche Inhalte der Prozesskommunikation können sein:

- Beschreibung der Ausgangssituation, die dazu geführt hat, dass nun über Veränderungen nachgedacht hat
- Darstellung der am Prozess Beteiligten
- Beschreibung dessen, was schon passiert ist bzw. gerade passiert (Analysephase, was wird gerade betrachtet, mit wem wird gesprochen …)
- grobe Aussagen über nächste Schritte und den Zeithorizont sowie ggf. über Unterstützungsangebote (Fortbildungen o. ä.)

> **Exkurs: Change Kommunikation ist eine Querschnittsaufgabe und die Personalabteilung gehört von Anfang an mit an den Tisch**
>
> Change Kommunikation ist eine Querschnittsaufgabe. Daran können neben der Kommunikationsabteilung folgende Bereiche beteiligt sein: Strategieabteilung, Human-Resources-/Personalabteilung und Personalentwicklung oder Organisationsentwicklung. Ein Change Prozess sollte immer im Rahmen eines Projektes organisiert sein, denn ein definierter Start- und Endtermin ist für den Erfolg unerlässlich. Daneben bedarf es auch einer Projektorganisation inkl. Verantwortungsmodell. (siehe Abschn. 2.3 und Abb. 2.4). Alle vorgenannten Aufgabenbereiche sollten dort von Anfang an eingebunden sein. Jedes Unternehmen ist anders aufgebaut und die Aufgaben interne Kommunikation/Change Kommunikation, Organisationsentwicklung und Personalentwicklung können je nach Organisationsstruktur unterschiedlich verteilt und aufgehängt sein. Es gibt Change Projekte, die vom Bereich Organisations-

entwicklung verantwortet werden. Es gibt aber auch Unternehmen, die diese Kompetenz von externen Beratungsunternehmen erbringen lassen. Wie auch immer sich ein Unternehmen aufgestellt hat, fest steht: Alle Bereiche gehören von Anfang an gemeinsam an den Tisch. Eine gewisse Kommunikationskompetenz sollte in allen Bereichen integriert und ausgebaut werden, sodass die Change Kommunikation auf verschiedene Schultern verteilt werden kann.

In der Praxis kommt es leider manchmal zu Revierstreitigkeiten und Kompetenzgerangel. Dahinter steht ein veraltetes Denken, das nicht zielführend ist und den Wandel schon auf strategischer Ebene gefährden kann. Wichtig ist daher eine direkte Beauftragung der einzelnen Fachbereiche durch den Auftraggebenden und eine frühzeitige Rollen- und Aufgabenklärung sowie das Festlegen von Verantwortlichkeiten sowie Abstimmungs- und Freigabeprozessen. Investiert man die Zeit und Energie dafür am Anfang nicht, wird es unter Umständen im Projektverlauf chaotisch und kommt zu Reibungsverlusten.

Bei einem Change spielt insbesondere die Personalabteilung eine wichtige Rolle. Zum einen besitzt sie in der Regel wichtige Kenntnisse über die Menschen und die Kultur in der Organisation. Zum anderen ist es ihre Aufgabe, die Personalauswahl- und -entwicklungsinstrumente auf den Change auszurichten und für die notwendigen Kompetenzerweiterungen bei Führungskräften und Mitarbeitenden zu sorgen, denn diese müssen durch einen Veränderungsprozess häufig in einer neuen Rolle agieren oder andere Aufgaben übernehmen, und dafür brauchen sie in der Regel auch neue Fähigkeiten.

Hinzu kommen sogenannte Future Skills, die Arbeitnehmende generell benötigen, um mit den neuen Anforderungen der VUCA-Welt zurechtzukommen. Dazu zählen beispielsweise Selbstführung, Kooperationsfähigkeit, Resilienz, Veränderungsfähigkeit, Selbstwirksamkeit, Umgang mit Stress, Medienkompetenz und Ambiguitätstoleranz. Immer mehr Unternehmen und Organisationen haben darum das Thema „Lernende Organisation" für sich entdeckt und entwickeln für ihre Mitarbeitenden moderne Lernwelten und neue Formate wie kollegiale Beratung oder Peer-Learning-Angebote. Sie unterstützen so dabei, die Veränderungskompetenz der Organisation zu stärken und Voraussetzungen für neue organisationale Lernbedingungen zu schaffen, denn sie wissen, dass Qualifizierung der Schlüssel für ihre Zukunftsfähigkeit ist (Abschn. 4.7).

Ein besonderes Thema ist die Stärkung von Veränderungskompetenz: „Veränderungskompetenz ist die *Fähigkeit*, Veränderungsbedarf zu erkennen, Veränderungsziele zu erarbeiten, Veränderungsprozesse zu gestalten und bis zum erwünschten Veränderungsergebnis zu lenken, das Ergebnis beizubehalten und es möglicherweise weiter zu verbessern. *Fähigkeit* ist mehr als ‚theoretisches Wissen', sondern bedeutet praktisches Können, erfolgreiches Tun. (...) Eine hohe Veränderungskompetenz entsteht im Zusammenspiel von Persönlichkeitsmerkmalen, Methoden und

> unterstützenden Rahmenbedingungen im Unternehmen. Unbedingte Voraussetzung für Veränderungserfolg ist Veränderungsbereitschaft. Sie ist nicht zwangsläufig gegeben, denn ‚*Menschen lieben den Fortschritt, hassen aber jede Veränderung' (Voltaire)*" (Schröder, o. J.).
> Die Personalabteilung erarbeitet daher auf Basis der Change Strategie neue Kompetenzprofile. Daraus wird der Fort- und Weiterbildungsbedarf abgeleitet und es wird definiert, welche zusätzlichen Unterstützungsangebote (z. B. Supervision, Coaching) benötigt werden und wie Potenzialträgerinnen und -träger gezielt gefördert werden können. Letztendlich finden diese Aspekte idealerweise auch Eingang in die Personalakquise-Strategie, die Formulierung der Stellenprofile und in die Entwicklung von Anreizsystemen bzw. Zielvereinbarungen.

5.3 Change Kommunikation als strategische Führungsaufgabe

Führungskräfte, insbesondere die oberste Führungsebene, haben eine große Vorbildfunktion inne. Sie prägen die Unternehmenskultur durch ihre Haltung und ihre Art, zu kommunizieren. Sie bringen die Arbeitgebermarke intern zum Leben und sind wichtig für eine positive, starke Unternehmenskultur. Ihr Einfluss auf die Mitarbeiterzufriedenheit ist groß. Diese wiederum korreliert mit dem Unternehmenserfolg.

„Es geht um das Verständnis, dass sich Organisationen nur durch das Handeln inklusive Kommunizieren der Organisationsmitglieder verändern lassen. Das Handeln bzw. Kommunizieren der Führung ist dabei der stärkste Faktor der Veränderungsfähigkeit" (Buchholz & Knorre, 2014).

Kommunikation ist dabei eine ihrer Hauptaufgaben: „(...) einschlägige empirische Studien verweisen darauf, dass der Arbeitsalltag von Führungskräften zu einem hohen Anteil aus kommunikativen Tätigkeiten besteht" (Voß & Röttger, 2014 mit Verweis auf Studien von 1975 bzw. 2002). Allerdings wird Kommunikation oft nicht hinreichend als Führungsaufgabe verstanden, sondern eher unbewusst und ungeplant durchgeführt. Führungskräfte kommunizieren sehr viel in Meetings sowie im informellen, persönlichen Austausch mit ihren Teams und die institutionalisierte interne Kommunikation hat auf diese Art der Kommunikation meist keinen unmittelbaren Einfluss.

> „Leaders are the most effective way of influencing employees' attitudes and behaviour, and are at their most influential when they are communicating informally, in water cooler conversations and corridor exchanges. (…) In all this, it's worth remembering that leadership is less about technique and more about attitude" (Quirke, 2008).

Die Interne Kommunikation kann gemeinsam mit der Personalabteilung dafür sorgen, dass Kommunikation als strategische Führungsaufgabe wahrgenommen und verstanden wird. Dazu müssen die Führungskräfte für ihre Rolle bzw. Aufgabe in Veränderungsprozessen sensibilisiert werden. In einem zweiten Schritt müssen sie inhaltlich und methodisch befähigt werden, ihre Teams zu unterstützen. Die Chancen guter informeller Kommunikation werden immer noch unterschätzt.

5.3.1 Führungskräfte-Alignment: Ein starkes Führungsteam spricht mit einer Stimme

> „Wenn über das Grundsätzliche keine Einigkeit besteht, ist es sinnlos, miteinander Pläne zu machen" (Konfuzius).

Strategien werden immer wieder unterschiedlich interpretiert und Botschaften kommen nie bei allen gleich an. Klarheit und ein gemeinsames Verständnis scheinen zu existieren, aber dabei handelt es sich oft um einen Trugschluss. Letztendlich hat doch jeder etwas anderes im Kopf, aber dies tritt erst im Prozessverlauf zutage und führt dann zu Verzögerungen durch Diskussionen. Denn Menschen neigen dazu, Dinge unterschiedlich zu interpretieren und zu bewerten, und so sind Missverständnisse vorprogrammiert. Wenn man fünf Personen bittet, sich einen Hund vorzustellen, hat der eine einen Dackel im Kopf und die nächste einen Golden Retriever. Watzlawick spricht von der Wirklichkeit erster Ordnung (verifizierbare Sachverhalte, Daten und Fakten: „Das ist ein Fahrrad.") und der Wirklichkeit zweiter Ordnung (subjektive Wertzuschreibungen und Interpretationen: „Das ist das beste Fahrrad der Welt."). Dies führt häufig zu Konflikten, denn Menschen neigen dazu, ihre eigene Wirklichkeit zweiter Ordnung als die Norm anzusehen und gehen davon aus, dass alle anderen die Dinge genauso interpretieren und bewerten wie sie selbst. Eine allgemeingültige Wirklichkeit existiert aber nicht, vielmehr gilt es, sich über die unterschiedlichen Wahrnehmungen zu verständigen. „Im Bereich dieser *Wirklichkeit zweiter Ordnung* ist es also absurd, darüber zu streiten, was ‚wirklich' wirklich ist" (Watzlawick, 1998). Besonders deutlich wird dieses Phänomen in Akira Kurosawas Film „Rashomon" beschrieben, in dem bezeugende Personen eines Mordes diesen aus ihren eigenen Perspektiven beschreiben, die sich zum Teil sogar widersprechen (bekannt als „Rashomon-Effekt").

„While leaders talk to each other around the boardroom table about the need to communicate, they usually mean quite different things depending on their personality, their character and their values" (Quirke, 2008).

Daher ist es wichtig, dass die Führungskräfte sich auf ein gemeinsames Handeln und ein gemeinsames Ziel – kurz: auf eine gemeinsame Realität – verständigen. Eine solche Verständigung braucht zunächst das Bewusstsein darüber und dann Raum, Zeit und eine offene Haltung, denn sie funktioniert nur in intensiven Auseinandersetzungen.

Für den Begriff des sogenannten Führungskräfte-Alignment gibt es keine adäquate deutsche Übersetzung. Darunter ist ein gemeinsames Verständnis und Commitment sowie eine Ausrichtung der Handlungen auf ein gemeinsames Ziel zu verstehen. In einem starken Führungsteam herrscht Einigkeit über Ziele und Aufgaben und alle ziehen an einem Strang. Aber dafür müssen die Führungskräfte die Inhalte der Change Strategie verstehen und vertreten können.

Dieser Prozess muss bewusst initiiert werden. Und die Investition lohnt sich, denn sie minimiert Chaos, Konflikte und Verzögerungen im weiteren Projektverlauf. Zu Beginn kann es helfen, wenn alle bewusst in ihren eigenen Worten beschreiben, wie sie den geplanten Change verstehen.

Hilfreich ist die partizipative Entwicklung eines Führungsleitbildes unter Einbeziehung der oberen Führungsebenen, falls ein solches noch nicht vorhanden ist. Das Führungsleitbild beantwortet, wie Führung verstanden und gelebt werden soll. Bezugsrahmen ist dabei immer die Strategie des Change Projektes. Folgende Fragen helfen bei der Entwicklung:

- Was ist unser Auftrag/unsere Aufgabe?
- Wie definieren wir „gute Führung"?
- Woran erkennen und messen wir „gute Führung" bzw. das neue Führungsverhalten?
- Was erwarten wir von unseren Führungskräften? (Perspektivwechsel: Frage aus Sicht der Mitarbeitenden beantworten)

In der Praxis kommt es immer wieder vor, dass sich für einen solchen Prozess keine Zeit genommen wird. Oder aber der Prozess wird abgekürzt und das Führungsleitbild wird von der Geschäftsführung in Zusammenarbeit mit der Personalabteilung und evtl. einer externen Beratungsfirma entwickelt und dann lediglich kommuniziert. Die Wirkung eines solchen Leitbildes ist allerdings nicht dieselbe wie die eines partizipativ entwickelten Grundsatzpapieres.

In den oberen Führungsebenen existieren häufig noch tradierte Machtstrukturen und ein hoher Konkurrenzdruck. Dadurch wird eine offene Zusammenarbeit erschwert.

„Eine nicht-hierarchische, nicht wertende, nicht gegeneinander gerichtete, sondern offene, verstehende, erkundende aufeinander aufbauende Kommunikation ist Führungskräften insbesondere auf den höheren Ebenen mittlerweile fremd" (Grasnick, 2016).

Die Führungsebene muss Strategie, Vision und Werte kennen, erklären und leben. Dafür ist es wichtig, dass sie mit einer Stimme sprechen und konsistent kommunizieren, denn widersprüchliche Botschaften zerstören das Vertrauen der Belegschaft.

Dies kann gelingen, wenn sie nicht nur über die Strategie des Veränderungsprozesses in Kenntnis gesetzt, sondern auch an ihrer Entwicklung beteiligt werden: Während des gesamten Prozesses sollten Führungskräfte vorab informiert und involviert werden. „„Kaskadierte

Kommunikation' lautet das Zauberwort. Sie benötigen Informationen frühzeitiger und in größerem Umfang als ihre Mitarbeiter" (Voß & Röttger, 2014). Wichtig ist zudem ein enger Austausch der Führungskräfte mit der Geschäftsführung über die grundsätzliche Ausrichtung und ein gemeinsames Verständnis. Die Geschäftsführung ist in einer Vorbildrolle, was Führung angeht. Sie muss die Führungskräfte wertschätzen und ihr Bewusstsein für ihre Aufgaben schärfen, dieses aber auch vorleben:

> „Der CEO fungiert als Rollenmodell. Die damit verbundene ‚Rollenübertragung' ist die eigentliche Aufgabe der CEO-Kommunikation in Veränderungsprozessen. Und es ist die Aufgabe der Kommunikationsexperten im Unternehmen, diesen ‚Mechanismus' in Gang zu setzen und aufrechtzuerhalten" (Deekeling & Barghop, 2009).

Die Führungskräfte müssen auf diese Rolle aber auch entsprechend vorbereitet werden.

5.3.2 Führungskräfte sensibilisieren, unterstützen und befähigen: wirksame Führungskräftekommunikation gestalten

Der Begriff „Führungskräftekommunikation" beinhaltet zwei Ebenen: Die Kommunikation mit den Führungskräften und die Kommunikation unter den Führungskräften: „Führungskräftekommunikation umfasst die Kommunikation der Unternehmensleitung mit den Führungskräften sowie die medial moderierte Kommunikation der Führungskräfte untereinander" (Voß & Röttger, 2014).

> **Blick der Kommunikationswissenschaft auf die Bedeutung der Führungskräftekommunikation**
>
> Dass Kommunikation eine der wichtigsten Aufgaben von Führungskräften ist, ordnet auch die Kommunikationswissenschaft so ein:

„(…) Führungskräftekommunikation leistet einen wesentlichen Beitrag, damit Führung in einer Organisation gelingen kann. Sie hat das Ziel, Vertrauen in die Unternehmensführung zu schaffen – sie überzeugt und informiert, befähigt, vernetzt und aktiviert die Führungskräfte" (Voß & Röttger, 2014).

„(…) Führung bedeutet im Kern kommunikative Einflussnahme auf den Mitarbeiter" (Voß & Röttger, 2014 nach Michael Z. Hackmann und Craig Johnson).

> Führungskräftekommunikation ist eine Querschnittsaufgabe von Personal und Kommunikation, und ihre Inhalte unterscheiden sich von denen der Kommunikation mit den Mitarbeitenden (siehe Voß & Röttger, 2014). Es lohnt sich also, in die Kommunikation mit den Führungskräften zu investieren.

Nicht nur die Interne Kommunikation ist hier gefragt. So wie Führungskräfte Vorbilder für die Mitarbeitenden sind, hat auch die Geschäftsführung eine Vorbildfunktion inne: Die Führungskräfte übernehmen oft intuitiv ihren Führungsstil. Die Geschäftsführung sollte darum Zeit in ihre Führungskräfte investieren sowie Coachings, Supervision, Trainings und Fortbildungen anbieten und diese ggf. auch selbst in Anspruch nehmen.

> **Mögliche Maßnahmen für die Führungskräfte-Kommunikation und damit Aufgaben für die Interne Kommunikation sind u. a.**
> - Bereitstellen von Sprachregelungen/Wordings, Question-and-Answer-Papier (Q&As), Präsentationsvorlagen, Factsheets und Use Cases
> - Einrichten eines separaten Bereiches im Intranet
> - Positionierung und Herstellen von Nähe: durch Dialogformate wie „Frag den Vorstand", „Ask me anything", Management-Lunches, Blogs und Podcasts bekommen sie Sichtbarkeit, werden nahbar und können sich als Vorbilder positionieren
> - Bereitstellen einer Toolbox mit Tipps und Inspirationen für Dialog und Reflexion
> - Coachings und Fortbildungen zu Themen wie „Aktives Zuhören", um vom Sende- in den Empfangsmodus zu schalten oder zur Stärkung ihrer Präsentationsfähigkeiten

Das Nichtwissen der Führungskräfte

Der „Iceberg of Ignorance" basiert auf einem Konzept von Sidney Yoshida aus dem Jahr 1989 (Yoshida, 1989) und beschreibt das Phänomen, dass der Geschäftsführung häufig nur ca. 4 % der Probleme im Unternehmen bekannt sind. Beim mittleren bis unteren Management sind es zwischen 9 und 74 % und nur die Mitarbeitenden vor Ort kennen tatsächlich alle Probleme. Auch wenn die Zahlen sicherlich von Unternehmen zu Unternehmen schwanken, gibt es vermutlich eine große Anzahl unbekannter und daher ungelöster Probleme (s. Abb. 5.3). Die Lösung liegt auch hier darin, die Kommunikationsfähigkeit der Führungskräfte zu stärken und die Beziehungen zu den Mitarbeitenden zu verbessern. Ganz oben auf der Liste sollte das Zuhören stehen. Oder wie der ehemalige britische Premierminister Benjamin Disraeli sagte: „Gott gab uns zwei Ohren, aber nur einen Mund und wir sollten sie auch in diesem Verhältnis benutzen."

Auch die Einbindung von Mitarbeitenden bei Entscheidungsprozessen hilft, Hindernisse zu erkennen und bei der Umsetzung zu berücksichtigen. Dies ist insbesondere in Change Prozessen von großer Bedeutung, denn diese haben es sich ja zur Aufgabe gemacht

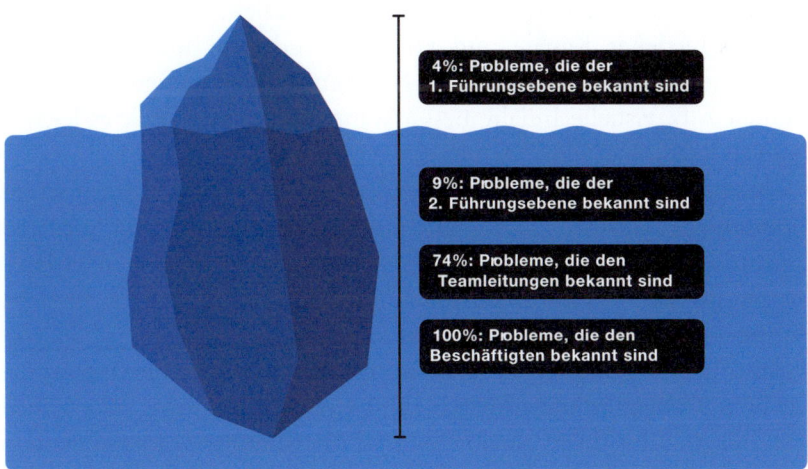

Abb. 5.3 Iceberg of Ignorance. (Eigene Darstellung nach Yoshida, 1989)

haben, bestehende Probleme zu lösen. Führungskräfte, insbesondere die Geschäftsführung, agieren zeitweise elfenbeinturmartig, ohne die Betroffenen zu befragen oder in einen Dialog mit ihnen zu treten. Das ist meist keine böse Absicht, denn sie glauben ja zu wissen, was nicht funktioniert. Es kann dann passieren, dass Dinge beschlossen werden, die sich in der Praxis als untauglich erweisen und für Frustrationen sorgen. Die Interne Kommunikation kann auf vielfältige Art und Weise unterstützen, den Eisberg zum Schmelzen zu bringen, zum Beispiel indem sie Plattformen und Formate für Vernetzung, Dialog und Austausch schafft und Partizipationsmaßnahmen aufsetzt und begleitet. So werden die Führungskräfte in die Lage versetzt, gut zu führen und Vertrauen in die Führungsebene herzstellen.

5.4 Change Kommunikation in der Umsetzung

Change Prozesse sind langfristige Projekte, ihre Laufzeit beträgt mindestens ein, meist eher drei bis vier Jahre. Die Kommunikationsinhalte sind häufig sehr komplex und erklärungsbedürftig. Darum sind eine gute strategische Planung und ein **zielgruppengerechter Kommunikationsmix** die Grundlage für eine wirksame integrierte Kommunikation, die alle Stakeholder einbezieht. Durch den Einsatz verschiedener Kanäle und Formate wird dem unterschiedlichen Rezipientenverhalten Rechnung getragen, denn einige Menschen nehmen z. B. visuelle Inhalte besser wahr und anderen fällt es leichter, Texte zu lesen.

Change Kommunikation konkurriert in Zeiten der Informationsüberlastung genauso um **Aufmerksamkeit** wie die externe Kommunikation. Mitarbeitende müssen mitunter viel Zeit investieren, um die für sie relevanten Informationen herauszufiltern. Es ist daher wichtig, sich zu fokussieren und regelmäßig zu überprüfen, ob bestimmte Maßnahmen wirklich nötig sind und ob die eingesetzten Kanäle gut angenommen werden. Hilfreich kann es sein, unterschiedliche Informationstiefen anzubieten und die Kommunikationsinhalte in zwei Kategorien einzuteilen: 1. Was muss ich wissen? 2. Wo kann ich mich vertieft über Themen informieren, die mich interessieren?

Ein weiterer wichtiger Punkt ist **Redundanz:** Menschen müssen eine Botschaft meist mehrere Male hören, bis sie sie verinnerlicht haben. Daher ist es Aufgabe der Change Kommunikation, dieselben Botschaften in abgewandelter Form immer wieder über verschiedene Kanäle und Formate zu spielen. Auch müssen unterschiedliche Informations- und Wissensbedürfnisse bedacht werden.

Bei der Ausgestaltung der Maßnahmen sollte darauf geachtet werden, dass die Kommunikation sich bereits so anfühlt wie das **Zielbild.** Falls Innovation ein wichtiges Thema für die Weiterentwicklung der Organisation ist, sollte sich dies durch den Einsatz zeitgemäßer und für die Organisation neuer Kanäle und Maßnahmen sowie eine moderne Tonalität auch in der Kommunikation zeigen. Allerdings sollten Maßnahmen nicht um ihrer selbst willen umgesetzt werden. Vielmehr muss jede Maßnahme ein eigenes Ziel haben und auf die übergeordneten strategischen Ziele einzahlen. Die Versuchung ist groß, auf Buzzwords und Trendthemen zu setzen und mit großem Kraftaufwand neue Methoden und Tools einzuführen, ohne zu prüfen, ob sie die richtigen für die Organisation sind. Genannt seien hier beispielsweise agiles Arbeiten, Newsroom-Konzepte, Social-Intranet-Lösungen oder digitale Kollaborationstools wie Yammer. Sie werden oft als Allheilmittel betrachtet, um mit der zunehmenden Komplexität Schritt zu halten. Häufig ist jedoch zu beobachten, dass zwar zusätzlich zu den bestehenden Tools und Kanälen neue eingeführt werden, es aber keine Regeln dazu gibt, wie welcher Kanal genutzt werden soll. Dies führt dazu, dass Organisationen damit überfordert sind oder aber neue Tools nicht richtig angenommen bzw. genutzt werden.

Veränderung muss sichtbar werden, und das kann sie am besten, indem die Kommunikation sich weiterentwickelt und Neues ausprobiert wird. Dosiert eingesetzte **Musterbrüche** können eine aktivierende Wirkung erzielen. Dennoch ist darauf zu achten, dass die Kommunikation **anschlussfähig** an die bisherige Kommunikation und Kultur ist. Mitarbeitende einer Behörde, deren Geschäftsführung bisher klassisch und konservativ aufgetreten ist, werden vermutlich verwirrt reagieren, wenn sie plötzlich im Steve-Jobs-Stil und Duz-Modus unterwegs ist. Hilfreich ist das Motto „Evolution statt Revolution".

Die **zeitliche Planung** der Change Kommunikation orientiert sich an den Etappenzielen und Meilensteinen des Projektes.

Planung und Ausgestaltung der Maßnahmen erfolgen nach verschiedenen Kriterien

- Ziel- und Zielgruppenorientierung
- Berücksichtigung von Rezipientenverhalten, Nutzungsgewohnheiten und Erreichbarkeit der Zielgruppen
- Aufmerksamkeitsökonomie
- Redundanz
- Ausgestaltung der Kommunikation analog zu Zielbild/Vision
- gezielter Einsatz von Musterbrüchen
- Sicherstellung der Anschlussfähigkeit an die bisherige Kommunikation und Unternehmenskultur
- Orientierung an Etappenzielen und Meilensteinen im Projektverlauf

Aus einigen Maßnahmen können auch Folgekommunikationsmaßnahmen entstehen. So bietet es sich an, eine Nachberichterstattung zu einer Veranstaltung zu planen und darin auch Mitarbeitende zu Wort kommen zu lassen.

Folgende Punkte sollten bei der Planung der Kommunikation beachtet werden:

- Entwicklung einer starken und attraktiven Vision
- eine Change Story als sinnstiftendes Narrativ
- Dramaturgie und Kaskade planen
- Entwicklung einer Dachkommunikation
- Ausarbeitung von Kernbotschaften
- Wo kommt der Content her?
- Welche Sprache wird genutzt?
- Dialog und Reflexion ermöglichen
- Partizipation zulassen
- Pilotprojekt aufsetzen
- Rollen definieren und festlegen, wer wann welche Botschaften sendet

Diese Aspekte werden im Folgenden näher beschrieben.

5.4.1 Eine starke und attraktive Vision sorgt für Klarheit

Viele Veränderungsprozesse scheitern an unklaren Zielvorstellungen. Auf die Frage „Was ist das Ziel der Veränderung?" werden vom Management häufig entweder sehr rationale Antworten gegeben (Marktanteil erhöhen) oder unscharfe Allgemeinplätze genannt (schneller und flexibler werden, Innovationsfähigkeit steigern). Ist das der Fall, fehlt es sowohl an Mut und Klarheit als auch an einer bildhaften, inspirierenden Formulierung.

Eine Vision beschreibt den Zielzustand, in dem sich die Organisation nach einem erfolgreichen Veränderungsprozess befinden soll. Eine starke und tragfähige Vision ist der Kern einer guten Change Story. Sie basiert auf der Ist-Situation und beschreibt das langfristige Zielbild des Changes: Wie soll die Organisation sich verändert haben, wenn das Veränderungsvorhaben erfolgreich war? Welchen Sinn und Zweck hat die Unternehmenstätigkeit? Es geht hier nicht um die realistische Aufzählung von Zielen, sondern um eine übergeordnete bildhafte Darstellung, die das Unternehmen als Ganzes betrifft und auch noch Gültigkeit besitzt, wenn sich einzelne Rahmenbedingungen ändern. Aus der Vision lassen sich dann konkrete Ziele ableiten. Eine Vision bezieht sich je nach Umfeld auf die Geschäftstätigkeit und die Kunden bzw. die wichtigsten Stakeholder. Eine gute Vision motiviert. Es macht Spaß, dazu beizutragen.

Die Vision von Vaude lautet zum Beispiel: „Mehr Lebensqualität durch nachhaltige Outdoor-Produkte und zukunftsweisendes Wirtschaften". Und Ikea hat sich folgende Vision auf die Fahnen geschrieben: „Den Menschen einen besseren Alltag schaffen".

Ein einfaches Modell, das bei der Entwicklung einer Vision helfen kann, ist der Golden Circle von Simon Sinek (2014). Er besteht aus drei Fragen:

1. Why = Warum ist es wichtig? Woran glauben wir? Was ist unser Antrieb? Eine Begründung, Vision oder der Sinn, der Purpose.
2. How = Wie wollen wir unser Ziel erreichen? Was prägt unser Handeln? Die Strategie, der Prozess, das Vorgehen, Prinzipien und USP.
3. What = Was machen wir konkret? Was ist das Ergebnis? Eine Kategorie, Definition oder Zielzustand, Produkte oder Services …

> In der Theorie gibt es viele verschiedene Definitionen und Abgrenzungen von Purpose, Leitbild, Vision, Mission und Werten und sie alle vorzustellen, würde mehrere Fachpublikationen füllen. In der Praxis führt dies häufig zu Missverständnissen, weil eine eindeutige, allgemeingültige Definition der Verwendung fehlt bzw. nur wenigen bekannt ist. Unternehmen sind dann schnell überfordert und haben unter Umständen eine Vielzahl von Theoriekonstrukten ausgearbeitet, die aber nicht mehr operationalisierbar sind. Es ist daher zu empfehlen, sich auf eines der Konstrukte zu konzentrieren, denn hier geht es nicht um Fleißarbeit, sondern um Klarheit und Fokussierung auf das Wesentliche.

Die Entwicklung einer Vision braucht Zeit, Muße und die Mitarbeit von verschiedenen Köpfen. Eine Vision sollte nicht im stillen Kämmerlein von Vorstand und Geschäftsführung entwickelt oder von externen Beratungsunternehmen vorgegeben, sondern unter Einbeziehung von Führungskräften und Mitarbeitenden ausgearbeitet und diskutiert werden, damit sich die Belegschaft besser damit identifizieren kann. Dies kann zum Beispiel im Rahmen von Workshops mit einer Arbeitsgruppe geschehen, in der Vertreterinnen und Vertreter aus verschiedenen Bereichen der Organisation mitarbeiten. Verschiedene Kreativmethoden und Perspektivwechselübungen können bei der Entwicklung helfen. Selten ist es möglich, die gesamte Organisation am Prozess zu beteiligen, da dies viel Zeit und Aufwand bedeuten würde. Es empfiehlt sich, den Prozess durch eine externe/neutrale Person moderieren zu lassen.

Die Vision ist das Herzstück der Change Story. Sie kann neben der verschriftlichten Form auch als Visualisierung bzw. mit Bildmotiven dargestellt werden.

> **Praxistipp: Leitfragen für die Überprüfung einer Vision**
> - Beschreibt die Vision, wie die Organisation in Zukunft wahrgenommen werden möchte?
> - Welcher zeitliche Bezugsrahmen wurde gedanklich gesetzt?
> - Ist sie attraktiv, inspirierend und weckt Begehrlichkeit?
> - Ist sie erstrebenswert und faszinierend? Menschen wollen Teil von etwas Großem sein.
> - Ist sie vorstellbar, nachvollziehbar, erreichbar und realistisch?

- Ist sie emotional überzeugend?
- Ist sie nicht zu kleinteilig, sondern fokussiert und spezifisch, auf eine große Chance ausgerichtet?
- Ist sie nicht zu lang, aber auch nicht zu kurz?
- Ist sie klar und verständlich? Kann sie innerhalb von drei Minuten erklärt werden?
- Ist sie individuell und nicht allgemeingültig? Manche Visionen sind so generisch formuliert, dass sie sowohl für Finanzinstitute als auch für Immobilienunternehmen passen.

5.4.2 Die Change Story: ein sinnstiftendes Narrativ als Basis für die Kommunikation

„Ein gutes Fußballspiel lässt sich auf zwei Arten beschreiben: als eine packende Geschichte von Leidenschaft und Disziplin, Spielwitz und Kampfgeist. Oder als 2:1" (Haver, 2009).

Change Prozesse basieren auf Management-Strategien. Allerdings reichen sachliche und rationale Argumente, Zahlen und Balkendiagramme nicht aus, um eine Veränderung in Gang zu setzen. Sie müssen in Sprachbilder und Beispiele, kurz in eine attraktive Change Story übersetzt werden. Auch Gefühle spielen eine Rolle: Wenn jemand etwas auf der Verstandesebene begriffen hat, heißt das längst nicht, dass auch danach gehandelt wird. Neujahrsvorsätze werden ja bekanntlich auch nicht immer eingehalten. Begriffe wie Rentabilität, Deckungsbeitrag oder produktorientierte Ablauforganisation sind nicht geeignet, konkrete Vorstellungen bzw. Bilder im Kopf entstehen zu lassen, Sachverhalte zu verstehen und zu einer Verhaltensänderung zu motivieren. Auch Begriffe, von denen wir eigentlich glauben zu wissen was sie bedeuten, versteht jeder bei genauer Nachfrage etwas anders (zum Beispiel werden die Begriffe „Innovation" oder „Dienstleistungsorientierung" manchmal sehr unterschiedlich interpretiert). In der Change Story werden die wichtigen Punkte der Veränderung daher in ein sinnstiftendes und mitreißendes Narrativ übersetzt, konkretisiert und ggf. mit Beispielen beschrieben. Zudem werden Projekte und Themen in einen Gesamtzusammenhang eingeordnet. Ziel ist es, das

„große Bild" darzustellen und dadurch Orientierung zu bieten. Das ist insbesondere dann wichtig, wenn mehrere Change Projekte parallel laufen.

Eine gute Change Story erläutert glaubhaft und überzeugend, warum die anstehenden Veränderungen nötig und sinnvoll sind und welche Ziele damit erreicht werden sollen. Sie basiert selbstverständlich auf Fakten, appelliert aber auch an das Unbewusste und spricht Emotionen an. So können Führungskräfte und Mitarbeitende den Nutzen der Veränderung akzeptieren und den Prozess unterstützen. Eine Change Story begründet, warum sich die Organisation verändern muss, welche Strategie verfolgt und welche Ziele angestrebt werden. Sie beschreibt, wie diese erreicht werden sollen und welche Möglichkeiten und/oder Konsequenzen für jede Einzelne und jeden Einzelnen in der Veränderung liegen. Sie ist sowohl inhaltlich als auch hinsichtlich der Tonalität anschlussfähig an die bisherige Kommunikation und darf nicht zu viel versprechen.

Die Darstellung des „Sense of Urgency" – also der Dringlichkeit – ist durchaus wichtig. Auf Drohszenarien sollte jedoch verzichtet werden, da dies eher verunsichern bzw. zu einer Schockstarre führen kann. Eine Change Story sollte nicht kleinteilig aufzählen, was alles nicht funktioniert. Auch das Wort „müssen" sollte eher sparsam verwendet werden.

Die Change Story ist die Basis für die gesamte weitere Kommunikation. Sie zieht sich als roter Faden durch alle Maßnahmen. So kann die Storyline in abgewandelter Form und unterschiedlichen Detailgraden über verschiedene Kanäle und Formate immer wieder in die Organisation kommuniziert werden (z. B. als Rede, Präsentation, Film, in Best-Case- und Lessons-Learned-Artikeln). Dabei wird sie ggf. den aktuellen Entwicklungen angepasst.

Eine Change Story braucht die richtige „Flughöhe". Sie beschreibt nicht en détail, welche Veränderungen im Einzelnen anstehen oder welche Aufgaben wie erfüllt werden müssen. Diese Punkte werden im weiteren Prozessverlauf konkretisiert.

Wichtig ist es zudem, auch darauf zu schauen, wo die Organisation herkommt, Bestehendes zu würdigen und auf bereits Erreichtes stolz zu sein. Widerstand entsteht häufig aus dem Gefühl heraus, dass bisher alles schlecht gelaufen sein muss und nichts von Wert existiert, aber das ist ja nicht der Fall.

Die Change Story beinhaltet alle Punkte, die wichtig sind, um den Wandel zu verstehen. Denn Ängste und Widerstände entstehen häufig durch einen Mangel an Informationen. Mitarbeitende fragen sich vor einem Veränderungsprozess, was das konkret bedeutet, ob sie dem Neuen gewachsen sein werden und welche Vorteile es für sie gibt. Sie möchten nicht nur wissen, welche Entscheidungen getroffen wurden, sondern auch warum, und gerade in Krisenzeiten sind nachvollziehbare Entscheidungen wichtig.

Auch Herausforderungen und Schwierigkeiten werden in einer Change Story benannt. Dafür bieten sich die Elemente des Storytelling an, denn Geschichten motivieren und sind leichter zu merken als PowerPoint-Präsentationen mit Zahlen, Daten und Fakten, und sie werden auch gerne weitererzählt. Gute Geschichten beginnen mit einem Mangel oder Problem und es gibt auch immer wieder Rückschläge. Das Prinzip der „Heldenreise" geht auf den Mythenforscher Joseph Campbell zurück. Es handelt sich um eine Geschichte, die in verschiedenen Versionen überall auf der Welt erzählt wird. Die wichtigsten Stadien der Heldenreise, die auf einen Change Prozess gut übertragen werden können, sind (Wiringer, 2015; Frenzel et al., 2004):

1. Ruf des Abenteuers, der die Hauptperson aus ihrem Alltag reißt: der Anlass für die Veränderung
2. Weigerung, dem Ruf zu folgen: der Anlass wird hinterfragt, Alternativen werden geprüft
3. Begegnung mit einer Mentorin/die Hauptperson bekommt Hilfe: externe Beratung oder ein neu eingestellter Change Manager unterstützt den Prozess
4. Überschreiten der ersten Schwelle/die Hauptperson entscheidet sich für einen ersten Schritt: das Change Projekt startet
5. Prüfungen, Verbündete, Feinde: Schwierigkeiten und Hindernissen müssen überwunden werden
6. Entscheidende Prüfung/die Hauptperson überwindet das größte Hindernis: ein symbolhafter Meilenstein im Change Projekt

7. Belohnung/die Hauptperson hat das Hindernis erfolgreich überwunden: die Stimmung wird besser, Erfolge stellen sich ein, die Vorteile der Veränderungen werden anerkannt
8. Rückweg/die Hauptperson begibt sich auf den Heimweg und neue Fähigkeiten werden gefestigt: Schritte zur nachhaltigen Implementierung der Veränderungen
9. Ankommen/die Hauptperson kommt zu Hause an und gibt ihre neuen Fähigkeiten dort weiter: die Veränderungen sind im Alltag angekommen/integriert

> **Praxistipp: Wie erarbeitet man eine Change Story?**
>
> Die folgenden W-Fragen können bei der Erarbeitung einer Change Story helfen:
>
> - Warum müssen wir uns eigentlich verändern? Gibt es einen Leidensdruck/Sense of Urgency?
> - Was passiert, wenn wir uns nicht verändern?
> - Was ist das Ziel der Veränderung? Hier Vision und Ziele nennen.
> - Warum machen wir es so und nicht anders?
> - Was ist neu, was bleibt alt?
> - Wer ist wie und wann betroffen?
> - Wer hat dabei welche Aufgabe/Rolle?
> - Was habe ich davon?
> - Wo muss ich mich als Führungskraft oder Mitarbeitender auf neue Herausforderungen einstellen?
> - Was passiert wann?

Es hat sich bewährt, bei der Ausarbeitung mit einer Analogie oder Metapher zu arbeiten (zum Beispiel: Wir machen uns auf die Reise, erreichen Etappen, wir schlagen das nächste Kapitel unserer Geschichte auf, wir besteigen einen Berg, bauen ein Haus …). Eine bildhafte Sprache weckt Aufmerksamkeit und die Inhalte können besser erinnert werden. Eine Metapher bietet zudem das Potenzial, eine emotionalisierende Bildwelt zu entwickeln. Die Change Story sollte als Arbeitsdokument zwar verschriftlicht werden. Erzählt bzw. kommuniziert wird sie aber auf vielfältige Art und Weise: als Vortrag, als Film etc. Dafür wird eine zentrale Storyline entwickelt, aus der sich verschiedene weitere Geschichten ableiten lassen.

Eine mögliche Methode bei der Entwicklung der Change Story ist die des „Reverse Storytelling": Auf Basis des Zielbildes (Wie sieht unser Unternehmen in drei Jahren aus?) wird ausgearbeitet, wie dieser Zielzustand erreicht wird.

Aus der Change Story leiten sich Kernbotschaften ab. Dies sind relevante Aussagen, die die Grundlage für alle Kommunikationsmaßnahmen bilden und intensiv kommuniziert werden. So wird garantiert, dass alle mit einer Stimme sprechen. Für die Entwicklung von Kernbotschaften gilt:

- weniger sind mehr
- einfach und verständlich
- idealerweise mit Beispielen versehen
- zielgruppenrelevant

5.4.3 Dramaturgie und Kaskade planen

Aufgrund ihrer langen Laufzeit müssen Change Projekte dramaturgisch gut geplant werden. Eine Orientierung an den in der Strategie formulierten Phasen (in der Regel wird erst das „Warum", dann das „Wie" erklärt, es wird erst informiert, dann aktiviert ...) sowie an den Meilensteinen des Projektes hilft. Bei der Planung ist zu beachten, dass kein Kommunikationsvakuum entsteht. Wenn nach der Erstkommunikation mehrere Wochen lang keine weitere Kommunikation erfolgt, kann dies dafür sorgen, dass das Vertrauen verlorengeht und das Projekt nicht mehr ernst genommen wird.

Ein weiterer wichtiger Aspekt ist die Kaskadierung der Kommunikation von oben nach unten. Die Leitfrage lautet: Wer muss wann was wissen? Führungskräfte der obersten Ebenen sollten jeweils vorab und anders involviert und informiert werden als Mitarbeitende. Auch für mittlere und untere Führungsebenen ist eine gesonderte Kommunikation zu planen. Ebenso muss der Personal- bzw. Betriebsrat vorab eingebunden werden.

Der Kick-off: Erstkommunikation

In der Vergangenheit hatten Change Projekte häufig einen klaren Start- und Endpunkt. Der Auftakt der Change Kommunikation erfolgte mit einem „Big Bang", z. B. einer großen Kick-off-Veranstaltung für die komplette Belegschaft. Aufgrund der Dynamik und Unübersichtlichkeit der internen und externen Rahmenbedingungen und der Parallelität der Ereignisse ist dies heute nicht immer möglich, da sich in der Planungsphase eines Kick-offs bereits viel ändern kann. Ein gut geplanter kaskadierter „Soft Launch" ist daher manchmal besser geeignet, um mit der Kommunikation zu starten.

Wenn die Storyline zu irgendeinem Zeitpunkt zum ersten Mal vorgestellt wird, sollte auf eine emotionale Inszenierung und eine ansprechende, mitreißende Präsentation der Inhalte geachtet werden. Dies kann als bildgewaltige Präsentation oder auch mittels Bewegtbild erfolgen. Denkbar ist auch der Einsatz von Graphic Recording als Protokoll einer Veranstaltung, auf der die Geschäftsführung die Change Story vorstellt. Das Ergebnis ist ein Bild, anhand dessen im weiteren Verlauf die Veränderungsgeschichte erzählt werden kann. Die Inszenierung muss selbstverständlich zum Anlass passen: Stehen tiefgreifende Veränderungen an, deren Ankündigung die Mitarbeitenden verunsichern werden, empfiehlt sich eine etwas sachlichere Tonalität/Metapher. Zuviel Euphorie kann in so einem Fall schnell für zynische Reaktionen sorgen.

Der Start erfolgt in der Regel bei den Führungskräften und verläuft dann kaskadenartig von Ebene zu Ebene. Wichtig ist es, Zeit für Dialog und Reflexion zu lassen und den Führungskräften gegebenenfalls Hintergrundmaterialien wie ein Q&A oder Sprachregelungen zur Verfügung zu stellen. Denn sie werden im weiteren Verlauf zu Multiplikatoren oder Botschafterinnen des Wandels und müssen ihren Mitarbeitenden unter Umständen Rede und Antwort stehen. Dies sollten sie mit einer Stimme tun. Auch die Inhalte müssen stringent und nachvollziehbar aufeinander aufbauen. Am Anfang steht jeweils die Storyline, das große Bild. Bei der Erarbeitung und Abstimmung sollten die Führungskräfte gut eingebunden werden. Sie benötigen Zeit für Reflexion und das Durchdringen der Botschaften. Erst wenn sie hinter dem geplanten Veränderungsvorhaben stehen, sollte die breite

Kommunikation an die Belegschaft erfolgen. Darauf aufbauend werden weitere Kommunikationsmaßnahmen geplant, die tiefer in einzelne Aspekte des Wandels eingehen.
Als nächstes erfolgt der Kick-off für alle Mitarbeitenden. Auch hier braucht es Raum für Fragen und Dialog.

Eine beispielhafte kaskadierte Kick-off-Kommunikation kann beispielsweise so aussehen:

- Entwicklung Change Story mit Vision/Zielbild, in der Anlass, Hintergründe und Dringlichkeit dargestellt sowie Herausforderungen und Chancen beschrieben und Unterstützungsangebote vorgestellt werden
- Sparring und Diskussion mit den Führungskräften der 1. Ebene
- ggf. Optimierung
- Kick-off-Veranstaltung mit allen Führungskräften mit Dialogteil
- Beantwortung von Fragen im Nachgang
- Kick-off-Veranstaltung mit der Belegschaft mit Dialogteil
- Beantwortung von Fragen im Nachgang, zum Beispiel als Veröffentlichung eines FAQs (Beantwortung von häufig gestellten Fragen) im Intranet, das laufend aktualisiert wird
- Folgekommunikation: Intranet, Printmaterial, Roadshow …

Der Change ist mit der Kick-off-Phase allerdings nicht vorbei, auch wenn das manchmal gerne geglaubt wird. Vielmehr fängt danach erst die eigentliche Arbeit an.

> Ein Change Prozess, der bottom-up verläuft, also von den Mitarbeitenden initiiert und umgesetzt wird, funktioniert erfahrungsgemäß nur in Organisationen mit einer sehr reifen Unternehmenskultur, in der die Mitarbeitenden stark intrinsisch motiviert sind und eine hohe Eigenverantwortung mitbringen.

Im weiteren Verlauf entwickelt sich die Kommunikation von Information über Dialog hin zu Partizipation. Es wird zudem über Projektfortschritte informiert, zum Beispiel im Rahmen von Best Cases oder Lessons Learned. Quick Wins und erreichte Etappen auf dem Weg zum Ziel werden kommuniziert.

In der **Endphase** eines Change Projektes ist zu überlegen, die Change Kommunikation in die Regelkommunikation zu integrieren und die Veränderungen im Arbeitsalltag zu verankern. Leider ist dies in der Realität häufig keine bewusst geplante Phase, da den Beteiligten im Verlauf eines Changes häufig die Puste ausgeht, sodass die Kommunikation irgendwann im Sand verläuft und dann still und leise „abgeschaltet" wird.

5.4.4 Dachkommunikation und Basismaßnahmen ausarbeiten

Damit die Change Kommunikation dem Projekt klar zugeordnet und von der internen Regelkommunikation abgegrenzt werden kann, ist es sinnvoll, ihr einen eigenen, wiedererkennbaren Auftritt zu verleihen. Dazu können folgende Elemente gehören:

- eine Metapher
- ein Bildmotiv
- ein Motto
- eine definierte Tonalität
- separate Gestaltungsrichtlinien auf Basis des existierenden Corporate Designs
- eine eigene Bildwelt, passend zum Motto bzw. zur Metapher

5.4.5 Rollen festlegen und definieren, wer wann welche Botschaften sendet

In einem komplexen Change Projekt mit einer langjährigen Laufzeit gibt es mehrere Beteiligte und somit potenzielle Absender der Kommunikation: Die Geschäftsführung, das Projektteam, die Kommunikationsabteilung und die Personalabteilung. Daher ist es wichtig, sich vorab zu überlegen, wer wann welche Botschaften sendet. Folgende Aufteilung ist denkbar:

- *Geschäftsführung:* Erstkommunikation der der Change Story und Absenderin von relevanten strategischen Botschaften
- *Projektteam:* Absender von Beispielen, Cases, Informationen aus den Projekten, Absender von Prozesskommunikation
- *Kommunikationsabteilung:* Absenderin von Einladungen zu Veranstaltungen und Hinweisen zu Begleitkommunikation, z. B. Veröffentlichung von FAQs etc.

5.4.6 Sprache bewusst einsetzen

Aufgrund der speziellen Anforderungen an die Change Kommunikation sollte ein besonderes Augenmerk auf die Sprache gerichtet werden, damit sie wirksam ist. Inhaltsleere Phrasen, Anglizismen und abstrakte Management-Vokabeln wirken kontraproduktiv. Solche Aussagen müssen übersetzt und mit Leben gefüllt werden. Dafür ist häufig eine Verständigung bzw. Auseinandersetzung mit der Geschäftsführung nötig, damit klar wird, was eigentlich gemeint ist und der Einsatz unüberlegter Semantik vermieden werden kann. Wichtig sind einheitliche Wordings: Die Dinge sollten immer gleich bezeichnet werden, damit keine Verwirrung entsteht. Einigt man sich beispielsweise darauf, das Projektteam als Projektteam zu bezeichnen, sollte man auch dabei bleiben und es nicht mal als Projektteam, dann als Programmteam oder als Kernteam zu bezeichnen. Das klingt zwar banal, wird in der täglichen Hektik aber leicht missachtet. Dann entsteht Verwirrung und die Frage, ob es sich hier um ein- und dasselbe oder um verschiedene Teams handelt.

Die verwendete Sprache sollte einfach, klar und verständlich sein (s. Tab. 5.1). Komplizierte lange Sätze, Allgemeinplätze und Passivkonstruktionen sind zu vermeiden. Auf das Wort „müssen" sollte verzichtet werden, stattdessen ist auf eine aktive und persönliche Ansprache zu achten.

Tab. 5.1 Beispielhafte Übersetzung abstrakter Aussagen.

Nicht ...	Stattdessen ...
Wir müssen Synergien stärken. operative Exzellenz	Wir werden intensiver mit xyz zusammenarbeiten. Wir werden bei der Umsetzung unserer Dienstleistungen zuverlässig arbeiten und uns an unseren Qualitätsstandards orientieren(ggf. anhand der Wertschöpfungskette/ Customer Journey erläutern).
Wir stellen unser Unternehmen künftig mit einer End-to-End-Verantwortung auf. Die Unternehmensstrategie wird zentral koordiniert und bildet die strategischen Leitplanken für alle Bereiche.	Wir betrachten unsere Prozesse in Zukunft ganzheitlich (ggf. anhand eines Beispiels erläutern). (Was sonst? Dies erklärt sich von selbst und sollte immer so sein.)
Wir müssen unsere Beratungskompetenzen stärken und richten unsere Prozesse an der Leistungserbringung gegenüber Kunden aus. Wir gestalten unsere Kundenschnittstellen einheitlich und qualitativ hochwertig.	Wir wollen unsere Kunden besser verstehen und ihnen Angebote machen, die genau auf ihre Bedürfnisse zugeschnitten sind. Unsere Kunden bekommen eine zentrale Ansprechperson. Es gibt Vertretungsregelungen und eine CRM-Datenbank garantiert, dass der Projektstand des Kunden jederzeit abgerufen werden kann.
Die Etablierung der Operationalisierung unserer strategischen Anforderungen steht dabei im Mittelpunkt.	Wir werden unsere Anforderungen in konkrete Arbeitsschritte übersetzen und dafür sorgen, dass diese im Unternehmen gut ausgeführt werden können (ggf. ein Beispiel ergänzen).

5.4.7 Content entwickeln

Change Kommunikation ist kein Selbstzweck. Sie basiert auf einer abgestimmten Storyline und Kernbotschaften. Für die Kommunikationsmaßnahmen werden diese vertieft und weiterführender Content wird entwickelt. Dieser ergibt sich in erster Linie aus dem Projekt und aus der Vision. Die darin geplanten Maßnahmen müssen in einen Kontext gesetzt und erläutert werden.

In die Content-Planung fließen Projektthemen, Unternehmensthemen und Themen aus dem externen Umfeld ein. Ein besonderer Fokus sollte auf Best Cases, Lessons Learned und Erfolgsgeschichten liegen. Falls zum Beispiel ein Kernaspekt der Veränderung die Stärkung der Innovationsfähigkeit ist, sollten unternehmensweit Beispiele identifiziert werden, in denen bereits erfolgreich Neuerungen entwickelt und/oder angewendet wurden. Auch das Scheitern sollte thematisiert werden, denn aus Misserfolgen können wichtige Lehren gezogen werden.

5.4.8 Dialog und Reflexion ermöglichen

Für die Kommunikation eines Veränderungsprozesses müssen die passenden Kanäle und Medien ausgewählt werden. Medien werden hinsichtlich ihrer Reichhaltigkeit unterschieden (zur Media Richness Theory s. Fischer, 2016): Reichhaltige Medien bieten mehr und schnellere Möglichkeiten für Feedback und Dialog im persönlichen Austausch (Face-to-Face und auch per Videokonferenz). Je komplexer und tiefgreifender eine Veränderung ist, desto mehr Dialog braucht es, damit die Betroffenen den Prozess verstehen und unterstützen. Daher empfehlen sich mit steigenden Anforderungen an die Komplexität verschiedene Veranstaltungsformate. Dies gilt insbesondere für Kulturwandelprozesse, denn um eine Soll-Kultur zum Leben zu erwecken und im Unternehmen zu implementieren, muss diese operationalisierbar gemacht werden. Die Mitarbeitenden brauchen Zeit und Raum, um die einzelnen Aspekte für sich zu verstehen und in konkrete Handlungen zu übersetzen. Die wichtigsten Fragen hierbei lauten: „Was bedeutet der jeweilige Aspekt für mich/mein Team/meine Abteilung/meinen Bereich?". Auf Basis der Antworten können neue Handlungsmuster entwickelt werden. Auch Unzufriedenheit und Frustrationen müssen artikuliert und Störgefühle geäußert werden. Es geht aber um weit mehr als nur um Austausch von Meinungen und Erfahrungen. Es geht auch darum, andere Perspektiven einzunehmen und zu verstehen und das eigene Handeln in einen Gesamtkontext einzuordnen.

Dafür bieten sich moderierte Workshops für die gesamte Belegschaft an, ergänzt durch Inspirationen für Führungskräfte mit Anregungen und Werkzeugen für weitere Dialog- und Reflexionsprozesse in den Teams, z. B.:

- Wie gestalte ich einen alternativen Einstieg in ein Meeting?
- Übung: Feedback geben und annehmen
- Workhacks und Inspirationen
- Perspektivwechsel: Blick durch die Kundenbrille

Dialog und Reflexion gelingen am ehesten in Kleingruppen:

„Je größer die Gefahr, dass sich in einer Zielgruppe Emotionen aufbauen, desto kleiner sollte der Teilnehmerkreis für Kommunikationsmaßnahmen sein: Ängste können nur abgebaut werden, wenn die Betroffenen Möglichkeiten haben, Fragen zu stellen und Meinungen auszutauschen" (Mast, 2019).

5.4.9 Partizipation zulassen

Ein Change sollte maßgeblich durch die Mitarbeitenden mitgestaltet werden. Es ist daher wichtig, sie von Beginn an mit einzubinden – sei es als Fokusgruppenteilnehmende, Botschafterinnen und Botschafter oder Corporate Influencer. Hier können besonders einflussreiche und motivierte Mitarbeitende eine Bühne finden und ihre Kolleginnen und Kollegen mitziehen. Der IKEA-Effekt, nach dem Menschen selbst zusammengebaute Möbelstücke mehr wertschätzen, spielt auch dabei eine Rolle: Menschen verstehen und akzeptieren Veränderungen schneller, wenn sie diese mitgestalten konnten. Partizipation erhöht zudem die Motivation der Beteiligten und verringert Widerstände, da sie dem menschlichen Grundbedürfnis nach Selbstwirksamkeit und Selbstbestimmung entspricht. Generell ist festzuhalten, dass der Bedarf für Beteiligung mit dem Ausmaß der Veränderung wächst (Stolzenberg & Heberle, 2021).

5 Wirksame und zielgerichtete Change Kommunikation ...

In der systemischen Beratung geht man davon aus, dass ein soziales System wie ein Unternehmen oder eine Organisation über ein großes dezentrales Wissen verfügt. Dieses Wissen ist zu nutzen. Dabei ist allerdings darauf zu achten, dass ernstgemeinte Beteiligungsformate angeboten werden, ein klares Erwartungsmanagement hinsichtlich der Einflussmöglichkeiten betrieben wird und die Spielregeln vorab festgelegt werden. Partizipation bedeutet nämlich in der Regel nicht, dass immer wieder alles bis ins Detail diskutiert und infrage gestellt werden kann.

Eine Orientierungshilfe bieten die Stufen der Partizipation bzw. die Partizipationsleiter. Sie beschreiben die steigende Einflussmöglichkeit verschiedener Austausch- und Beteiligungsmaßnahmen (Abb. 5.4).

Partizipationsmöglichkeiten gibt es in unterschiedlichen Abstufungen, wobei die Möglichkeiten zur Einflussnahme steigen. Die reine Information über einen Sachverhalt ist in der Regel die Vorstufe zu partizipativen Formaten:

- *Anhörung/Befragung:* die Zielgruppe wird gehört, hat aber wenig Kontrolle, ob ihre Sichtweise beachtet wird und sie hat auch keinen Einfluss auf den Entscheidungsprozess

Abb. 5.4 Stufen der Partizipation. (Eigene Darstellung nach Lüttringhaus & Richers, 2003)

- *Mitwirkung, Mitbestimmung:* Mitsprache, z. B. in Beiräten oder Gremien, in denen die Zielgruppe großen Einfluss hat und Wünsche, Bedürfnisse, Ideen einbringen kann
- *Mitentscheidung:* Entscheidungskompetenz wird teilweise übertragen, aber die Verantwortung liegt woanders
- *Entscheidung:* eine gleichberechtigte Partnerschaft inklusive Verantwortung
- *Selbstverwaltung:* eine Entscheidung ist von vielen legitimiert (z. B. wenn Bürgerinnen und Bürger ein Stadtwerk gründen; diese Stufe kommt in Unternehmen und Organisationen eher selten vor)

Praxistipp: Folgende Fragen sollten vor der Konzeption von Partizipationsmaßnahmen beantwortet sein
- Welches Ziel hat die Beteiligung? Geht es nur um Information und Dialog oder um Mitentscheidung bzw. ernsthafte Mitbestimmung?
- Welcher Kreis bekommt die Möglichkeit, sich einzubringen? Können dies alle tun oder nur ausgewählte Personen?
- Nach welchen Kriterien wird der Personenkreis ausgewählt/angesprochen?
- Welche Spielregeln gelten bei der Beteiligung?
- Was passiert mit dem Input/Feedback/den Vorschlägen?

Es ist wichtig, dass klar kommuniziert wird, was mit den Ergebnissen passiert und diese im Idealfall zumindest allen Beteiligten zur Verfügung gestellt werden.

Ein Partizipationsformat, in dem echte Mitbestimmung gar nicht möglich ist, weil es nur eine Alibi-Teilnahme suggeriert oder aber ein Format, nach dem der gegebene Input in der Schublade verschwindet, zerstört Vertrauen und führt dazu, dass das Engagement, etwas zu verändern, sinkt.

Der Einsatz von Fokusgruppen, Sounding Boards oder Challenge Teams

In der Praxis haben sich Formate wie eine Fokusgruppe oder ein Sounding Board bewährt. Dabei handelt es sich um Teams mit einer arbeitsfähigen Gruppengröße (ca. acht bis zwölf Personen), die sich für einen begrenzten Zeitraum regelmäßig treffen und übergreifende Fragestellungen zum Veränderungsprozess bzw. zur Kommunikation beantworten. Die Teilnehmenden sollten einen Querschnitt durch die Belegschaft abbilden, was Bereiche/Abteilungen, Alter, Geschlecht, Hierarchieebene und Betriebszugehörigkeit angeht. Sie geben Feedback und mit ihnen können beispielsweise Maßnahmenkonzepte diskutiert werden. Möglich ist auch der Einsatz einer Gruppe, die eigenständig Themen ausarbeitet und Maßnahmen entwickelt. Wichtig ist das Erwartungsmanagement im Vorfeld: Es ist zu klären, welche Aufgaben, Freiheiten und Befugnisse eine solche Gruppe hat.

Denkbar ist weiterhin der Einsatz von Gremien: Dies können Gruppen von Mitarbeitenden sein, die ebenfalls heterogen besetzt werden können. Sie treffen sich regelmäßig und entwickeln Konzepte und Initiativen zu bestimmten Aufgabenstellungen. Auch hier werden die Bedürfnisse der Belegschaft gespiegelt und es können bedarfsgerechte und zielgruppenspezifische Maßnahmen entwickelt werden.

Mitarbeitende, die derart involviert werden, setzen sich intensiv mit den geplanten Veränderungen auseinander, dienen der Qualitätssicherung und fungieren als Frühwarnsystem, indem sie helfen, Stimmungen, Anregungen und Kritik aus der Belegschaft greifbar zu machen. Sie leben die gewünschte Kulturveränderung durch das Format vor. Gleichzeitig sind sie offizielle oder inoffizielle Botschafterinnen und Multiplikatoren des Veränderungsprozesses und verbessern häufig in informellen Gesprächen auf glaubwürdige Art und Weise das Verständnis für den Veränderungsprozess bei der Belegschaft. Sie sollten für ihre Arbeit unterstützt, geschult/gecoacht und – ganz wichtig – in einem vorab definierten zeitlichen Rahmen freigestellt werden. Ihre Arbeit liefert Content für die Kommunikation, z. B. als Mitarbeitenden-Reportage (Bericht vom Fokusgruppentreffen). Die Anreize für ein solches Engagement können vielfältig sein:

- Möglichkeit zur interaktiven Mitgestaltung bei einem Change Projekt
- Auszeichnung durch Aufnahme in eine exklusive Gruppe mit Wissensvorsprung und Vorbildfunktion

- Sichtbarkeit: über die Arbeit der Fokusgruppe wird auch kommunikativ berichtet
- ggf. direkter Draht zum Management
- ggf. extra Qualifizierung durch externe Expertinnen und Experten

Vor der Auswahl gilt es, Anforderungsprofile für die Teilnehmenden zu definieren sowie Kriterien für die Teilnahme zu benennen und diese auch transparent zu kommunizieren. Die Besetzung könnte beispielsweise hälftig durch Vorschläge aus dem Führungskräftekreis sowie über Eigenbewerbungen (Aufruf im Intranet o. ä.) erfolgen. Zu diskutieren ist, ob der Personal-/Betriebsrat gebeten wird, Vorschläge einzubringen. Die finale Entscheidung der Besetzung kann durch die oberste Managementrunde, das Projektteam oder eine „Jury" (bestehend aus Vertreterinnen und Vertretern von Projekt, Management, Kommunikation und Human Resources) erfolgen.

Besonders Mitarbeitende, die gut vernetzt sind, sind unbedingt einzubeziehen, denn sie haben häufig eine informelle Führungsposition inne.

Bei der Umsetzung von partizipativen Maßnahmen sind auch einige Herausforderungen zu bedenken: Partizipative Maßnahmen sind sehr zeitintensiv, die Motivation der Beteiligten muss über einen längeren Zeitraum hochgehalten werden und es ist wichtig, auch kritische Stimmen zu integrieren.

Die Führungskräfte müssen vorab ins Boot geholt werden, denn sie müssen ihre Mitarbeitenden unterstützen und freistellen. Für ihre Planung ist es hilfreich, vorab den zeitlichen Aufwand zu definieren.

Employee Generated Content

Durch die Digitalisierung der Kommunikation gibt es inzwischen für alle die Möglichkeit, zu senden. Menschen sind es durch soziale Medien inzwischen gewohnt, zu kommentieren, zu liken und selbst zu kommunizieren. Sie geben sich nicht mehr damit zufrieden, Informationen nur zu konsumieren. Diese Entwicklung macht auch vor der internen Kommunikation nicht halt.

Die Bereitschaft dafür hängt allerdings von der vorherrschenden Unternehmenskultur ab. Mitarbeitende haben anfangs unter Umständen Angst, sich öffentlich zu äußern, denn sie setzen sich damit der Kritik durch Führungskräfte und Kollegen aus. Diese Sorgen sollten vorab erfragt und thematisiert werden. Auch auf der Gegenseite gibt es häufig Bedenken, denn die Inhalte können nicht kontrolliert werden. Die Angst vor unpassenden Inhalten oder ausschweifenden Diskussionen zeugt von fehlendem Vertrauen. In der Praxis zeigt sich, dass zum Beispiel in Foren häufig ein selbstreinigender Effekt auftritt und unpassende Bemerkungen von Kolleginnen angesprochen und kritisiert werden. Ein paar grundsätzliche Worte zur Netiquette können dennoch helfen.

Employee Generated Content geht noch einen Schritt weiter, indem die Kommunikation auf mehrere Schultern verteilt wird. Zum Beispiel, indem auch Mitarbeitende aus dem Projektteam oder aus Teilprojektgruppen in die Kommunikation involviert werden. Eine Möglichkeit ist es, Reporterinnen und Reporter aus der Belegschaft zu rekrutieren, die von Townhall-Meetings berichten oder Videos erstellen. Dabei sollten sie unterstützt werden, indem ihnen Leitfäden oder Coachings zur Verfügung gestellt werden. Aber inhaltlich sollten sie freie Hand haben, denn ihr Content soll authentisch und glaubwürdig sein. Dafür darf es auch ruhig einmal kritisch werden – wichtig ist nur, dass die Kritik aufgegriffen und bearbeitet wird. So demokratisiert sich auch die interne Kommunikation und tradierte Hierarchien werden aufgebrochen.

Mitarbeitende als Multiplikatorinnen: interne Corporate Influencer

Der Einsatz von Mitarbeitenden als interne Corporate Influencer kann viel Bewegung in einen Veränderungsprozess bringen. Dabei handelt es sich um engagierte, gut vernetzte Mitarbeitende, die sich sehr mit dem Unternehmen engagieren. Ihr Einsatz ist stets freiwillig und sie sind bereit, Wissen zu teilen und in die Diskussion zu gehen. Dabei können sie mit Guidelines, Coachings, Content und Tools unterstützt werden.

5.4.10 Neues erlebbar machen

Ein Pilotprojekt aufsetzen

Menschen lernen durch eigene Erfahrungen und ändern leichter ihr Verhalten, wenn diese positiv sind. Darum lohnt sich das Aufsetzen eines Pilotprojektes. In diesem wird beispielsweise ein abteilungsübergreifender Prozess durch ein interdisziplinäres Team vollständig betrachtet und neu strukturiert. Es dürfen neue Arbeitsweisen ausprobiert und Fehler gemacht werden, während das Tagesgeschäft parallel weiterläuft. Funktioniert ein Ansatz nicht, wird er verworfen und etwas anderes ausprobiert. Die Learnings können auf die gesamte Organisation übertragen werden. Pilotprojekte arbeiten häufig agil und wenden Methoden wie Design Thinking oder Rapid Prototyping an. Das Pilotprojekt-Team berichtet regelmäßig von seinen Erfahrungen und liefert so auch wieder Content für die Kommunikation. Kleinere Pilotprojekte können neue Meetingstrukturen oder -formate sein. Sie machen Erfolge wie bessere Informationsweitergabe schnell sichtbar.

Durch ein Pilotprojekt kommt die Organisation zügig ins Handeln und die Veränderung wird unmittelbar erlebbar. So können erste Quick Wins erzielt werden.

Gamification

Die Änderung von Verhaltensweisen ist dann erfolgreich, wenn durch aktives Handeln schnell Erfahrungen gemacht und neues Verhalten angewendet werden kann. Dazu eignet sich eine spielerische Vorgehensweise. Gamifizierte Maßnahmen sind daher besonders in Veränderungskontexten sehr wirksam. Gamification bezeichnet den Einsatz spielerischer Elemente in einem spielfremden Kontext. Dies ermöglicht individuelles Feedback und Belohnung in Echtzeit, erfüllt das Bedürfnis nach Aktivität, Gestaltung und Selbstwirksamkeit und es werden Lerneffekte erzielt. Spiele finden in einem geschützten Raum statt, der psychologische Sicherheit bietet. So können Dinge unbefangen ausprobiert und erfahren werden. Große Aufgaben werden in viele kleine Aufgaben unterteilt und sind so machbarer. Und: Spielen macht Spaß.

Gamification kann mit dem Einsatz von Lego Serious Play oder Playmobil pro in Workshops erfolgen. Auch Warm-up-Spiele können dazugehören. Allerdings ist zu empfehlen, Gamification-Maßnahmen zu ritualisieren und nicht nur einmalig oder sporadisch einzusetzen. Dies kann durch längerfristige und komplexere Planspiele oder wiederkehrende Elemente wie Online-Memorys gelingen. Es gibt Spiele, die einzeln gespielt werden können und Spiele für Teams, die auch gegeneinander antreten können.

Wichtig ist die richtige Vorbereitung und die Frage nach dem gewünschten Erkenntnisgewinn. Im Nachgang sollte in einer Reflexionsphase das Gelernte vertieft und übertragbar gemacht werden, indem zum Beispiel Ableitungen für den Arbeitsalltag getroffen werden (Praxistransfer).

Experimentierräume und Innovationslabore

Viele Unternehmen beschäftigen sich derzeit mit einer Umgestaltung der Arbeitsräume. Besonders beliebt sind Kreativräume oder Innovationslabore mit flexiblen Möbeln und Bastelmaterial für kreatives und agiles Arbeiten. Dahinter steckt häufig die Idee, einen angestrebten Kulturwandel sichtbar zu machen und sich als Unternehmen ein modernes Image zu geben. Dies funktioniert jedoch nur, wenn die neuen Räume auch durch Coachings und Schulungen begleitet und durch die Vermittlung agiler und kreativer Methoden und den Einsatz von neuen Formaten zum Leben erweckt werden.

5.5 Kommunikationsinstrumente in der Übersicht

Es gibt eine Vielzahl von möglichen Kommunikationsinstrumenten. Für einen ersten Überblick werden hier beispielhafte Maßnahmen bzw. Formate vorgestellt. Bei der Kategorisierung gibt es verschiedene Ansätze: Art des Mediums/Kanals, Reichweite, Zielgruppe oder Anlass (kontinuierlich oder einmalig). Nachfolgend wurde eine kombinierte Clusterung nach Kanal und medienpsychologischer Wirkung gewählt,

Tab. 5.2 Maßnahmen und ihre Wirkung.

Wirkung / Instrument	Informieren	Dialog anregen	Aktivieren	Befähigen
Printformate				
Mitarbeiterzeitschrift	✓			
Broschüren, Flyer	✓			
Plakate	✓			
Postkarten	✓		✓	
Schwarzes Brett	✓			
Bewegtbildformate				
Erklärfilm	✓			
Imagefilm	✓		✓	
Animation	✓			
Streaming (von Veranstaltungen)	✓		✓	
Digitale Formate				
Intranet/Microsite	✓			
Social Intranet	✓	✓		
Mitarbeiter-App	✓			
Newsletter/E-Mail	✓			
Blog	✓			
Podcast (Audio/Video)	✓			✓
Forum	✓	✓		
Wiki	✓			
Chatbot	✓			✓
Veranstaltungsformate analog und digital				
Townhall-Meeting	✓	✓	✓	
persönliche Gespräche und Meetingformate wie Stand-up, Brownbag-Lunch, Fuck-up-Night	✓	✓	✓	
World-Café		✓	✓	
Info-Markt	✓	✓	✓	
Roadshow/Infotour	✓	✓	✓	
Frag den Vorstand		✓		
Partizipationsformate				
Fokusgruppe/Sounding Board		✓	✓	
Zukunftswerkstatt		✓	✓	
Ideenwettbewerb			✓	
Employee Generated Content			✓	
Corporate Influencer			✓	
Formate zur Befähigung/Wissensvermittlung				
Leitfäden, Handbücher, Q&A, Wordings, Glossar …	✓			✓
Gamification				✓
Supervision				✓
Coaching				✓
Train-the-Trainer			✓	✓
Learning-Journey				✓

wobei die Einteilung nicht immer ganz trennscharf ist und Überschneidungen möglich sein können. Dabei wurde von einer idealtypischen Ausgestaltung der Maßnahmen ausgegangen.
Die beispielhafte Auflistung (s. Tab. 5.2) dient einer ersten Übersicht und Orientierung. Auf dieser Basis können eine individuelle Maßnahmenplanung und eine entsprechende Kanalstrategie entwickelt werden, im Rahmen derer auch entschieden wird, wann informierende, wann dialogische und wann partizipative Maßnahmen eingesetzt werden. Zu empfehlen ist ein ausgewogener Mix auf Basis eines integrierten Ansatzes. Bei der Planung sollte zudem darauf geachtet werden, dass die entsprechenden Ressourcen (Personal, Zeit, Budget) zur Verfügung stehen. Folgende Formate bieten sich an:

- **Printformate:** Auch in Zeiten der digitalen Transformation spielen Printmaßahmen noch eine wichtige Rolle in der internen Kommunikation. Sie sind insbesondere dann relevant, wenn Mitarbeitende, die keinen Büro-Arbeitsplatz haben und beispielsweise in der Produktion oder im Außendienst arbeiten, erreicht werden sollen.
- **Bewegtbildformate:** Hierzu zählen sowohl Animationen und Erklärfilme, die Fakten, Begriffe oder Themen auf einer audiovisuellen Ebene transportieren und so den Rezeptionsgewohnheiten jüngerer Zielgruppen besser entgegenkommen, als auch emotionalisierende Filme, die motivieren und Energie freisetzen können.
- **Digitale Formate:** Zu den Digitalformaten gehören Basismaßnahmen wie ein Intranet, aber auch serielle Formate wie Podcasts oder Blogs. Bei der Planung von seriellen Formaten ist zu beachten, dass dafür regelmäßig neuer Content produziert werden muss. Daher sollte vorab eine langfristigere Redaktionsplanung erfolgen.
- **Veranstaltungsformate analog und digital:** Auch wenn seit der Pandemie vieles digital möglich ist, sind Präsenzformate doch persönlicher, gehaltvoller und emotionaler.
- **Partizipationsformate:** Die Einbeziehung der Zielgruppen ist ein wichtiger Bestandteil von Change Prozessen und wird heutzutage in der Regel auch von den Bezugsgruppen erwartet (weitere Informationen siehe Abschn. 5.4.9).

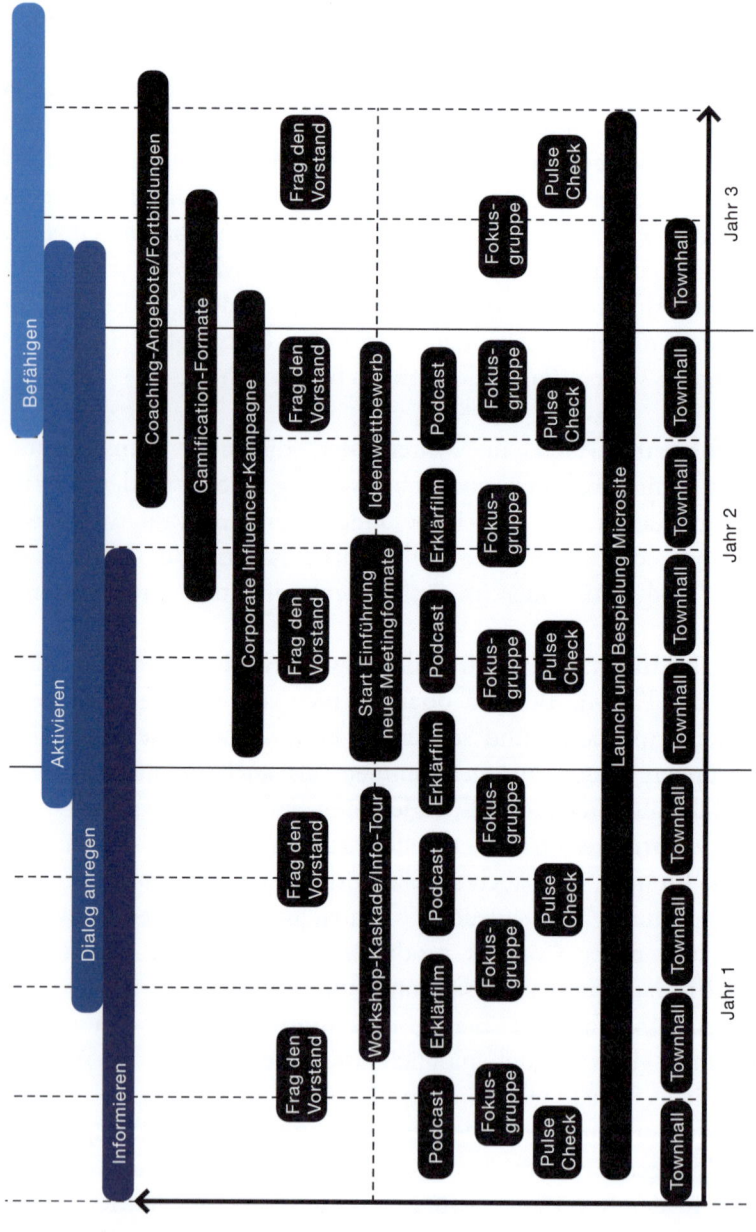

Abb. 5.5 Beispielhafter Zeit- und Maßnahmenplan. (Eigene Darstellung)

- **Formate zur Wissensvermittlung und Befähigung:** In puncto Befähigung sollten Kommunikation und Human Resources eng zusammenarbeiten, denn die Bandbreite reicht von Basis-Sprachregelungen über Coachings bis zu Fortbildungsmaßnahmen und die Grenzen sind fließend.

Die Planung in zeitlicher Abfolge könnte dann wie in Abb. 5.5 aussehen.

Literatur

Buchholz, U., & Knorre, S. (2014). *Leadership reloaded: Führungskommunikation in resilienten Organisationen, 03/2014*. HLV-Kommunikationsmanagement. Wolters Kluwer.

Deekeling, E., & Barghop, D. (Hrsg.). (2009). *Kommunikation im Corporate Change*. Gabler.

Fischer, O. (2016). Media Richness. In N. Krämer, S. Schwan, D. Unz, & M. Suckfüll (Hrsg.), *Medienpsychologie. Schlüsselbegriffe und Konzepte* (2. Aufl.). Kohlhammer.

Frenzel, K., Müller, M., & Sottong, H. (2004). *Storytelling – Das Harun-al-Raschid-Prinzip*. Hanser.

Grasnick, B. (2016). Alignment in Führungsteams, *System worx. White Paper*, 05(15), 1–11. https://uploads-ssl.webflow.com/5ce50fd1173 1ca54d3aeec79/5cf244f4b869d83ae2fef0ec_21_sx_Alignment-in-Fu%CC%88hrungsteams_Berit-Grasnick.pdf. Zugegriffen: 1. März 2022.

Haver, S. (2009). Führungskommunikation im Corporate Change. In E. Deekeling & D. Barghop (Hrsg.), *Kommunikation im Corporate Change* (2. Aufl., S. 59–68). Gabler.

Lüttringhaus, M., & Richers, H. (Hrsg.). (2003): *Handbuch aktivierende Befragung. Konzepte, Erfahrungen, Tipps für die Praxis*. Broschüre Stiftung Mitarbeit.

Mast, C. (2019). *Unternehmenskommunikation* (7. Aufl.). UTB.

Quirke, B. (2008). *Making the connections* (2. Aufl.). Gower Publishing Limited.

Schröder, W. (o. J.). Veränderungskompetenz. brainGuide. Das Expertenportal. https://www.brainguide.de/Veraenderungskompetenz/_c. Zugegriffen: 15. Apr. 2022.

Sinek, S. (2014). *Frag immer erst: Warum: Wie Top-Firmen und Führungskräfte zum Erfolg inspirieren*. Redline.

Stolzenberg, K., & Heberle, K. (2021). *Change Management – Veränderungsprozesse erfolgreich gestalten – Mitarbeiter mobilisieren. Vision, Kommunikation, Beteiligung, Qualifizierung*. Springer Nature.

Voß, A., & Röttger, U. (2014). Führungskommunikation: Herausforderungen und Umsetzung. In A. Zerfaß & M. Piwinger (Hrsg.), *Handbuch Unternehmenskommunikation* (2. Aufl., S. 1141–1159). Springer Gabler.

Watzlawick, P. (1998). *Wie wirklich ist die Wirklichkeit*. Piper Taschenbuch.

Wiringer, M. (2015). Die Heldenreise nach Joseph Campbell in der Kunst- und Gestaltungstherapie. Eine Einführung und mögliche Anwendungen. IHP Manuskript 1507 G. https://www.ihp.de/assets/content/budi/files/2015_1507.pdf. Zugegriffen: 1. Febr. 2022.

Yoshida, S. (1989). Iceberg of Ignorance. https://www.change-leadership.net/wp-content/uploads/2016/01/500-Words-July-Iceberg-of-Ignorance.pdf. Zugegriffen: 15. März 2022.

6

Case Study: Die Fusion von DI-Factory und CapConsalt

6.1 Einführung

Veränderungsprozesse existieren nicht nur in der Theorie. Sie zeigen sich jeden Tag in der Praxis aufs Neue und in unterschiedlicher Intensität und Reichweite. Im Folgenden wird ein Change Prozess aus Management- und Kommunikationsperspektive beschrieben. Die Besonderheit: Die Darstellung basiert auf einem realen (anonymisierten) Prozess zweier Unternehmen und wird von den Autorinnen kommentiert: Welche Themen und Handlungsschritte sollten jeweils angegangen und umgesetzt werden? So können Sie den Weg der Unternehmen als Akteure, beginnend in der Phase ihrer erfolgreichen Partnerschaft bis zu deren Fusion, nachvollziehen und eigene Schlussfolgerungen für Ihr eigenes Handeln ziehen. In Summe hat sich der gesamte Prozess bis hin zur Fusion über einen Zeitraum von drei Jahren erstreckt.

Dieser exemplarische Case kann für Sie als Praxisratgeber dienen, der aufzeigt, wie einerseits auf ganzheitlicher Basis ein angestrebter Soll-Zustand erreicht werden kann; andererseits, wie Management und Mitarbeitende bei adäquater Führungskräftekommunikation und einem gut geplanten und durchgeführten Change Prozess diese Veränderungsreise nachhaltig gestalten können.

Hinweis: Diese Art der Beschreibung ist eine komplexitätsreduzierte Laborsituation, die den klassischen Change Prozess als Prototypen darstellt. Dennoch sind alle wesentlichen Elemente enthalten.

6.2 Status quo der Unternehmen vor dem Change Prozess

Zu Beginn werden beide Unternehmen kurz vorgestellt und die jeweiligen Herausforderungen werden herausgearbeitet.

6.2.1 Das Unternehmen DI-Factory

Die DI-Factory ist das ältere und größere der beiden Unternehmen. Das IT-Beratungsunternehmen wird 2009 von den Software-Ingenieuren Stefan (49) und Alex (45) in Berlin gegründet. Sie kennen sich seit dem Studium und sind befreundet. Alex lebt wegen seiner Familie mittlerweile wieder in Hannover und führt das Unternehmen von dort aus mit. Stefan ist zum Studium nach Berlin gezogen und wegen der Liebe dort geblieben. Seit der Studienzeit hat jeder der beiden in verschiedenen IT-Unternehmen als Ingenieur gearbeitet und Knowhow aufgebaut, Stefan zuletzt in einer Bank, in der er die IT-Systeme betreute. Die Gründung geht auf eben dieses Wissen der beiden zurück, vor allem bei der Implementierung von Software-Lösungen, wobei Stefan zusätzlich seine Erfahrung im Bankensektor einbringt. Die DI-Factory unterstützt mittelständische Unternehmen als Dienstleister beim Aufsetzen und Integrieren von SAP-Lösungen.

Entwicklung in den ersten Jahren
Die DI-Factory folgt von Beginn an dem Ansatz, dass Herausforderungen, die die Digitalisierung für Unternehmen mit sich bringt, ganzheitlich betrachtet und unterstützt werden sollten. Am Markt ist

6 Case Study: Die Fusion von DI-Factory und CapConsalt

die DI-Factory als Dienstleister für SAP-Softwarelösungen im Bankensektor bereits nach kurzer Zeit bekannt, da zu dieser Zeit die Zahl der SAP-Dienstleister in Deutschland noch überschaubar ist. Die Qualität der Dienstleistungen von DI-Factory ist hoch und das Unternehmen wird oft weiterempfohlen.

Innerhalb weniger Jahre entwickelt sich die DI-Factory erfreulich positiv: Die Zahl der Mitarbeitenden steigt innerhalb kurzer Zeit stetig – von 20 im ersten Jahr bald auf 50 und dann auf 110 Personen in vier Jahren. In dieser Zeit expandiert das Unternehmen und mietet in kluger Voraussicht und aufgrund der positiven wirtschaftlichen Entwicklungen eine ganze Büroetage im Zentrum der Stadt. Fast monatlich sucht das junge Unternehmen nun aufgrund der guten Auftragslage weiterhin IT-Fachkräfte über die klassischen Jobportale und findet sie einige Zeit lang auch. Diese werden zu kompetenten und hochspezialisierten IT-Beraterinnen und -Beratern aufgebaut, die selbstständig mit und beim Kunden arbeiten können.

Doch nach fünf Jahren merken Stefan und Alex, dass der Fachkräftemangel sich stärker auch bei ihnen zeigt: Es dauert immer länger, bis sie die dringend für das weitere Wachstum gesuchten IT-Spezialisten „onboarden" können. Dabei stehen sie in Konkurrenz zu den großen Unternehmen, die ein besseres Gehalt und mehr Karrieremöglichkeiten bieten. Jedoch können Interessenten in den bekannten Arbeitgeberbewertungsportalen sehen, wie gut die Arbeitsatmosphäre ist und was für ein Teamspirit herrscht, sodass oft die Entscheidung gegen große Arbeitgeber und zugunsten der DI Factory getroffen wird. Sie beauftragen Headhunter und schließen Hochschulpartnerschaften ab. Das entspannt die Situation eine Zeit lang.

Die Unternehmenskultur ist von flachen Hierarchien geprägt. Die beiden Geschäftsführer stehen als Gesicht nach außen und repräsentieren das Unternehmen. Die Kommunikations- und Berichtswege gehen direkt zu ihnen, allerdings herrscht keine ausgereifte Führungsstruktur. Für jedes Projekt bilden sich eigene Projektteams. Die Duz-Kultur wird im Unternehmen großgeschrieben und bei auftretenden Herausforderungen, werden diese direkt im Gespräch geklärt und nicht an eine nächsthöhere Instanz zur Umsetzung delegiert.

Kommunikation

Das Unternehmen hat eine Website, die das Dienstleistungsangebot und die IT-Tools zeigt, aber ansonsten außer dem Kontakt so gut wie keine Inhalte bietet: keine Menschen, keine Werte, keine Bilder, keine Emotionen. Unternehmensinhalte und schnelles Wachstum zeigen sich auch in der Unternehmenskultur: Es ist scheinbar keine Zeit, sich damit zu beschäftigen, sagen Stefan und Alex. Zudem herrscht ein als normal empfundener Pragmatismus, der sich einerseits aus dem gelebten Wertesystem der beiden Gründer, andererseits aus einer von Ingenieuren geprägten Arbeitskultur speist. Themen – auch interne Probleme und Fragen – werden vor allem lösungsorientiert und rational angegangen, Bedürfnisse der Mitarbeitenden bedacht und bearbeitet. Was gebraucht wird, wird angeschafft. Eine gut ausgestattete Infrastruktur ist selbstverständlich. Der Dienstleistungs- und Supportgedanke aus den Beratungen wird auch bei den eigenen Mitarbeitenden gelebt. Interne Kommunikation ist in Townhall-Meetings oder Chattools noch gut möglich. Ansonsten sind die beiden Geschäftsführer der Meinung, dass interne Kommunikation überbewertet wird. Eine Recruiting-Kampagne wäre aber nötig, meinen sie, und konsultieren eine externe Kommunikationsberatung, die auf die Schwäche einer fehlenden internen Kommunikationsplanung hinweist.

6.2.2 Das Unternehmen CapConsalt

Gründung

CapConsalt ist ein klassisches Beratungsunternehmen mit einem Schwerpunkt auf Geschäftsbanken, Förderbanken, Fin-Tech-Unternehmen und Finanzdienstleistern. Gegründet wurde CapConsalt von drei Menschen: Robert (45), Anne (48) und Julia (50) arbeiteten sieben Jahre zusammen in der Beratung in einer Bank und verstehen sich seitdem gut. In ihrer Beratungtätigkeit merkten sie, dass es zu viele Hürden in der Umsetzung der von ihnen begleiteten Bankprojekte gibt: viele Hierarchieebenen, die sich einmischen, autoritäre Vorgesetzte, tradierte Unternehmenskulturen und vor allem zu wenig Know-how und Koordination in den Projekten. So beschließen Robert, Anne und

6 Case Study: Die Fusion von DI-Factory und CapConsalt

Julia 2014, ein eigenes Unternehmen zu gründen: die CapConsalt. Sitz des Unternehmens ist Berlin, wo sie bereits zahlreiche Kunden kennen. Die Beratungskompetenz liegt in der Begleitung komplexer IT-Projekte in Banken inklusive Anwenderschulung und Trainings sowie dem Erstellen von Machbarkeitsstudien und Datenverarbeitungskonzepten. Nach und nach erweitern sie das Aufgabenportfolio um Testkonzeption, Datenmigration und Schnittstellenmanagement zu Drittsystemen.

Entwicklung in den ersten Jahren

Berlin ist der einzige Standort von CapConsalt, obwohl sie schon bald Kunden in ganz Deutschland betreuen. Zu Beginn sitzen sie in einem Büro in zentraler Lage, das sie über Julias freundschaftliche Beziehung zu Stefan von der DI-Factory in direkter Nachbarschaft zu ihr mieten. Mitarbeitende gibt es zu Beginn noch nicht, doch haben sie bald mehr Arbeit als Personalkapazitäten. Innerhalb von fünf Jahren rekrutieren Robert, Anne und Julia mehrere Junior Consultants, die sie selbst zeitaufwändig ausbilden. Außerdem bauen sie systematisch einen Büroservice auf und schaffen eine ausgefeilte IT-Infrastruktur. Im Büro wird es langsam eng, weshalb drei weitere Räume dazu gemietet werden. Sie beginnen, sich inhaltlich und fachlich mit DI-Factory auszutauschen. Dieser Austausch intensiviert sich mit der Zeit und CapConsalt empfiehlt das Unternehmen immer häufiger als IT-Dienstleister bei ihren Kunden.

Am Ende des Jahres 2019 beschäftigen sie 55 Mitarbeitende: 47 hochqualifizierte und spezialisierte Beraterinnen und Berater sowie acht Menschen im Backoffice. Im Unternehmen wird von Beginn an eine flache Hierarchie gelebt. Dies gilt als Besonderheit des Beratungsunternehmens, das neben dem Backoffice und dem Management, das selbst in der Beratung tätig ist, hoch eigenverantwortliche Beraterinnen und Berater beschäftigt, die einen Großteil ihrer Arbeitszeit beim Kunden vor Ort verbringen. In der Unternehmenskultur herrscht ein freundschaftliches „Du", das auch gelebt wird. Bedingt durch die hohe Eigenständigkeit der Mitarbeitenden wird ein intensiver Austausch zwischen Geschäftsführung und Beschäftigten gepflegt: Es gibt gemeinsame Ausflüge, persönliche Gespräche und eine gleichberechtigte Versorgung mit allem, was gute Stimmung macht. Zur guten Atmosphäre trägt auch ein

Billardtisch bei, der jederzeit genutzt werden darf. CapConsalt ist eher durch ein Start-up-Feeling als durch das Bild einer klassischen Unternehmensberatung geprägt.

Kommunikation

CapConsalt hat eine übersichtliche Website mit gekauften, daher nicht authentischen Bildern. Zudem sind Kundenpräsentationen zu Angeboten und Kernkompetenzen inklusive Beraterprofilen im Einsatz, ansonsten Kaffeetassen und Stifte als Giveaways. Geschäftsführerin Julia ist sehr kommunikationsaffin: Sie konsultiert eine externe Kommunikationsberaterin und bespricht mit ihr, wie man jetzt, da man etabliert ist, optimal nach außen weiterkommunizieren sollte und könnte. Gemeinsam entwickeln sie eine Corporate Language, um sich als Beratungsunternehmen zu profilieren, und überarbeiten gemeinsam Aufbau und Sprache der Beraterprofile und der Website.

6.3 Jahr 1: Der Change Prozess startet

6.3.1 DI-Factory

Im Jahr 2018, neun Jahre nach der Gründung, hat die DI-Factory rund 200 Mitarbeitende.

Inzwischen arbeitet das Unternehmen bei mehr als der Hälfte seiner Auftraggebenden mit CapConsalt zusammen. Die Zusammenarbeit ist erfolgreich und die Kunden sind zufrieden. Sie empfehlen beide Unternehmen gerne weiter.

Organisationsentwicklung

In der betrieblichen Struktur und Organisation hat sich nichts verändert und Alex und Stefan steuern das Unternehmen ruhig ohne Krisen und größere Probleme. Die flache Hierarchie im Unternehmen wird weiter praktiziert und aktiv gelebt. Auch im Kommunikationsbereich bleibt alles unverändert: Es werden maximal neue Tools für die interne Arbeitsorganisation angeschafft und eingesetzt – hier ist die DI-Factory modern aufgestellt und probiert regelmäßig etwas Neues aus. Die interne Kommunikation wird, wie seit der Gründungsphase, „hands on" durch die Führungskräfte mitgemacht oder aber ignoriert. Doch der Bedarf im Recruiting zieht Aufmerksamkeit auf sich, weshalb hierfür ein Mitarbeiter eingestellt wird: Rico (39) kommt aus einer Kommunikationsagentur. Er wird befristet eingestellt und soll Außenauftritt und Recruiting voranbringen. Er entwickelt ein Corporate Wording, schaut sich Website und externe Kommunikationsschnittstellen an und setzt nach und nach alles neu auf, sodass die Kommunikation nun einen moderneren, frischeren Look hat.

6.3.2 CapConsalt

CapConsalt ist in den vergangenen vier Jahren zwar langsam, aber organisch gewachsen und braucht inzwischen kaum mehr Akquise zu machen. Bei den Auftraggebenden hat sich der gute Ruf verbreitet, sodass die Auftragsbücher voll sind und drei neue Beraterinnen eingestellt werden können. CapConsalt bietet nach wie vor bevorzugt die DI-Factory als Dienstleister mit an, muss jedoch aufgrund wettbewerblicher Bedingungen im öffentlichen Bereich oft Angebote auch von anderen Unternehmen für die IT-Umsetzung einreichen, was größeren Aufwand bedeutet, obwohl sie reibungslos mit der DI-Factory zusammenarbeiten.

Als neues Ziel wird für das Jahr 2024 eine Mitarbeiterstärke von 60 Personen avisiert und die Mitarbeitenden werden darüber informiert.

Organisationsentwicklung

Robert und Julia sind inzwischen seit fast vier Jahren durchgehend bei ihren Kunden vor Ort tätig, was sie stresst – Geschäftsführung aus der Ferne und 12-h-Tage vor Ort sind fordernd. Zum Glück hält Anne ihnen den Rücken frei: Bei ihr ist es meist etwas ruhiger, ihre Kunden sitzen vor allem in Berlin und Potsdam. Außerdem haben die drei schon zu Beginn, als ihnen klar wurde, dass Beraterbusiness fast immer Abwesenheit bedeutet, den Freitag als Office-Tag für alle im Kalender fest eingebucht. So können sie sich konzentriert um ihr Geschäft und die Organisation kümmern und auch alle angestellten Beratenden sind so einmal pro Woche im heimatlichen Büro. Der Tag tut allen gut.

Ansonsten hat sich in der Struktur der Organisation nicht viel verändert. Auch im Kommunikationsbereich bleibt die Verantwortung für die interne und externe Kommunikation bei Julia. Dazu gibt es regelmäßige interne Abstimmungsrunden, wonach sie regelmäßig Website und Präsentationen anpasst, Texte und Bilder ändert, wenn sie dazu kommt, und jährlich die Giveaway-Auswahl aktualisiert.

Auf Korsika werden neue Weichen gestellt

Im Jahr 2018 kennen sich die fünf Geschäftsführenden der beiden Unternehmen persönlich und beruflich seit längerer Zeit und haben viele Erfahrungen in der gemeinsamen Arbeit gesammelt. Sie haben die inhaltliche Zusammenarbeit rund um die Beratungsleistungen und die implementierte Software immer besser aufeinander abgestimmt und sich gegenseitig gefördert. Freundschaftliche Beziehungen sind entstanden. Die Arbeitsweise sieht so aus, dass eines der beiden Unternehmen als Generalunternehmer auftritt und das andere als Subunternehmer.

Auch die Beraterinnen und Berater der beiden Unternehmen kennen sich inzwischen gut und vertrauen einander. Man arbeitet erfolgreich zusammen und feiert auch gemeinsam. Da verwundert es niemanden, dass beide Geschäftsführungen zu einem gemeinsamen Wochenende aufbrechen. Sie fliegen im Frühsommer 2018 nach Korsika und verbringen vier Tage bei intensiven Gesprächen, sie nennen es Klausur. Offiziell besprechen sie die Art und Weise der Zusammenarbeit. Wer dabei ist, weiß, dass es aber um tiefergehende strategische Fragen geht: Wie können wir die Angebotserstellung optimieren? Wie könnte eine gemeinsame Angebotserstellung konkret aussehen? Sollen wir dazu einen einheitlichen Prozess der Erstellung, Budgetierung, Ressourcenausstattung bis hin zur Freigabe etablieren? Wo können wir die Zusammenarbeit effizienter gestalten, wo unsere Services zusammenlegen?

Aus dem einen Wochenende werden in diesem Jahr insgesamt drei und am Ende ist eine Idee geboren: DI-Factory wird eine 20 %ige Beteiligung an CapConsalt eingehen. Im Dezember 2018 ist dies realisiert und Angebote werden nun gemeinsam abgegeben.

6 Case Study: Die Fusion von DI-Factory und CapConsalt

Kommentierung

Sicht der Managementberatung	Sicht der Kommunikationsberatung
Gerade nach der erfolgten 20%igen Beteiligung ist die Etablierung einer Governance-Struktur wichtiger denn je: • Es bedarf eines Organigramms (im Sinne einer Projektorganisation), das die Mitarbeitenden nach ihren Fähigkeiten und Kernkompetenzen zuordnet sowie einer Führungsstruktur. • Ferner müssen Gremien wie wöchentliche Jour Fixes, Projektboards, Vertriebsrunden, Projekt-Staffings etabliert werden, sodass ein gemeinschaftliches Miteinander auch in geordneten Strukturen und Prozessen erfolgt. Trotz des Regelwerkes kann weiterhin eine flache Hierarchie gelebt werden. Die 20%ige Beteiligung impliziert eine Reaktion der Mitarbeitenden in beiden Unternehmen. Es verändert sich etwas, sodass die transparente Kommunikation bei der Geschäftsführung in den Fokus rücken sollte: • Der Impuls der Beteiligung muss erklärt werden und ebenso, was sich zukünftig im großen Ganzen und für den Einzelnen ändern wird. • In diesem Zusammenhang müssen die künftig zu etablierenden Strukturen, neue Gremien sowie das Regelwerk des Miteinanders eingeordnet und erläutert werden. Ziel muss sein, dass ein Gemeinschaftsgefühl ab der ersten Minute hergestellt wird und kein Denken in „zwei Welten" entsteht.	Insgesamt sollte, gerade in einem wachsenden Unternehmen, die interne Kommunikation nicht dem Zufall überlassen werden. Die Aufgabe sollte verortet und professionell betreut werden Außerplanmäßige Treffen der Geschäftsführung laufen nicht unbemerkt ab. Mit Sicherheit bekommen einige etwas mit. Werden diese Treffen nicht offen kommuniziert, kann es zur Bildung von Gerüchten kommen. Wenn die Mitarbeitenden fürchten, dass etwas „im Busch" ist, kann es sein, dass sie sie misstrauisch werden oder sich nach einem neuen Job umsehen, bevor ihr Unternehmen verkauft wird o. ä. Die Treffen der Geschäftsführenden sollten daher transparent kommuniziert werden. Es hilft, ein Wording sowie ein Q&A für die Kommunikation mit den Mitarbeitenden auszuarbeiten, damit alle mit einer Stimme sprechen. Dazu gehört auch die Entwicklung eines gemeinsamen Narrativs mit einer Vorteilskommunikation für die bessere und strukturiertere Zusammenarbeit beider Unternehmen. Denn auch vermeintlich positive Veränderungen können Ängste oder Unsicherheiten auslösen Auch wenn sich die Mitarbeitenden beider Unternehmen bereits aus der Zusammenarbeit kennen, sollte ein gegenseitiges Kennenlernen über die „zufällige" Zusammenarbeit hinaus strukturiert gestaltet werden, z. B. mit gemeinsamen Meetings und Fortbildungsveranstaltungen Die Information der Mitarbeitenden über die Beteiligung kann offiziell in einer (virtuellen) Townhall-Veranstaltung verkündet werden. Da die Beraterinnen und Berater viel unterwegs sind, muss sichergestellt sein, dass möglichst alle gleichzeitig erreicht werden

Kommentierung	
Sicht der Managementberatung	Sicht der Kommunikationsberatung
Fazit: Bisher ist alles gut gelaufen, was auch an der positiven Marktentwicklung liegt. Jetzt beginnt die sensible Phase. Wenn ein solcher Plan heranreift, ist es primäre Aufgabe der Führungskräfte • eine neue, gemeinsame Wirklichkeit durch Kommunikation zu „erschaffen" • einen bewussten Perspektivwechsel vorzunehmen, um Bedürfnisse und Erwartungen der Mitarbeitenden zu verstehen • sich die Auswirkungen ihres Handelns und ihrer Signale bewusst zu machen • zu definieren, wer vom Management welche Rolle hat und was das langfristige gemeinsame Ziel ist	

6.4 Jahr 2: Die Geschäftsbeziehungen werden intensiviert

DI-Factory und CapConsalt

Beide Unternehmen intensivieren die Zusammenarbeit und betreiben gemeinsam Akquise. Daher ist es naheliegend, sich räumlich und organisatorisch weiter anzunähern.

Der sichtbare Wandel beginnt räumlich, und zwar aus praktischen Gründen: 2019 sind für beide Firmen die Büroräume bereits zu eng. Aufwendig werden die Mitarbeitenden zu einem Umzug innerhalb Berlins befragt. Das Ergebnis: Ein Votum für neue Büros in einem modernen Berliner Technologiepark. Verargumentiert wird der Umzug zum einen als werbewirksam bei Kunden (Vorteil: effizientere Zusammenarbeit beider Unternehmen im Rahmen der bestehenden Partnerschaft) und zudem als Kompromiss aus Raumnot und steigenden Mietpreisen im Zentrum Berlins.

Die gemeinsam angemietete Fläche ist groß und ihre Ausgestaltung wird am Reißbrett geplant. Alles ist auf Austausch und einer Kultur „der offenen Türen und flachen Hierarchie" eingerichtet: die zentrale Kaffeeküche, der Billardtisch, die offenen Arbeitsflächen. Nur die beiden Geschäftsführungen haben jeweils formal eigene Büros, auch wenn Alex nach wie vor meist in Hannover ist und nur zu besonderen Anlässen nach Berlin kommt. Es werden Absprachen zunächst zwischen

Stefan, Alex, Julia, Anne und Julia zur Büronutzung getroffen, dann werden die Mitarbeitenden informiert. Mitte des Jahres ziehen sie um. In dieser Zeit sind nicht alle Mitglieder beider Geschäftsführungen vom neuen Vorgehen vollständig überzeugt. Anne hängt an ihrer ursprünglichen Gründung und findet drei Manager überschaubarer, sie ist eher die konservative unter den dreien bei CapConsalt.

Kommunikation

Die Annäherung der beiden Unternehmenskulturen auf Basis der gemeinsam gelebten Zusammenarbeit erfolgt eher nebenbei, ohne explizite Planung und Kommunikation. Doch achtet Julia, die den Umzugsprozess koordiniert, schon im Vorfeld fast pedantisch darauf, dass beide Unternehmenskulturen sichtbar sind, zum Beispiel in Farben und räumlichen Gegebenheiten, die den beiden Unternehmen entsprechen und ihren Kommunikationsstil unterstützen. Die Beraterinnen und Berater sitzen nun freitags gemeinsam in einem Raum, beide Logos sind der Haupteingangstür präsent und beide Namen zieren die Tür. Im gemeinsam genutzten Besprechungsraum sind in der Mitte des großen Besprechungstisches beide Logos in das Holz eingelassen. In der Kaffeeküche gibt es Kaffeebecher in beiden Unternehmensfarben. Die Schreibtischstühle wechseln sich in den Unternehmensfarben ab. Die Besonderheit ist allerdings, dass am Nebeneingang nun erstmals ein verschmolzenes neues Logo aus „DI-F/CapC" gezeigt wird – offiziell, um den Verbund zu symbolisieren. Die Mitarbeitenden empfinden das als Spielerei der kreativen Julia, die ganz begeistert von ihrer Idee ist, so die intensive Zusammenarbeit zu zeigen. Der Einzug wird mit einer Party gefeiert, die laut, lustig und lang ist. Wobei: Stefan und Alex reden vor allem über das komplizierte IT Projekt eines Kunden und Anne geht früh heim.

Organisationsentwicklung

Beide Unternehmen treten jetzt nach außen als Verbund auf. Auf organisationaler Ebene ist dies nicht abgebildet: De facto manifestiert sich das Zusammengehen zwar in der Zusammenarbeit auf Mitarbeiterebene (Projekte und Events) und auf Managementebene (wöchentliches Managementboard, jährliche Strategierunden, Wissensmanagement).

Auch interne organisatorische Aufgaben (Buchhaltung, Eventmanagement, Vertriebsaktivitäten, Traineeprogramm) werden sukzessive gemeinsam realisiert bzw. teilweise zusammengelegt, um die Kräfte zu bündeln. Sogar eine gemeinsame Software wird angeschafft, um die Unternehmensabläufe zu optimieren.

Erste Probleme werden sichtbar

Die individuellen Identitäten der beiden Firmen bestehen weiter. Dies manifestiert sich u. a. in Arbeitsbesprechungen und Gehaltssystemen. Auch die Aussagen der Geschäftsführenden, insbesondere zur Zukunft beider Unternehmen, widersprechen sich hin und wieder, was in der Belegschaft von Zeit zu Zeit für Verwirrung sorgt. Es ist nicht ganz klar, wo die Reise langfristig hingehen soll.

In dieser Phase ergeben sich aus der Partnerschaft zwischen CapConsalt und DI-Factory einige Herausforderungen: Auf der einen Seite hilft der vorherrschende Vertriebskanal über DI-Factory CapConsalt. Auf der anderen Seite verhindert er, dass eine eigene Identität sowohl gegenüber Kunden als auch neuen Mitarbeitenden entwickelt werden kann, denn Arbeitsthemen von CapConsalt werden extern teils als Leistungen von DI-Factory wahrgenommen. Ferner vergleichen die Mitarbeitenden die unterschiedlichen internen Regelungen der beiden Unternehmen in Bezug auf Feiertage, Gleitzeit, Tantiemen und diskutieren darüber mit entsprechender Emotionalität in einer nun vielschichtigen Stimmungslage. Neuen Mitarbeiterinnen und Mitarbeitern fehlt Wissen um Historie und Hintergründe der Partnerschaft und somit eine Verortung, auf deren Basis sich klassisch Identifikation und Zugehörigkeit entwickeln.

Im gleichen Jahr bietet sich die Chance, das eigene Vorgehen extern überprüfen zu lassen: In einem Praxisprojekt in Kooperation mit einer Hochschule wird überprüft, was aus Sicht von außen die optimale Vorgehensweise wäre. Als Ziel wird u. a. die Aufgabe gestellt, in der derzeitigen Lage, die Zusammenarbeit der beiden Unternehmen zu analysieren und Handlungsoptionen zu erarbeiten. Mitarbeitende sind nicht eingeladen und Hochschuldozierende und Studierende sollen nichts nach außen tragen. Dafür wurde auf Wunsch der Geschäftsführungen eine Geheimhaltungsklausel ausgearbeitet.

Im Workshop werden Optionen in Bezug auf eine Partnerschaft bzw. für eine vertiefte Zusammenarbeit geprüft und diskutiert. Im Ergebnis werden mögliche Strategien mit Vor- und Nachteilen, angefangen mit einem losen Verbund bis hin zu einer Fusion, vorgestellt. Die Empfehlung lautet: Fusion. Dies stützt diejenigen unter den fünf Geschäftsführenden, die diesen Weg eindeutig präferieren. Anne als Skeptikerin fühlt sich in ihrer Position geschwächt. Zugleich beobachten die Mitarbeitenden beider Firmen das Event. Sie wissen nicht, was dort passiert, daher steht man in der Kaffeeküche und teilt Vermutungen und Gerüchte.

Danach fahren erneut alle fünf Führungskräfte in ein verlängertes Wochenende und besprechen die Ergebnisse. Vier der fünf Geschäftsführenden sind davon überzeugt, dass die Fusion die beste Lösung ist. Nur Anne mag ihre liebgewordene Gründung, in die sie so viel Arbeit und Zeit ihres Lebens gesteckt hat und die sie mit zum Erfolg geführt hat, nicht so leicht aufgeben. Die Buchhalterin, die von Beginn an dabei ist und mit der sie eng befreundet ist, erfährt von der Fusion und stellt sich auf Annes Seite.

Die DI-Factory ist bekannter, größer und im krisensicheren Kerngeschäft des IT-Consultings tätig. Da schon jetzt zunehmend Anbieter in den Beratungsmarkt der Finanz- und Bankenbranche drängen und zugleich ein hoher Wettbewerb um gute IT-Fachleute besteht, beschließen die beiden Geschäftsführungen nun endgültig, dass CapConsalt in der größeren Firma aufgehen soll.

Nach diesem wegweisenden Beschluss wird daher ein Change Prozess aufgesetzt und durch die Geschäftsführer gemeinsam ein erster grober Zeit- und Arbeitsplan erstellt, um den Zusammenschluss beider Unternehmen im Jahr 2020 in die Wege zu leiten.

Kommentierung

Sicht der Managementberatung	Sicht der Kommunikationsberatung
Beide Unternehmen sind mitten im Change, auch wenn dies noch nicht so benannt wird und nicht jeder das schon wahrhaben will. Daher sollten bei den Geschäftsführern folgende Aktivitäten im Fokus stehen: • Aufsetzen einer Projektstruktur und Etablierung eines Change Leaders, der den Change Prozess aktiv begleitet und eine dezidierte Planung vorbereitet inklusive Meilensteinen, die im Rahmen einer regelmäßigen Kommunikation vorgestellt, verortet und auf die einzelnen Bereiche runtergebrochen werden. • Einführen eines gemeinsamen Perfomance Management Systems, sodass Einigkeit über die Entwicklung herrscht. • Entwickeln eines gemeinsamen strategischen Zielbildes und vor allem, welcher Anspruch aus dem Zielbild abgleitet wird (Nutzen für Kunden, Mitarbeitende und andere relevante Stakeholder). Zu beachten: Auswirkungen des strategischen Zielbildes auf die tägliche Arbeit sowie Ableitung konkreter Handlungsempfehlungen durch die Geschäftsführung. Jetzt ist die Zeit für ein klares Regelwerk (Governance) für die bestehenden Management- und Führungsstrukturen sowie eine transparente Darstellung der internen Strukturen beider Unternehmen (z. B. Karrieremodell und -stufen, Zusammensetzung des Gehalts).	Wenn die Entscheidung zu fusionieren feststeht, sollte auf der Basis des strategischen Zielbildes an einer gemeinsamen Change Story und Kernbotschaften, einer gemeinsamen Vision und an einer gemeinsamen Unternehmenskultur gearbeitet werden. Hier muss die Frage beantwortet werden, wie das das Unternehmen beispielsweise in drei Jahren aussehen soll und wie dann miteinander gearbeitet wird. Bei einer Fusion stellt sich immer die Frage, ob es ein gleichberechtigter Zusammenschluss auf Augenhöhe ist oder ob ein Unternehmen das andere „schluckt". Hier ist auf das Framing und das Narrativ zu achten, denn das hat Auswirkungen auf die Motivation der Mitarbeitenden Von Beginn an sollte zudem ein Alignment auf der Führungsebene hergestellt werden. Wenn jemand nicht genau so hinter dem Vorhaben steht wie alle anderen, wird das über kurz oder lang auch den Mitarbeitenden auffallen und für Verwirrung und Unruhe sorgen. Es empfiehlt sich eine Kommunikation zum Umzug und idealerweise würde das Management die Mitarbeitenden bei der Gestaltung der neuen Büroräume mit einbeziehen. Wichtig ist ein gemeinsames „In-Besitz-nehmen" der neuen Räume und ein gemeinsames Gestalten, z. B. in Teambuilding-Workshops Ebenso müsste das Hochschulprojektes transparent kommuniziert werden, um eventuell daraus entstehende Unruhe aufzufangen. Je näher die beiden Unternehmen zusammenrücken, desto stärker fällt auf, dass es kulturelle Unterschiede gibt – auch wenn beide Kulturen auf den ersten Blick sehr ähnlich scheinen. Wenn diese nicht offen diskutiert und „bearbeitet" werden, kann es irgendwann anstrengend werden

Kommentierung	
Sicht der Managementberatung	Sicht der Kommunikationsberatung

Fazit: Die Ausgestaltung von Change Prozessen zeigt die Einstellung des Managements zur Belegschaft. Das Handeln der Geschäftsführung sollte hier besonders konsistent sein, da es die Grundlage für Vertrauen ist. Glaubwürdigkeit des und Vertrauen in das Handeln des Managements sind wesentlich für den Erfolg in Change Prozessen.

Insbesondere, wenn zu merken ist, dass sich etwas ändert, sind Werte und ist Haltung gefordert. Sie sind Basis für das Commitment der Mitarbeitenden und ihre Bindung an das Unternehmen, sodass auch schwierige Phasen gemeistert werden und alle ihr Bestes geben.

6.5 Jahr 3: Die Pläne werden zum Leben erweckt

2020 startet der Change Prozess offiziell: Im Januar werden als erstes alle Mitarbeitenden (DI-Factory mit 250 und CapConsalt mit 90 Mitarbeitenden) beider Unternehmen zeitgleich zur geplanten Fusion und ihren Gründen in einem gemeinsamen Townhall-Meeting informiert. Der Plan: Die Marke DI-Factory bleibt, CapConsalt geht. Ein Change Manager wird eingestellt: Simon (28) startet zum 1. Januar bei DI-Factory. Und auch eine Feel-Good-Managementstelle, die mit der 37-jährigen Psychologin Karen besetzt wird, „leisten" sich die fünf Geschäftsführenden. Beide bilden den Kern des Change Teams. Simon entwickelt als Change Leader die Organisations- und Kommunikationsstrukturen für den geplanten Change und stimmt alles mit den beiden Geschäftsführungen ab. Karen kümmert sich um die „soften" Faktoren. Die beiden neuen Mitarbeitenden sind zugleich in der Beratung und im Kundenkontakt tätig. Zunächst sollen sie jedoch 75 Prozent ihrer Arbeitszeit den Change begleiten. Beide bauen mit zwei alteigesessenen Kolleginnen das Change Team auf. Als erstes definieren sie ihre Aufgaben, sprechen diese mit dem Management ab und starten dann Anfang Februar zügig mit einem Kick-off in großer Runde.

Das Beste aus zwei Welten

Auf der Kick-off-Veranstaltung bieten sie allen an, sich für die Mitarbeit in einer Arbeitsgruppe, dem Change Team, zu bewerben.

Die beteiligten Mitarbeitenden können dann sechs Monate lang im Rahmen einer Ideenkampagne mit dem Open Innovation Ansatz, bei dem Wissen und Potenziale aus dem Umfeld genutzt werden, ihre Ideen und Wünsche einbringen und diese wöchentlich bearbeiten. Wichtige Parameter sind: eine paritätische Zusammensetzung, das Mitspracherecht dafür „was das Beste ist" und dass alle von den Mitarbeitern erarbeiteten Themencluster und legitimen Ansprüche mit dem Management kontinuierlich besprochen werden. Alle, die dabei sein wollen, können sich während der Arbeitszeit beteiligen. Die Teilprojekte in der Change Architektur heißen Finanzbuchhaltung/Controlling/ Verträge, Zeiterfassung, Personalwesen/Verwaltung/Back-office, Internetauftritt/Geschäftsausstattung, Wissensmanagement, Team Meetings, Support und Projekte und Mentorenprogramm/Karrierestatus/-stufen/ Bonuszahlung. Am Ende werden Ziele definiert und Zeitpläne für die Umsetzung erstellt. Übergeordnetes Ziel ist es außerdem, dass sich über diesen Prozess das Selbstverständnis als Mitarbeitende der „neuen DI-Factory" über alle Hierarchien hinweg einstellen soll.

In der Praxis zeigt sich, dass die Zeit für eine Mitarbeit während der Arbeitszeit oft nicht ausreicht, da die Aufgaben des Tagesgeschäfts für die Mitglieder des Change Teams nicht reduziert wurden. So kommt es zu einem ungleichen Engagement. Zudem vermittelt Anne ihren engsten Mitarbeitenden immer wieder durch skeptische Kommentare den Eindruck, dass ihre Mitarbeit in der Arbeitsgruppe nicht so wichtig bzw. von ihr auch nicht gerne gesehen ist.

Kommunikation

Die Change Story, die das nun gemeinsam agierende Management erzählt, ist: „Wir ändern uns, da der Wettbewerb härter wird und wir gemeinsam stärker sind. Dafür wollen wir das Beste aus beiden Welten behalten: das, was bei CapConsalt besser läuft, soll in die neue Welt übernommen werden. Und das was bei DI-Factory besser läuft, soll im künftigen DI-Factory erhalten bleiben."

Bei einer Befragung der Mitarbeitenden in dieser Phase sind 75 % den Fusionsbestrebungen gegenüber neutral bis positiv eingestellt. Das Verständnis des Zwecks der Fusion ist mehrheitlich vorhanden. Die Mitarbeitenden gehen davon aus, dass sich die Gesamtsituation für alle verbessern wird und dass auch über das Change Team Ideen und Wünsche adressiert und in den Fusionsprozess eingebracht werden können. Die vom Management gesetzten sachlichen Ziele sind für die Beschäftigten nachvollziehbar und verständlich. Es gibt ein zweimonatliches Stimmungsbarometer, dessen Ergebnisse in den Büroräumen veröffentlicht und in den Meetings immer wieder besprochen wird. Was nicht abgefragt wird und auch unausgesprochen bleibt, ist die übergeordnete Zielsetzung. Entsteht ein neues Unternehmen oder geht CapConsalt einfach nur in der DI-Factory auf? Dies hat subtile Auswirkungen auf die Stimmung der Belegschaft des kleineren Partners.

Als förderliche Bedingungen werden genannt:

- ausreichender Zeithorizont für ein gesteuertes Vorgehen
- überwiegend Einsicht in die Gründe und Vertrauen in das Management
- frühes Anheuern und bilden des Change Teams
- Führungskräfte und Mitarbeitende beider Unternehmen kennen sich
- Vereinbarung beider Geschäftsführungen zu Prozesse und Vorgehensweisen
- Vorhandensein von Ressourcen für die Verbesserung interner Prozesse

Hinderliche Bedingungen sind aus Sicht des Change Managers:

- Unklarheit über die Marken: Wird die Marke DI-Factory bleiben und die Marke CapConsalt verschwinden? Oder wird es eine gemeinsame neue Marke geben?
- Sichtbarkeit des Einzelnen sinkt
- Routinen und vertraute Prozesse werden verschwinden

Das Organisatorische

Es gilt, zugleich zu verändern und den „normalen" Betrieb nicht nur aufrechtzuerhalten, sondern auf einem gewohnt qualitativ hohen Niveau weiterzuarbeiten. Die Kunden sollen in der Qualität der Dienstleistung nichts merken. Zugleich geht es in die Veränderung. Die Ankündigung bei Dritten wie Kunden, Dienstleistern, Partnern und freiberuflichen Mitarbeitenden soll erst stattfinden, wenn die rechtlichen Fragen geklärt sind. Das wird voraussichtlich im Mai 2020 der Fall sein.

Zugleich müssen jetzt zusätzliche Aufgaben, die sich aus der Veränderung der beiden bestehenden Organisationen ergeben, bewältigt werden: Bei CapConsalt beginnt neben juristischen Fragen die Analyse bestehender Inhalte, Aufgaben und Strukturen, die in die DI-Factory eingepasst werden sollen. Gleichzeitig muss der Übergangs- und Auflösungsprozess gestaltet werden. Bei der DI-Factory müssen Prozesse und Strukturen angepasst und Aufgaben wie Versicherungen, Rechts- und Steuerberatung harmonisiert werden, außerdem müssen juristische Fragen und rechtliche Rahmenbedingungen wie z. B. notwendige Zertifizierungen geklärt werden. Das Management muss entscheiden, wie das Board künftig aussehen soll. Die Vergrößerung des fusionierten Unternehmens bringt für die Mitarbeitenden zudem eine große Strukturänderung mit sich: Gab es vorher bei CapConsalt keine Abteilungen und bei der DI-Factory lediglich zwei große Bereiche, wird nun eine Zwischenebene eingezogen: Das Management hat beschlossen, dass es bei einem Unternehmen dieser Größe unabdingbar ist, vier Unternehmensbereiche zu unterscheiden und auf dieser Basis drei Geschäftsbereiche mit eigenen Bereichsleitungen rund um die Themen Innovation und Prozess-Consulting aufzubauen. Alle anderen ehemaligen Bereiche werden nun Backoffice genannt.

Für die aktive Veränderungszeit mit Mitarbeiterbeteiligung übernehmen die DI-Factory-Manager Stefan und Alex die juristischen Fragen und die technische Umsetzung. Julia und Robert strukturieren den Change Prozess und die Human-Resources-Fragen, Anne verantwortet die Finanzfragen. In dieser Zeit gibt es ein Jahr lang zusätzliche wöchentliche Treffen des Geschäftsführungsteams, die sich vor allem mit diesen Fragen beschäftigen.

Beide Unternehmen hatten bisher ihr eigenes Controlling. Das muss vereinheitlicht und für das künftige Wachstum effizient gestaltet werden. Zum aktuellen Unternehmenscontrolling gehören monatliche Auswertungen über die Deckungsbeiträge der Beraterinnen und Berater, Projekte und Kunden und den Liquiditätsstatus. Zukünftig werden diese Werkzeuge nicht mehr ausreichen. Zudem gibt es einmal jährlich, im Zuge des Jahresabschlusses, eine große Menge von automatisch generierten KPIs (Umsatzrendite, EK-Quote etc.). Ein Business Intelligence System zur Performance Steuerung muss angeschafft werden, um eine zukunftsfähige Steuerung des Unternehmens bis in die einzelnen Hierarchien zu gewährleisten. Die beiden Unternehmen CapConsalt und DI-Factory haben auch das Thema Wissensmanagement bisher unterschiedlich gelebt. Im Rahmen der Fusion steht also nicht nur ein zukünftiges gemeinsames Unternehmenscontrolling auf der Agenda, sondern es muss auch ein Gesamtkonzept für das Wissensmanagement erstellt werden.

Die Stimmung beim Change Team ist durchwachsen. Die flachen Hierarchien und der direkte Zugang zu den Führungskräften helfen ihnen und noch ist genügend Zeit für ein kontrolliertes, geordnetes Vorgehen – sie sind ja kein Konzern. Erst in eineinhalb Jahren wollen sie rechtlich ein fusioniertes Unternehmen sein. Doch so langsam wird allen klar, wie viel Arbeit so ein Veränderungsprozess macht und wie viele Dinge zu klären sind. Und nicht alle sind glücklich: Geschäftsführerin Anne verabschiedet sich nun von „ihrer" Gründung und stimmt der Fusion zu, zieht sich jedoch ab sofort in die erweiterte Geschäftsführung zurück. Sie wird nun erstmal wieder als Beraterin arbeiten und eher das Wissensmanagement betreuen. Ihre Freundin, die Buchhalterin aus den ersten Tagen, kündigt. Das neue Unternehmen ist in seinen neuen Prozessen zu IT-lastig und unter den neuen Chefs will sie nicht arbeiten.

Kommunikation

Da beide Unternehmen keine eigene Marketing- bzw. Kommunikationsabteilung haben, sondern ein Mitglied der Geschäftsführung diesen Part bisher nebenbei mit übernommen hatte, erarbeiten Change Manager und Feelgood Manager nun eine gemeinsame Kommunikationsstrategie für das neue Unternehmen. Zusammen mit einem freiberuflichen Designer werden ein neues gemeinsames Logo und ein Corporate Design für eine gemeinsame Website entwickelt und zusätzlich bereiten sie eine Information der Kunden vor.

Kommentierung

Sicht der Managementberatung	Sicht der Kommunikationsberatung
Alle Führungskräfte sollten im Sinne eines starken Teams gleichermaßen überzeugt sein und hinter den Veränderungen stehen. Hier empfiehlt sich ggf. ein Coaching o. ä. Eine Organisationstruktur muss nun umgesetzt und etabliert werden. Es sollten den Geschäftsführenden einzelne Bereiche zugeordnet werden, die in ihrer Verantwortung liegen. Die Bereichsleitungen sollten eine feste Zuordnung zu dem jeweiligen Geschäftsführer erhalten. Die Mitarbeitenden werden auch den Bereichen zugeordnet und es empfiehlt sich eine weitere Führungsebene einzuziehen (Abteilungsstruktur). Sind die Strukturen etabliert, bedarf es regelmäßiger Meetings in den einzelnen Gremien (Ebene der Geschäftsführung, Geschäftsführung und Bereichsleitung im 1:1 sowie Bereichsleitung mit zugeordneten Mitarbeitenden), ergänzt durch informelle Meetings (z. B. gemeinsamer Freitagslunch bzw. Brown Bag-Lunches). Zeitgleich: Das strategische Leitbild muss nun fest in den Köpfen verankert werden. Change Story und Vision wurden idealerweise bereits entwickelt, allerdings müssen diese nun auf die einzelnen hierarchischen Ebenen heruntergebrochen werden, nach dem Motto „Was heißt das für mich und meine Arbeit und welcher Beitrag wird von mir erwartet?".	Die Change Story muss fortgeschrieben und an die aktuellen Entwicklungen angepasst werden. Der Change Manager und die Feelgood-Managerin sind noch relativ neu, daher empfiehlt es sich, nicht ihnen allein die Planung der Kundenkommunikation zu überlassen. Hier sollten „altgediente" Mitarbeitende mit ihrem Wissen einbezogen werden Wichtige Schritte in dieser Phase sind: • Abschiednehmen von CapConsalt und Würdigung der Vergangenheit und der guten Leistungen, z. B durch ein Fest mit einer Dia-Show, einem Erinnerungsbuch o. ä. • symbolische Begrüßung durch die „neue" Firma, z. B. durch eine motivierende Rede und hochwertige Give-Aways • weitere Konkretisierung der Change Story, insbesondere auf der emotionalen Ebene • Ausarbeitung eines Kommunikationskonzeptes für ein neues gemeinsames Erscheinungsbild: gemeinsame Identität, CD, Logo, Website, Kundenkommunikation etc. • Aufbau eines Corporate Listenings • Aufsetzen von Maßnahmen, um die gemeinsame Unternehmenskultur zum Leben zu erwecken • Planung einer begleitenden Evaluation • konsequente Einbindung der Belegschaft bei wichtigen Entscheidungen einbinden, z. B. durch das Change Team Das Change Team benötigt zudem ein festes Zeitkontingent, auf das es sich auch berufen kann. Das Tagesgeschäft hat sonst immer Vorrang und die Praxiserfahrung zeigt, dass solche „weichen" Zusatzaufgaben in der Regel hinten runterfallen, wenn es eng wird. Ebenso kann das Team durch Coachings und die Vermittlung innovativer Arbeitsmethoden wie Design Thinking unterstützt werden.

Fazit: Erfolgsentscheiden für die Realisierung des Change ist der Fokus auf die Bedürfnisse und Erwartungen der relevanten Stakeholder (Betroffenen). Im Zentrum: an erster Stelle die Mitarbeitenden. Sie tragen den Change – oder eben nicht.

6.6 Jahr 3: Abschluss und Verstetigung des Change

Das Veränderungsjahr zieht sich für Stefan und Alex, Anne, Julia und Robert. Es tauchen immer wieder neue Probleme auf. Zum Beispiel dauert die Lösung der juristischen Fragen deutlich länger als gedacht. Die Mitarbeitenden beschäftigen sich schon seit Monaten mit dem Thema, dürfen aber beim Kunden und Dienstleistern nicht darüber sprechen. Viele Arbeitsergebnisse aus dem Change Team sind „on hold". Nach einem Jahr sind alle etwas mürbe.

Der Change Manager befürchtet eine schlechte Stimmung und adressiert dies bei der Geschäftsführung. Seit die Implementierung neuer Abteilungsstrukturen bekannt sind, sodass ein mittleres Management entsteht, befürchten einige der Beraterinnen und Berater, dass sie nun nicht mehr so unkompliziert und direkt ihre Themen mit dem Geschäftsführungsteam besprechen können oder die Zugehörigkeit zur einen oder anderen Abteilung ihr Arbeit und Ressourcenverteilung erschweren wird. Zudem schmerzt es diejenigen, die von Anfang an dabei sind, dass die bisher angenehme Sichtbarkeit im nun größeren Unternehmen noch mehr sinken wird. Liebgewonnene Prozesse und Rituale sollen in beiden Unternehmensteilen verschwinden und werden durch neue ersetzt. Simon als Change Manager hat sich daher mit Karen beraten: Ein neues Betriebsklima bzw. eine neu zu erfindende Unternehmenskultur braucht Zeit für die Entwicklung, das kann im Arbeitsalltag nach dem Change Prozess untergehen. Sie nehmen sich vor, baldmöglichst das Thema noch einmal intensiv anzugehen und bei der neuen Geschäftsführung dafür Zeit und Geld herauszuholen. Das sie jedoch nach dem Ende des aktiven Umsetzungsprozesses bereits mitten in eigenen Beratungsprojekten stecken, fällt dies immer wieder hinten runter.

Endlich kommt zu Beginn 2020 die erlösende Botschaft: Die Fusion ist im Handelsregister eingetragen, CapConsalt gelöscht.

Die CapConsalt wird innerhalb der kommenden zwei Monate rechtlich, finanziell und organisatorisch abgewickelt und dann im neuen Unternehmen, der „neuen" DI-Factory, weitergearbeitet. Die vorbereitete Website geht online und die Kunden werden informiert. Für das Management ist der Change damit abgeschlossen.

Resümee

Das neue Unternehmen arbeitet inzwischen vereint. Das Management schlägt sich noch mit restlichen rechtlichen Formalien der Fusion herum, weshalb sich der Prozess zeitlich verzögert und sich so der Managementaufwand erhöht. Die Geschäftsstrukturen wurden angepasst: Es gibt nun eine Geschäftsführung, die sich aus Teilen der beiden „alten" Geschäftsführungen zusammensetzt. Die übrigen Geschäftsführenden unterstützen die oberste Führungsriege im Rahmen der erweiterten Geschäftsführung. In dem nun größeren Unternehmen wurden eine mittlere Führungsebene (Bereichsleitungen) für die neu gebildeten vier Bereiche eingezogen. Alle anderen Abteilungen werden übergreifend im Backoffice zusammengefasst.

Die Kommunikation mit allen relevanten Stakeholdern hat stattgefunden, hier gab es keine Konflikte oder gar Krisen. Die meisten der Mitarbeitenden sind zufrieden (geblieben). Allerdings haben im Laufe des dritten Jahres neun Beraterinnen und Berater gekündigt. Das Suchen und Einarbeiten neuer Fachkräfte nimmt viel Zeit und Geld in Anspruch.

In Summe kann von einer Fusion gesprochen werden, die kein Best, aber eben auch kein Worst Case ist. Aber sie sind noch lange nicht am Ende des Weges.

Beide Unternehmen haben hohe Investitionen an personellen und zeitlichen Kapazitäten im Change Prozess eingebracht, doch war dies eine sinnvolle Investition in die Zukunft. Erinnern wir uns: 75 bis 80 % aller Veränderungsprozesse scheitern.

6 Case Study: Die Fusion von DI-Factory und CapConsalt

Kommentierung

Sicht der Managementberatung	Sicht der Kommunikation
Jetzt ist der Zeitpunkt gekommen eine neue Strategie zu entwickeln, denn die Strategie ist der Weg zu den Wettbewerbsvorteilen von morgen: Der Startschuss ist mit der Entwicklung und Verabschiedung des strategischen Zielbilds erfolgt. Im Rahmen der strategischen Analyse, bedarf es jetzt der Analyse des Umfelds sowie der Eigensituation (u. a. Geschäftsmodell, SWOT Analyse, Kernkompetenzen). Auf Basis des Status quo werden die strategischen Optionen mit Hilfe der Ansoff Matrix (Produkt-Markt-Matrix von Harry Igor Ansoff) definiert, priorisiert und auf das zukünftige Geschäftsmodell transferiert. Am Ende münden alle Ergebnisse aus dem Status quo in die Konzeption, die die Basis für das Aufsetzen der Umsetzungsaktivitäten sowie der Maßnahmenplanung sind, überführt und natürlich eine Kommunikation aufgesetzt werden.	Auch wenn die Fusion vollzogen ist – der Change ist noch lange nicht abgeschlossen. Nun geht es darum, die neue Kultur in den Arbeitsalltag zu integrieren und weiter an einer gemeinsamen Identität zu arbeiten. Dies kann durch Reflexionsmaßnahmen wie eine Dialogkaskade und Teambuilding-Maßnahmen geschehen. Es lohnt sich, mit Mitarbeitenden die kündigen, Exit-Gespräche zu führen, denn sie haben in der Regel wichtige Hinweise zu geben, aus denen das Unternehmen lernen kann. Die interne Kommunikation sollte weiter professionalisiert und aufgebaut werden.
Fazit: Der Change sollte auch kommunikativ abgeschlossen werden. Der Grund: Menschen mögen keine abgebrochene Kommunikation und keine halbfertigen Projekte. Verabschiedung und Begrüßung sind ihnen wichtig. Zudem kann abgebrochene Kommunikation in ihrer Wirkung nicht bewertet werden, sodass unklar wäre, wie die vom Change Betroffenen über den Prozess final denken und zu ihm stehen und sich ihre Einstellung und Verhalten somit entwickelt haben.	

7

Quintessenz

Change Prozesse sind komplex und anspruchsvoll. Über die Jahre wurden von Forschenden, Wissenschaftlerinnen und Beratern eine Vielzahl von Methoden und Modellen entwickelt, die bei der Umsetzung unterstützen können – häufig mit der Intention, nun eine Patentlösung gefunden zu haben.

In den letzten Jahren hat das Thema Change noch einmal an Bedeutung gewonnen. Die Zeiten sind dynamisch und die Fähigkeit, mit den immer schneller verlaufenden Veränderungen Schritt zu halten, ist ein wichtiger Erfolgsfaktor für Unternehmen und Organisationen, um auch in Zukunft erfolgreich zu agieren. Das Thema Veränderung steht darum in den Bereichen Management, Human Resources, Organisationsentwicklung und Kommunikation weit oben auf der Agenda. Die langfristige Planbarkeit von Prozessen stößt allerdings immer öfter an Grenzen und dies stellt auch die generelle Gültigkeit von Methoden und Modellen infrage.

In der Fachliteratur besteht zwar Einigkeit darüber, dass es Faktoren gibt, die einen direkten Einfluss auf Erfolg oder Misserfolg von Change Prozessen haben. Nicht einig sind sich Studien und Fachleute aber darüber, welche das sind. Das liegt unter anderem daran, dass es immer noch zu wenige empirische Grundlagen für exakte Aussagen zu Verläufen und Ergebnissen von Change Prozessen aus Unternehmen und Organisationen gibt. Diese werden oft vertraulich behandelt, da es um strategisch relevante interne Themen geht. Vielfach werden sie auch nicht nachhaltig evaluiert. Einig sind sich aber alle bezüglich der folgenden Punkte:

- Eine strategisch geplante Kommunikation mit allen Betroffenen und Beteiligten ist relevant.
- Die Beteiligung von Betroffenen ist erfolgskritisch.
- Das richtige Timing ist wichtig: Eine möglichst frühzeitige und vor allem kontinuierliche Kommunikation gilt als bewährt.
- Die kommunikative Kompetenz der Führungskräfte und ihr Vorbildverhalten im Change gilt ebenso als erfolgskritisch.

Fest steht: Der Mensch steht bei Veränderungsprozessen im Mittelpunkt. Dies setzt notwendiges Wissen um psychologische Hintergründe und ein systemisches Grundverständnis voraus, denn lebendige soziale Systeme sind von komplexen und interdependenten Rückkoppelungsprozessen geprägt. Eindeutige Ursache-Wirkungs-Zusammenhänge gibt es nicht. Menschen verhalten sich in verschiedenen Kontexten unterschiedlich. Daher sind Reaktionen und Wirkungen einzelner Maßnahmen schwer vorhersagbar.

In diesem Buch haben wir die aus unserer Sicht relevanten Modelle und Erkenntnisse vorgestellt. Unsere Intention ist es aber nicht, eine Patentlösung für den Erfolg zu entwickeln, sondern Ihnen notwendiges Know-how um Hintergründe und Möglichkeiten an die Hand zu geben. Denn die kommunikative Begleitung von Change Prozessen ist eine anspruchsvolle Querschnittsaufgabe und kann nur dann gut funktionieren, wenn sie mit einer offenen Haltung und breitem Wissen aus verschiedenen Disziplinen (Psychologie, Management, Kommunikation) geplant und durchgeführt wird. Wir wünschen uns, dass Sie nach dem Lesen dieses Buches in der Lage sind, die für Sie und Ihre Prozesse passenden Erkenntnisse für sich herauszufiltern und zu nutzen. Die anderen Dinge können Sie getrost zur Seite legen.

Wir möchten uns aber nicht verabschieden, ohne die aus unserer Sicht wesentlichen Erfolgsfaktoren noch einmal zusammenzufassen.

Was ist wirklich wichtig?
Auf folgende Punkte sollten Initiatorinnen und Gestalter eines Change Prozesses achten:

Basis

- ein agiles Grundverständnis und die Fähigkeit zur Kurskorrektur
- Offenheit, Mut und das Einbeziehen verschiedener Disziplinen
- die Fähigkeit zum Perspektivwechsel

Der Mensch im Mittelpunkt

- Wissen um die psychologischen Hintergründe von Menschen in Veränderungsprozessen und die unterschiedliche Wahrnehmung von Ereignissen
- Wissen um die Erwartungshaltung der Betroffenen
- Wissen um die Bedeutung von Emotionen und die Wirkung emotionaler Kommunikation

Die Führungskräfte als wesentliche Akteurinnen und Akteure

- Wissen um ihre zentrale Rolle und Vorbildfunktion
- Wissen um die Bedeutung von rechtzeitiger, dialogorientierter Kommunikation
- Wissen um notwendige Instrumente und Maßnahmen, um mit Betroffenen in Kontakt zu treten, sie zu informieren, zu motivieren und mit einzubeziehen

Zusammengefasst formulieren wir zum Abschluss auf dieser Basis daher eine Handlungsanleitung mit Dos und Don'ts für die Umsetzung eines Change Prozesses, die Ihnen dabei helfen kann, die Veränderung von Anfang an richtig zu begleiten.

Eine kleine Handlungsanleitung

Dos	Dont's
• strategisch planen und ein konkretes Zielbild entwickeln • ein agiles und flexibles Grundverständnis mitbringen • Change als Querschnittsaufgabe verstehen und die relevanten Disziplinen an einen Tisch holen • ein starkes Führungsteam aufbauen, das mit einer Stimme spricht • eine kraftvolle Vision entwickeln • Betroffene einbeziehen • Zielgruppen kennen, verstehen und ihnen zuhören • Fakten übersetzen und eine schlüssige Story erarbeiten • transparent und frühzeitig kommunizieren • auf die Unternehmenskultur achten • in den Dialog gehen • auf interne Multiplikatoren setzen • Neues rasch erlebbar machen (Quick Wins), d. h. für schnelle positive Erfahrungen sorgen • Stolz auf bereits Erreichtes sein und dies auch mitteilen	• zu wenig Ressourcen (wie Zeit, Budget, Personal) bereitstellen • das eigene Tempo und Wissen als Maßstab nehmen • interne Kommunikation als Unternehmens-PR verstehen • bei Problemen schweigen oder sie beschönigen • laut starten, leise enden • Beharrungskräfte unterschätzen • neue Ziele und Werte nicht operationalisieren • mangelnde Frustrationstoleranz zeigen • am Widerstand verzweifeln • den Change zu früh als vollzogen verkünden • Veränderungen nicht in der Unternehmenskultur und im Alltag verankern

Der Erfolg im Change hängt von allen Beteiligten ab – den Führungskräften und den Betroffenen. Allerdings spielen die Führungskräfte eine entscheidende Rolle. Auch wenn die Planung des Veränderungsprozesses logisch und gut durchdacht ist, wissen sie oft wenig darüber, was die Mitarbeitenden fühlen, denken, fürchten und sich wünschen. Offen ist für viele die Frage, wie mit verunsicherten Menschen am besten umgegangen wird. Wir hoffen, dass wir mit diesem Buch eine Hilfestellung geben können.

Zu guter Letzt möchten wir Ihnen noch einen wichtigen Gedanken mitgeben: Bleiben Sie aufgeschlossen, mutig und wissbegierig. Freuen Sie sich auf anstehende Veränderungen, denn nur so können Sie auch in der Zukunft langfristig erfolgreich agieren.

Erratum zu: Exkurs: Psychologie im Change

Erratum zu:
Kapitel 3 in: A. Bittner-Fesseler et al.,
Change Kommunikation als
Managementaufgabe,
https://doi.org/10.1007/978-3-658-39010-5_3

In Kapitel 3 wurde die Autorengruppe online fälschlicherweise als Angela Bittner-Fesseler, Anja Krutzke & Kirsten Herrmann angegeben. Die Autorin des Kapitels ist Sarah Seidl.

Die korrigierte Version des Kapitels ist verfügbar unter
https://doi.org/10.1007/978-3-658-39010-5_3

© Der/die Autor(en), exklusiv lizenziert an Springer Fachmedien Wiesbaden GmbH,
ein Teil von Springer Nature 2023
A. Bittner-Fesseler et al., *Change Kommunikation als Managementaufgabe*,
https://doi.org/10.1007/978-3-658-39010-5_8

MIX
Papier aus verantwortungsvollen Quellen
Paper from responsible sources
FSC® C105338

If you have any concerns about our products,
you can contact us on
ProductSafety@springernature.com

In case Publisher is established outside the EU,
the EU authorized representative is:
**Springer Nature Customer Service Center GmbH
Europaplatz 3, 69115 Heidelberg, Germany**

Printed by Libri Plureos GmbH
in Hamburg, Germany